中国人民大学研究报告系列

中国省市文化产业发展指数报告

2021

REPORT ON DEVELOPMENT INDEX OF CULTURAL INDUSTRIES IN CHINESE PROVINCES, AUTONOMOUS REGIONS AND MUNICIPALITIES

主 编 彭 翊 曾繁文

中国人民大学出版社
· 北京 ·

总 序

陈雨露

当前中国的各类研究报告层出不穷，种类繁多，写法各异，成百舸争流、各领风骚之势。中国人民大学经过精心组织、整合设计，隆重推出由人大学者协同编撰的“研究报告系列”。这一系列主要是应用对策型研究报告，集中推出的本意在于，直面重大社会现实问题，开展动态分析和评估预测，建言献策于咨政与学术。

“学术领先、内容原创、关注时事、咨政助企”是中国人民大学“研究报告系列”的基本定位与功能。研究报告是一种科研成果载体，它承载了人大学者立足创新，致力于建设学术高地和咨询智库的学术责任和社会关怀；研究报告是一种研究模式，它以相关领域指标和统计数据为基础，评估现状，预测未来，推动人文社会科学研究成果的转化应用；研究报告还是一种学术品牌，它持续聚焦经济社会发展中的热点、焦点和重大战略问题，以扎实有力的研究成果服务于党和政府以及企业的计划、决策，服务于专门领域的研究，并以其专题性、周期性和翔实性赢得读者的识别与关注。

中国人民大学推出“研究报告系列”，有自己的学术积淀和学术思考。我校素以人文社会科学见长，注重学术研究资政育人、服务社会的作用，曾陆续推出若干有影响力的研究报告。譬如自 2002 年始，我们组织跨学科课题组研究编写的《中国经济发展研究报告》《中国社会发展研究报告》《中国人文社会科学发展研究报告》，紧密联系和真实反映我国经济、社会和人文社会科学发展领域的重大现实问题，十年不辍，近年又推出《中国法律发展报告》等，与前三种合称为“四大报告”。此外还有一些散在的不同学科的专题研究报告也连续多年，在学界和社会上形成了一定的影响。这些研究报告都是观察分析、评估预测政治经济、社会文化等领域重大问题的专题研究，其中既有客观数据和事例，又有深度分析和战略预测，兼具实证性、前瞻性和学术性。我们把这些研究报告整合起来，与人民大学出版资源相结合，再做新的策划、征集、遴选，形成了这个“研究报告系列”，以期放大规模效应，扩展社会服务功能。这个系列是开放的，未来会依情势有所增减，使其动态成长。

中国人民大学推出“研究报告系列”，还具有关注学科建设、强化育人功能、推进协同创新等多重意义。作为连续性出版物，研究报告可以成为本学科学者展示、交流学术成果的平台。编写一部好的研究报告，通常需要集结力量，精诚携手，合作者随报告之连续而成为稳定团队，亦可增益学科实力。研究报告立足于丰厚素材，常常动员学生参与，可使他们在系统研究中得到学术训练，增长才干。此外，面向社会实践的研究报告必然要与政府、企业保持密切联系，关注社会的状况与需要，从而带动高校与行业企业、政府、学界以及国外科研机构之间的深度合作，收“协同创新”之效。

为适应信息化、数字化、网络化的发展趋势，中国人民大学的“研究报告系列”在出版纸质版本的同时将开发相应的文献数据库，形成丰富的数字资源，借助知识管理工具实现信息关联和知识挖掘，方便网络查询和跨专题检索，为广大读者提供方便适用的增值服务。

中国人民大学的“研究报告系列”是我们在整合科研力量，促进成果转化方面的新探索，我们将紧扣时代脉搏，敏锐捕捉经济社会发展的重点、热点、焦点问题，力争使每一种研究报告和整个系列都成为精品，都适应读者需要，从而铸造高质量的学术品牌、形成核心学术价值，更好地担当学术服务社会的职责。

前言

我国文化产业自20世纪80年代中期以来蓬勃兴起，经历了近40年的发展历程。“十三五”期间，我国文化产业实现繁荣发展，市场主体做大做强，产业结构持续优化，新兴业态迅猛发展，产业融合深入推进。2020年是极不平凡的一年，新冠肺炎疫情突袭，对我国各行业造成巨大影响，文化产业更是首当其冲。同时，2020年是中央高度关注和支持文化产业发展的一年，财政部、国家税务总局、国家发展改革委、文化和旅游部等国家部委出台了一系列扶持政策，对文化产业、旅游产业等受疫情影响较大的产业，给予税收减免、信贷支持、房租减免等特殊性扶持政策。

党的二十大报告提出，要推进文化自信自强，铸就社会主义文化新辉煌，繁荣发展文化事业和文化产业，实施国家文化数字化战略，健全现代文化产业体系和市场体系，实施重大文化产业项目带动战略。可见，党和国家对文化产业的发展提出了高标准和新要求。因此，以指数化形式对我国各省市文化产业发展情况进行直观的分析和评价，厘清各地区文化产业发展的优势和短板，进而为文化产业规划编制和政策制定提供决策参考，是非常有益而且必要的。本书即是顺应这样的现实而诞生的。

在此，需要特别说明的是，本书书名及正文中的“省市”是指除台湾地区、香港特别行政区、澳门特别行政区之外的22个省、5个自治区和4个直辖市。

本书是集体智慧的结晶。编委会成员如下：

主任委员：

牛维麟　中国人民大学文化产业研究院院长

副主任委员：

彭　翊　中国人民大学商学院教授

曾繁文　中国人民大学文化产业研究院执行院长

编　委：

郭林文　中国人民大学文化产业研究院副院长

刘欣竺　中国人民大学文化产业研究院学术二部主任

王艳芳　北京市科学技术研究院副研究员

王艳芳　中国人民大学文化产业研究院咨询师

高国丽　中国人民大学文化产业研究院咨询师

全书由彭翊和曾繁文负责审定。

最后，希望本书能够使读者开卷有益，为政府相关部门提供决策参考依据，为产业研究人员提供一份基础资料，同时也恳请各界人士批评指正！

本书编委会

2022年12月

目 录

第一章　2020—2021 年中国文化产业发展概况

2020 年是极不平凡的一年，新冠肺炎疫情突袭，对我国各行业造成巨大影响，文化产业更是首当其冲。在疫情之初，大量文化企业现金流遭遇严峻考验，部分文化企业面临破产危机，产业整体遭受重创。虽然后期疫情防控取得重大进展，但由于没有彻底消除疫情，进入常态化防疫阶段，文化产业到现在仍然没有完全恢复元气。不过也要看到，疫情使线上文化消费、“互联网＋文化”产业实现了逆势快速增长。

同时，2020 年是中央高度关注和支持文化产业发展的一年。自 1 月下旬起，财政部、国家税务总局、国家发展改革委、文化和旅游部等国家部委出台了一系列扶持政策，对文化产业、旅游产业等受疫情影响较大的产业，给予税收减免、信贷支持、房租减免等特殊性扶持政策。9 月，习近平总书记在湖南长沙马栏山视频文创产业园考察调研时指出，文化和科技融合，既催生了新的文化业态、延伸了文化产业链，又集聚了大量创新人才，是朝阳产业，大有前途。10 月，党的十九届五中全会明确提出，要“繁荣发展文化事业和文化产业，提高国家文化软实力”。11 月，文化和旅游部印发《关于推动数字文化产业高质量发展的意见》，系统部署数字文化产业发展。

2021 年是中国共产党成立 100 周年，是“十四五”开局之年，国内新冠肺炎疫情防控和经济社会发展各项任务极为繁重艰巨，文化产业面临巨大挑战，优化产业结构、平衡城乡区域发展、深度融合文化产业和旅游产业、提升文化企业整体实力、增强创新创意能力和国际竞争力、完善落实文化经济政策是文化产业高质量发展的重要命题。

一、疫情之下，文化产业艰难中发展

(一) 文化产业总体规模小幅增长，文化服务业占比提升

2020 年，新冠肺炎疫情突袭，对我国各行业造成巨大影响，文化产业和旅游产业更是遭受重创。从文化产业规模数据来看，尽管受疫情影响，我国文化产业总体规模依然小幅增长。根据国家统计局统计，2020 年全国文化及相关产业增加值为 44 945 亿元，比上年增长 1.3%，低于同期 GDP 不变价增速 0.9 个百分点；占国内生产总值（GDP）的比重为 4.43%，比上年下降 0.07 个百分点。2016—2020 年，我国文化及相关产业增加值年均增速略高于 10%，高出同期 GDP 现价增速约 5 个百分点。

文化产业结构优化升级，文化服务业占比稳步提升。据国家统计局统计，2020 年，文化服务业增加值为 28 874 亿元，占文化及相关产业增加值的比重为 64.2%，比上年提高 0.9 个百分点；文化制造业增加值为 11 710 亿元，占比为 26.1%，比上年下降 0.8 个百分点；文化批发和零售业增加值为 4 361 亿元，占比为 9.7%，比上年下降 0.1 个百分点①。近五年来，文化制造业增加值增速连续下行，近三年来更是呈现负增长态势；文化服务业增加值增速由 2018 年的 28.7%降为 2020 年的 2.7%；文化批发和零售业增加值增速由 2018 年的 30.4%的高点降为 2020 年的 0.4%（见表 1-1)。

表 1-1 2016—2020 年不同类型文化产业增加值 单位：亿元

年份	文化服务业	文化制造业	文化批发和零售业	合计
2016	16 024	11 889	2 872	30 785
2017	19 300	12 094	3 328	34 722
2018	24 832	11 999	4 340	41 171
2019	28 121	11 899	4 342	44 363
2020	28 874	11 710	4 361	44 945

(二) 旅游企业经营困难，旅游业相关数据降幅明显

常态化疫情防控下，文化产业发展面临成本增加、营业收入下降、经营亏损的

① 国家统计局. 2020 年全国文化及相关产业增加值占 GDP 比重为 4.43%. (2021-12-29). http://www.stats.gov.cn/xxgk/sjfb/zxfb2020/202112/t20211229_1825728.html.

困境，影视、演艺、文旅、会展等行业在复工复产边缘反复拉锯，受影响最大。事实上，很多文化旅游企业临近破产状态，一部分企业已无工可复，真正意义上的复苏与发展还面临诸多不确定性①。

旅游业相关数据降幅明显。据国家统计局统计，2020 年，从内部结构看，旅游业增加值为 36 429 亿元，比上年下降 10.6%，占旅游及相关产业增加值比重为 89.7%，比上年下降 0.9 个百分点；旅游相关产业增加值为 4 199 亿元，比上年下降 0.8%，占旅游及相关产业增加值比重为 10.3%，比上年上升 0.9 个百分点。从增长速度看，除政府旅游管理服务增加值比上年增长 3.1%外，其他行业增加值均出现下降。其中，旅游住宿下降幅度最大，比上年下降 28.8%；旅游出行、旅游餐饮分别下降 12.1%和 10.8%②。

二、文化产业政策频出，帮助产业恢复发展

新冠肺炎疫情不仅对国民健康造成极大威胁，而且对我国经济发展产生了难以估量的影响，旅游、住宿、餐饮、电影、演艺等行业受到巨大冲击。2020 年 2 月，习近平总书记主持召开部署统筹做好疫情防控和经济社会发展工作的中共中央政治局会议，会议指出，“要加大对重点行业和中小企业帮扶力度，救助政策要精准落地，政策要跑在受困企业前面。要帮扶住宿餐饮、文体娱乐、交通运输、旅游等受疫情影响严重的行业”。可见，中央高度重视疫情对文化产业和旅游产业造成的影响，并决心给予重点帮扶。

在中央统一部署下，自 2020 年 1 月 24 日起，财政部、国家税务总局、国家发展改革委、文化和旅游部、工业和信息化部、人力资源和社会保障部、科技部、商务部、银保监会、证监会等国家部委相继出台了一系列政策，包括减免税收、给予信贷和贴息支持、延迟缴纳社会保险、返还失业保险、减免中小企业房租等，帮助企业渡过难关。其中，既有针对文化产业、旅游产业等受疫情影响较大行业尤其是小微文化企业的特殊性政策，也有针对全行业的普惠性政策。

（一）税收优惠政策

延长困难行业亏损结转年限以降低税负。2020 年 2 月 6 日，财政部和税务总局

---

① 范玉刚. 常态化疫情防控下文化产业发展的思考. 理论视野，2021（6）：73-78.

② 国家统计局. 2020 年全国旅游及相关产业增加值占 GDP 比重为 4.01%.（2021-12-29）. http://www.stats.gov.cn/xxgk/sjfb/zxfb2020/202112/t20211229_1825727.html.

发布《关于支持新型冠状病毒感染的肺炎疫情防控有关税收政策的公告》，明确受疫情影响较大的交通运输、餐饮、住宿、旅游（指旅行社及相关服务、游览景区管理两类）四大类困难行业企业2020年度发生的亏损，最长结转年限由5年延长至8年。这意味着，因疫情发生亏损的部分旅游企业可以把亏损额向未来8年分摊，用以冲抵之后8年的所得额，进而降低税负。

延长申报纳税期限。2020年2月17日，税务总局发布《关于进一步延长2020年2月份纳税申报期限有关事项的通知》，对按月申报的纳税人，除湖北省外，纳税申报期限延至2月28日。受疫情影响到2月28日仍无法办理纳税申报或延期申报的纳税人，可在及时向税务机关书面说明正当理由后，补办延期申报手续并同时办理纳税申报。税务机关依法对其不加收税款滞纳金、不给予行政处罚、不调整纳税信用评价、不认定为非正常户。湖北等疫情严重地区可以视情况再适当延长，具体时间由省税务局确定并报税务总局备案。

对现金和物品捐赠进行税前扣除。2020年2月6日，财政部和税务总局发布《关于支持新型冠状病毒感染的肺炎疫情防控有关捐赠税收政策的公告》，明确企业和个人通过公益性社会组织或者县级以上人民政府及其部门等国家机关，捐赠用于应对新型冠状病毒感染的肺炎疫情的现金和物品，以及直接向承担疫情防治任务的医院捐赠用于应对新型冠状病毒感染的肺炎疫情的物品，允许在计算应纳税所得额时全额扣除。无偿捐赠应对疫情的货物免征增值税、消费税、城市维护建设税、教育费附加、地方教育附加。

出口退（免）税。2020年2月10日，税务总局发布《关于支持新型冠状病毒感染的肺炎疫情防控有关税收征收管理事项的公告》，明确疫情防控期间，纳税人的所有出口货物劳务、跨境应税行为，均可通过网上提交电子数据的方式申报出口退（免）税。税务机关受理申报后，经审核不存在涉嫌骗取出口退税等疑点的，即可办理出口退（免）税，并通过网上反馈方式及时将办理结果告知纳税人。

进口物资免税。2020年2月1日，财政部、海关总署、税务总局发布《关于防控新型冠状病毒感染的肺炎疫情进口物资免税政策的公告》，明确境外捐赠人无偿向受赠人捐赠的用于防控新型冠状病毒感染的肺炎疫情进口物资，以及国内有关政府部门、企事业单位、社会团体、个人以及来华或在华的外国公民从境外或海关特殊监管区域进口并直接捐赠的物资，可免征进口税收。

（二）金融支持政策

续贷、下调利率。2020年1月31日，中国人民银行、财政部等五部门发布《关于进一步强化金融支持防控新型冠状病毒感染肺炎疫情的通知》，提出为受疫情影响较大的地区、行业和企业提供差异化优惠的金融服务：对受疫情影响较大的批发零售、住宿餐饮、物流运输、文化旅游等行业，以及有发展前景但受疫情影响暂遇困难的企业，特别是小微企业，不得盲目抽贷、断贷、压贷；对受疫情影响严重的企业到期还款困难的，可展期或续贷。适当下调贷款利率，增加信用贷款和中长期贷款。

贷款贴息、加大创业担保贷款和信用贷款支持。2020 年 2 月 1 日，财政部发布《关于支持金融强化服务做好新型冠状病毒感染肺炎疫情防控工作的通知》，明确在疫情防控中发挥重要作用的企业可以申请得到 50％的贷款贴息；受疫情影响暂时失去收入来源的个人和小微企业可以申请贷款展期，并且对其申请的创业担保贷款优先给予支持；对疫情防控重点保障企业和受疫情影响较大的小微企业提供信用贷款支持。中央企业直接向财政部申请，地方企业向所在地财政部门申请。

优化融资担保服务。2020 年 2 月 1 日，财政部发布《关于支持金融强化服务做好新型冠状病毒感染肺炎疫情防控工作的通知》，提出各级政府性融资担保、再担保机构降低担保和再担保费率。国家融资担保基金对于受疫情影响严重地区的政府性融资担保、再担保机构，减半收取再担保费。对于确无还款能力的小微企业，为其提供融资担保服务的各级政府性融资担保机构应及时履行代偿义务，视疫情影响情况适当延长追偿时限，符合核销条件的，按规定核销代偿损失。

支持企业债券融资需求。2020 年 2 月 8 日，国家发展改革委发布《关于疫情防控期间做好企业债券工作的通知》，允许企业债券募集资金用于偿还或置换前期因疫情防控工作产生的项目贷款；鼓励信用优良企业发行小微企业增信集合债券，为受疫情影响的中小微企业提供流动性支持；对于自身资产质量优良、募投项目运营良好，但受疫情影响严重的企业，允许申请发行新的企业债券专项用于偿还 2020 年内即将到期的企业债券本金及利息。

积极帮扶遇困小微企业、个体工商户。2020 年 2 月 14 日，银保监会发布《关于进一步做好疫情防控金融服务的通知》，要求各金融机构做好辖内小微企业和个体工商户的服务对接和需求调查，对受疫情影响暂时遇到困难、仍有良好发展前景的小微客户，积极通过调整还款付息安排、适度降低贷款利率、完善展期续贷衔接等措施进行纾困帮扶。

（三）旅行社保证金暂退政策

暂退旅行社保证金。2020 年 2 月 5 日，文化和旅游部发布《关于暂退部分旅游服务质量保证金支持旅行社应对经营困难的通知》，全国所有已依法交纳保证金、领取旅行社业务经营许可证的旅行社，均可申请暂退保证金，暂退标准为现有交纳数额的80%，暂退期限为2年，旅行社要在2022年2月5日前将本次暂退的保证金如数交还。

（四）社会保险政策

延期缴纳社会保险。2020年1月30日，人力资源社会保障部发布《关于切实做好新型冠状病毒感染的肺炎疫情防控期间社会保险经办工作的通知》，明确允许参保企业和个人延期办理业务，因受疫情影响，用人单位逾期办理职工参保登记、缴费等业务，经办机构应及时受理。对灵活就业人员和城乡居民2020年一次性补缴或定期缴纳社会保险费放宽时限要求，未能及时办理参保缴费的，允许疫情结束后补办，并在系统内标识。逾期办理缴费不影响参保人员个人权益记录，补办手续应在疫情解除后三个月内完成。

减免企业社会保险。2020年2月20日，人力资源社会保障部、财政部、税务总局发布《关于阶段性减免企业社会保险费的通知》，自2020年2月起，各省、自治区、直辖市（除湖北省外）及新疆生产建设兵团可根据受疫情影响情况和基金承受能力，免征中小微企业三项社会保险单位缴费部分，免征期限不超过5个月；对大型企业等其他参保单位（不含机关事业单位）三项社会保险单位缴费部分可减半征收，减征期限不超过3个月；湖北省可免征各类参保单位（不含机关事业单位）三项社会保险单位缴费部分，免征期限不超过5个月。

减免企业医疗保险。2020年2月21日，国家医保局、财政部、税务总局发布《关于阶段性减征职工基本医疗保险费的指导意见》，自2020年2月起，各省、自治区、直辖市及新疆生产建设兵团可指导统筹地区根据基金运行情况和实际工作需要，在确保基金收支中长期平衡的前提下，对职工医保单位缴费部分实行减半征收，减征期限不超过5个月。

加大失业保险稳岗返还力度。2020年2月5日，人力资源社会保障部、教育部等五部委发布《关于做好疫情防控期间有关就业工作的通知》，提出将中小微企业失业保险稳岗返还政策裁员率标准由不高于上年度统筹地区城镇登记失业率，放宽到不高于上年度全国城镇调查失业率控制目标，对参保职工30人（含）以下的企业，裁员率放宽至不超过企业职工总数20%。

（五）劳资关系政策

享受稳岗补贴，允许适当调整薪酬。2020年1月24日，人力资源社会保障部发布《关于妥善处理新型冠状病毒感染的肺炎疫情防控期间劳动关系问题的通知》，企业因受疫情影响导致生产经营困难的，可以通过与职工协商一致采取调整薪酬、轮岗轮休、缩短工时等方式稳定工作岗位，尽量不裁员或者少裁员。符合条件的企业，可按规定享受稳岗补贴。

协商处理疫情防控期间的工资待遇问题。2020 年 2 月 7 日，人力资源社会保障部、全国总工会等发布《关于做好新型冠状病毒感染肺炎疫情防控期间稳定劳动关系支持企业复工复产的意见》，支持协商未返岗期间的工资待遇，指导企业参照国家关于停工、停产期间工资支付相关规定与职工协商，在一个工资支付周期内的按照劳动合同规定的标准支付工资，超过一个工资支付周期的按有关规定发放生活费。

（六）房租减免政策

加大创业载体奖补力度。2020 年 2 月 5 日，人力资源社会保障部、教育部等五部委发布《关于做好疫情防控期间有关就业工作的通知》，提出要支持中小微企业稳定就业，加大创业载体奖补力度，支持创业孵化园区、示范基地降低或减免创业者场地租金等费用。

鼓励创业载体对在孵企业减免租金。2020 年 2 月 6 日，科技部火炬中心印发《关于疫情防控期间进一步为各类科技企业提供便利化服务的通知》，提出各地科技管理部门要主动协调有关部门加大对科技创业孵化载体的财政支持，鼓励科技企业孵化器、众创空间、大学科技园等对在孵企业适当减免办公承租、实验、科研和生产用房的租金。

（七）涉疫情法律服务相关政策

加强涉疫情相关法律服务。2020 年 2 月 9 日，工业和信息化部发布《关于应对新型冠状病毒肺炎疫情帮助中小企业复工复产共渡难关有关工作的通知》，要求各省中小企业主管部门积极为中小企业提供法律援助和法律咨询公益服务，帮助中小企业解决受疫情影响造成的合同履行、劳资关系等法律问题。协助因疫情导致外贸订单无法如期履行或不能履行的中小企业申领不可抗力事实性证明，减少企业损失。对确因疫情影响无法正常履行相关义务的企业，协调不记入信用记录。

（八）电子政务和行政许可相关政策

线上办税缴费。2020 年 1 月 30 日，税务总局发布《关于优化纳税缴费服务配合做好新型冠状病毒感染肺炎疫情防控工作的通知》，要求各地税务机关按照“尽可能网上办”的原则，全面梳理网上办税缴费事项，并向纳税人、缴费人提示办理渠道和相关流程，积极引导通过电子税务局、手机 APP、自助办税终端等渠道办理税费业务，力争实现 95%以上的企业纳税人、缴费人网上申报。

线上办理社会保险。2020 年 1 月 30 日，人力资源社会保障部发布《关于切实做好新型冠状病毒感染的肺炎疫情防控期间社会保险经办工作的通知》，提出各地应尽最大可能提供“不见面”服务，从源头上减少经办大厅现场人员流量、降低交叉感染风险。要结合全国统一的社会保险公共服务平台建设，加快推动经办服务模式转型升级，将网上办事作为占主导地位的经办服务模式，普及“掌上社保”服务。

线上招聘。2020 年 2 月 5 日，人力资源社会保障部、教育部等五部委发布《关于做好疫情防控期间有关就业工作的通知》，提出组织各级各类公共就业人才服务机构、人力资源服务机构加大线上招聘力度，推行视频招聘、远程面试，动态发布岗位信息，加快向中国公共招聘网（http://job. mohrss. gov. cn）归集共享，实施“就业服务不打烊、网上招聘不停歇”的线上春风行动。

延长行政许可期限。2020 年 2 月 15 日，国家市场监管总局、国家药监局、国家知识产权局发布《支持复工复产十条》，提出延长行政许可期限，对在疫情防控期间营业执照登记事项发生变化又不能及时办理变更登记的，延期至疫情解除之后一个月内办理；对受疫情影响无法按期申请办理检验检测机构复查换证的，可以延期至疫情解除后办理，证书有效期延长至疫情解除后三个月；对复工复产企业办理专利、商标、集成电路布图设计等事务，因受疫情影响超出相关期限的，依法给予期限中止、顺延，以及请求恢复权利等便利化救济政策措施。

（九）各地着眼实际，出台政策，加强顶层设计

以上是 2020 年国家部委为减轻疫情影响出台的政策梳理。此外，全国各省市也根据当地实际，出台文旅产业相关政策。例如，北京市出台了《关于应对新冠肺炎疫情影响促进文化企业健康发展的若干措施》（28 条），加大对全市影院放映国产影片的补贴力度，重点支持受疫情影响经营困难的中小型影院；建立疫情期间影视重点作品的种子库，确保如期上市发行、上线播出；在电影、广播电视和网络视听方面，实行减少流动、在线优先原则，缩短项目审核周期。上海市出台了《全力支持服务本市文化企业疫情防控平稳健康发展的若干政策措施》（20 条），针对受疫情影响的民营院团和中小微文化演艺公司，倡导相关剧场返还或减免场地定金，帮助企业改善现金流；积极统筹演出档期资源，场租不涨价；依托各类文化扶持资

金，对受疫情影响较大、信用良好、符合条件的中小微演艺企业，在同等条件下优先予以支持。浙江省发布了《关于全力支持文化和旅游企业战胜疫情稳定发展的通知》（9 条），对于不裁员或少裁员的参保文化和旅游企业，可申请返还其上年度实际缴纳失业保险费的 50%；受疫情影响的参保文化和旅游企业，可争取返还 1～3 个月不等的社会保险费；安排 1 000 万元对停业电影院线予以适当补贴。此外，江西省印发了《关于应对新冠肺炎疫情支持文化和旅游企业共渡难关的 10 条措施》。这些地方支持文化和旅游企业发展的专项扶持政策，涵盖了社保延迟缴纳、房租减免、贷款贴息、小额贷款、融资担保、产业基金、税收减免、行政事业性收费和政府性基金减免等各个方面，给文化和旅游企业提供实实在在的支持。

2020 年，多数省份紧密结合区域地方特色和实地发展状况，加强顶层设计，聚焦产业重点、产业发展、产业创新等问题，制定了详细的行动计划和工作方案，体现了较强的针对性、可操作性、创新性。例如，江苏省制定了《关于促进文化和旅游产业融合发展的指导意见》；辽宁省制定了《辽宁省推进文化产业高质量发展行动计划（2019—2020 年）》；天津市制定了《天津市乡村旅游发展规划（2020—2023 年）》；福建省编制了《福建省邮轮旅游产业发展规划（2020—2035 年）纲要》《福建省低空旅游产业发展规划纲要（2021—2035 年）》；江西省出台了《江西省旅游产业高质量发展三年行动计划（2019—2021 年）》；广东省制定了《广东省加快推进文化和旅游融合发展三年行动计划（2020—2022 年）》；四川省制定了《四川省冬季旅游发展愿景暨四川省发展冬季旅游三年行动计划》。

各地加快提升文化和旅游业现有政策的推进落实，同时制定完善产业标准，因地制宜进行政策创新，引导产业良性发展。例如，在标准制定方面，天津市印发了《天津市特色文化产业示范乡镇（街区）验收标准》及评分体系，出台了《天津市文化旅游村遴选办法》《天津市文化旅游村创建标准及验收评分细则》；河北省制定了《河北省文化产业示范园区创建管理办法》《河北省文化产业示范基地认定管理办法》；上海市制定了《上海演艺新空间营运标准》；江苏省发布了《工业旅游区规范与评定》。在政策创新方面，辽宁省制定了《关于推进辽宁省冰雪经济发展的实施方案》；黑龙江省出台了《关于进一步加快冬季旅游发展的指导意见》；浙江省出台了《关于加快推进文旅融合 IP 工程建设的实施意见》，在全国文化和旅游融合 IP 工程建设中属于先例；江西省出台了《江西省旅游者权益保护条例》，是全国首部专门保护旅游者权益的地方性法规。

2021 年各地研究出台文化产业和旅游产业发展政策，着眼产业发展新阶段、新特点、新需求，推动产业高质量发展，帮助文化和旅游企业纾困和提质增能。例如，天津市制定并落实《关于推进旅游商品创意提升工作方案》，推动旅游商品创新研发；联合10个部门印发《天津市深化“互联网+旅游”推动旅游业高质量发展的落实方案》，旨在以“互联网+”为手段，推动旅游生产方式、服务方式、管理模式创新。上海市积极沟通8家单位共同出台《关于支持上海旅游业提质增能的若干措施》，推动企业增强发展韧性、拓展更大市场、实现提质增能。陕西省制定《关于支持文旅企业应对疫情恢复发展的意见》，筹措千万元补贴受困严重的外语专职导游、旅行社、旅游景区、高星级旅游饭店。

三、各地围绕国家战略，促进文化产业高质量发展

2020年9月22日，习近平总书记在教育文化卫生体育领域专家代表座谈会上指出，“十四五”时期，必须把文化建设放在全局工作的突出位置，重视发挥文化引领风尚、教育人民、服务社会、推动发展的作用，“要围绕国家重大区域发展战略，把握文化产业发展特点规律和资源要素条件，促进形成文化产业发展新格局”①。

（一）围绕国家重大区域发展战略，加快布局产业新发展

近年来，国家在区域经济发展上做出一系列统筹规划，为经济发展的空间格局确定了总体框架。2021年3月，《政府工作报告》进一步明确要“扎实推动京津冀协同发展、长江经济带发展、粤港澳大湾区建设、长三角一体化发展、黄河流域生态保护和高质量发展”。文旅产业发展应当重点围绕国家重大区域发展战略，从宏观上统筹各区域资源要素条件，系统规划建设长江文化产业带、黄河文化旅游带、大运河文化产业带等区域文化产业带，进一步促进区域间文化产业统筹协调和联动发展。另外，《政府工作报告》强调全面实施乡村振兴战略，建议开展文旅产业赋能乡村振兴计划，探索文旅产业助力乡村振兴的新模式，重点对具备一定文旅资源基础的乡村进行对接帮扶，通过引入文旅创客、文旅专业机构等，发挥文旅产业对乡村发展的带动作用。

2020年，部分省份依托区域整体性，整合优质资源，促进人才、资源等要素协同，实现区域整体产业结构转型升级和区域共同繁荣。例如，北京、天津、河北三地共同主办第十五届中国北京国际文化创意产业博览会京津冀文化和旅游协同发展展区，以京津冀三地文化产业发展的最新成果和全新面貌为核心，整合京津冀三

① 习近平：在教育文化卫生体育领域专家代表座谈会上的讲话.（2020-09-22）. http://www.xinhuanet.com/politics/leaders/2020-09/22/c_1126527570.htm.

地文化产业资源，为京津冀文化企业提供宣传推介服务，促进京津冀三地企业间的交流与合作。

2021 年，各地深化拓展区域文化和旅游协同发展机制，组织企业赴不同地方参加文化和旅游展会，联合推出跨区域精品旅游线路，推动区域协调发展。例如，陕西省组织省内 50 余家文化和旅游企业参加了在兰州、上海、武汉、海南等地举办的大型文化和旅游展会，展示展销文创产品和旅游商品，举办 2021 陕西—粤港澳大湾区（深圳）文化旅游推介会。河北省深化拓展京津冀文化和旅游协同发展机制，联合开展文化和旅游项目宣传推介、招商引资活动，共同举办京津冀非遗联展、京津冀公共文化服务示范走廊联盟会议等文化和旅游活动。广东省积极谋划实施《粤港澳大湾区文化和旅游发展规划》，稳妥推进对港澳文化和旅游交流合作。上海市首创性设置长三角区域协作专章，牵头组织三省一市文物局共同签署《长三角文物市场一体化规范发展战略合作框架协议》，建立全国首个区域性文物市场一体化规范发展合作体系。闽宁推动文旅融合，开启合作发展新征程。随着《山海情》的热播，宁夏打造了 4 条闽宁精品旅游路线，还将建设以《山海情》为主题的影视基地；宁夏回族自治区发出倡议书，倡议区内 A 级以上旅游景区对福建籍游客开展“免景区首道门票”活动，宁夏各景区积极响应，50 家 A 级景区对福建籍游客免景区首道门票。

（二）开展产业扶贫工作，助力乡村振兴

2021 年 11 月，《中共中央关于党的百年奋斗重大成就和历史经验的决议》指出，党的十八大以来，全国八百三十二个贫困县全部摘帽，十二万八千个贫困村全部出列，近一亿农村贫困人口实现脱贫，提前十年实现联合国二〇三〇年可持续发展议程减贫目标，历史性地解决了绝对贫困问题，创造了人类减贫史上的奇迹[①]。近年来，全国各地积极深入开展文化产业和旅游产业扶贫工作，立足当地特色文化和旅游资源，搭建展销、创业、培训等平台，充分调动贫困地区的发展积极性，提升了文化产业和旅游产业扶贫的内生动力，促进产业扶贫精准化、持续化发展。例如，2020 年，山西省组织优质旅游演艺剧（节）目赴 10 个深度贫困县 61 个旅游扶贫示范村展演，带动旅游扶贫示范村旅游演艺项目建设发展，达到扶贫、扶志的双重效果；贵州省深入推进文化扶贫“四民”行动计划，举办首届乡村旅游创客大赛，评定省级乡村旅游重点村 61 个，12 个村入选全国乡村旅游重点村，2019 年至

① 中共中央关于党的百年奋斗重大成就和历史经验的决议.（2021-11-16）. http://www.gov.cn/zhengce/2021-11/16/content_5651269.htm.

2020年末旅游扶贫九项工程带动22.66万人受益增收；吉林省开设文化和旅游扶贫超市，为全省的特色扶贫产品搭建展销平台，拓宽贫困户农产品销售渠道；截至2020年末，新疆维吾尔自治区完成文化和旅游各类培训近59 000人次，南疆四地州深度贫困地区直接吸纳贫困人口4 000余人就业，间接带动16 000余人脱贫。

2021年，各地充分挖掘当地优秀的农耕文化、非遗文化、民俗文化等乡村文化，开发乡村旅游精品线路，提升乡村文化和旅游基础设施水平，扎实推进乡村振兴战略，为脱贫攻坚成果巩固做出重要贡献。例如，北京市开展乡村民宿餐饮提升工程，通过“大厨下乡”开展一对一帮扶，协助乡村民宿结合地域文化，利用当地食材，研发创新菜品，打造“品味、品质、品牌”俱佳的乡村特色美食。天津市积极对接多家乡村文化和旅游头部企业，深入涉农区的村镇实地调研，开展多个乡村文化和旅游合作项目。山西省启动遴选30条以上“中国美丽乡村休闲旅游行”精品线路、100个以上精品景点现场推介工作，助推一二三产业融合发展。湖南省大力推进“送客入村”工作，鼓励旅行社积极参与文化产业和旅游产业扶贫，输送更多游客体验神韵大湘西、神奇湘东精品线路之旅。

（三）推动红色文化和旅游提质增效

2021年，各地以建党百年为契机，创新红色旅游发展机制，挖掘红色旅游资源，丰富红色文化和旅游产品，切实推动红色文化和旅游提质增效。例如，天津市完成了《红色旅游景区（点）评定规范》的修订，开展首批红色旅游景区（点）评定工作；深化与同程集团战略合作，在同程艺龙小程序及同程旅游客户端开辟天津红色旅游端口，会同市规划和自然资源局完成天津红色旅游地图编制；红色景区开展“展览进校园”、红色夏令营、红色少年讲解员、红色家风故事会等形式多样的红色旅游主题教育活动。辽宁省系统梳理革命文物资源，实施革命文物集中连片保护和革命文物主题保护展示工程，投入革命文物保护专项资金3 000余万元，策划推广10条省级红色旅游经典线路和30条精品线路。新疆生产建设兵团推进军垦博物馆等红色精品景区建设。

四、文化消费市场低迷，政府多措并举促消费

（一）文化、娱乐、旅游等领域消费波动明显

文化消费主要是指人们为了满足自己的精神文化生活而采取不同的方式来消费

精神文化产品和精神文化服务的行为[①]。文化消费是大众满足自我美好生活需要的过程，日益呈现出多样化、分众化、个性化的鲜明特征。经济实力快速增长是文化消费繁荣发展的基础，城镇化的发展以及基础设施的完善促进了文化要素的流动，而信息获取中数字化手段的加持，则进一步拓展了文化生产、消费、传播和反馈的渠道[②]。2020年新冠肺炎疫情全国蔓延，对居民正常生产、生活造成严重影响，居民文化、娱乐、旅游等领域消费波动明显。根据《中国文化及相关产业统计年鉴2021》，2020年，我国居民人均文化娱乐消费支出为569元，较上年下降32.9%，城镇和农村居民人均文化娱乐消费支出分别为821.8元、242.2元，分别下降36.3%、16.2%；近五年来，我国居民人均文化娱乐消费支出首次出现下降。我国居民人均文化娱乐消费支出占比持续下降，居民文化消费潜力有待深入挖掘。《中国文化及相关产业统计年鉴2021》显示，2016—2020年，我国居民人均文化娱乐消费支出占总消费支出的比重由4.7%降至2.7%，扩大文化消费任重道远。

疫情第二年，我国居民旅游总花费缓步提升。根据国家统计局发布的《中华人民共和国2021年国民经济和社会发展统计公报》，2021年，国内游客32.5亿人次，比上年增长12.8%；其中，城镇居民游客23.4亿人次，增长13.4%，农村居民游客9.0亿人次，增长11.1%。国内旅游收入29 191亿元，增长31.0%；其中，城镇居民游客花费23 644亿元，增长31.6%，农村居民游客花费5 547亿元，增长28.4%。

（二）政府促进文化和旅游消费提质扩容

疫情发生后，各地深刻领会激发文化和旅游消费潜力的政策精神，印发实施意见，并聚焦夜间文旅、数字文旅等方面推动文化和旅游消费升级，通过消费促进，延长产业链条。例如，2020年河北、山西、黑龙江、江苏、福建、河南、云南等省均就进一步激发文化和旅游消费潜力出台政策，扩大文化和旅游消费；江苏省推动“夜之金陵”品牌实施计划，遴选金陵图书馆、江苏大剧院等20个文化和旅游项目作为第一批“夜之金陵”夜间消费项目，扩充消费场景；安徽省多市采取积分兑现、虚拟交易、财政直补等方式，活跃文化经营场所，培育消费理念，引导文化消费；海南省引进“腾讯数字文创节”，激活数字文创市场；广东省推出“广东文旅护照”项目，选取省博物馆、广州塔等10个文化和旅游“网红”打卡点整体进行包装营销，探索实施促进文化和旅游消费的新模式；黑龙江省推出十大主题夏秋季

① 曾俊文. 精神文化消费统计指标体系的探讨. 上海统计，2002（4）.

② 范周，宋立夫. 新中国文化消费的发展及动因. 中国国情国力，2019（10）：21-26.

旅游产品、百余项节日促销优惠政策，重点推出五条冰雪旅游线路、十大文化和旅游节庆、百项冬季文化和旅游活动，以冰雪“冷资源”打造旅游“热产业”；西藏自治区开展三轮“冬游西藏”活动，实行多种冬游优惠政策，有效破解西藏旅游“半年经济”瓶颈。

2021年，各地深入开展文化和旅游消费试点示范工作，加快推进夜间文化和旅游消费集聚区建设，举办文化和旅游消费季活动，发放文化和旅游消费券，促进文化和旅游消费提质扩容。例如，江苏省启动推进“水韵江苏・有你会更美”文化和旅游消费推广第二季，浙江省组织举办“百年百场”文化和旅游消费活动，湖北省举办2021年全国文化和旅游消费促进活动，重庆市举办第六届重庆文化旅游惠民消费季（春夏/秋冬）活动。浙江省专题研究出入境文化和旅游消费，通过加大离境退税政策宣传、推进长三角外国人口岸签证“通办”机制建设、完善口岸签证代转工作制度、有序确定退税单位和发布“诗画浙江”旅游精品线路等一系列措施，进一步提高文化和旅游出入境消费的便利性。江西省联动全省重点文化和旅游企业、电商平台、OTA平台、银行业金融机构等各方，共同发起成立了全国第一个文化和旅游消费促进联盟，联合百度地图发布了全国第一个文化和旅游消费地图。河南省对景区、星级酒店、旅行社、民宿等旅游市场主体，以及影剧院、文创店、特色文化街区等文化娱乐场所，通过发放消费券的形式拉动消费。截至10月底，山东省共发放文化和旅游惠民消费券1.52亿元，直接带动消费6.02亿元。湖南省对开展“发放文化旅游消费券，促进文化和旅游大消费”活动取得良好效果的市州实施奖补。青海省建设青海文化和旅游消费平台，完成与发展改革、财政、商务、银联等部门和企业的对接。

五、不同市场主体发展差距明显，规上企业发展较好

（一）规上文化企业恢复发展良好

新冠肺炎疫情波及文化产业诸多领域。演出停摆、影院关闭、旅游订单取消、节事活动叫停，这些现象背后是产业上下游企业痛感传递。根据国家统计局数据，不同市场主体发展差距明显。《中国文化及相关产业统计年鉴2020》显示，2019年我国文化及相关产业法人单位数为209.3万，比上年下降0.5%，这是近6年来文化企业法人数首次出现负增长。其中，文化服务业、文化批发和零售业、文化制造业法人单位数分别为157.1万、30.9万、21.3万，占比分别为75.1%、14.8%、

10.2%，可见文化服务业法人单位占据绝对主导地位。2015—2017年，我国文化企业法人单位增量几乎全部集中于文化服务业，文化制造业与文化批发和零售业法人单位数保持相对稳定；但在2018年，文化服务业、文化批发和零售业、文化制造业法人单位数均有较大幅度增长；2019年，文化服务业与文化批发和零售业法人单位数均有小幅减少，文化制造业法人单位数减少较多。从规模以上文化企业数来看，2019年我国规模以上文化及相关产业企业数为61 232家，比上年增加772家，和文化及相关产业法人单位数略微减少不同，仍然实现了正增长。2015—2019年，我国规模以上文化及相关产业企业数持续稳步增加，从49 356家增至61 232家，增加了11 876家，增幅为24.1%。

从规模以上文化企业数量来看，2020年我国规模以上文化及相关产业企业数为63 913家，比上年增加2 681家，增幅为4.4%；2015—2020年，我国规模以上文化及相关产业企业数持续稳步增加，从49 356家增至63 913家，增幅为29.5%。2021年，根据国家统计局对全国6.5万家规模以上文化及相关产业企业调查，上述企业实现营业收入119 064亿元，比上年增长16.0%；两年平均增长8.9%，比2019年同比增速加快1.9个百分点；分季度看，一季度、上半年及前三季度上述企业两年平均分别增长10.0%、10.6%和10.0%，均高于2019年同比增速。

（二）旅游企业相关数据降幅明显

旅行社、旅游景区数量保持增长态势，星级饭店数量大幅减少。根据文化和旅游部《2020年第四季度全国旅行社统计调查报告》数据，截至2020年12月31日，全国旅行社总数为40 682家，比2019年增长4.47%，增速比2019年降低约4个百分点。2020年全国旅行社国内旅游组织5 772.71万人次、14 217.91万人天，同比减少67.32%、73.11%；接待7 515.82万人次、16 028.70万人天，同比减少59.31%、63.75%。全年旅行社国内旅游组织人次排名前十位的地区由高到低依次为浙江、广东、江苏、湖南、重庆、湖北、福建、上海、四川和陕西；全年旅行社国内旅游接待人次排名前十位的地区由高到低依次为浙江、湖北、江苏、海南、贵州、广东、湖南、云南、安徽和福建。根据文化和旅游部《2019年文化和旅游发展统计公报》，截至2019年底，全国共有A级景区12 402个，其中，5A级景区280个，4A级景区3 720个，3A级景区6 198个，2A级景区2 101个，1A级景区103个。根据文化和旅游部《2020年第四季度全国星级饭店统计报告》，截至2020年第四季度，全国星级饭店统计管理系统中共有星级饭店9 717家，其中一星级57家，二星级1 515家，三星级4 743家，四星级2 552家，五星级850家，星级饭店总数比 2019 年减少 286 家，同比减少 2.86%。

根据文化和旅游部《2021 年第四季度全国旅行社统计调查报告》，截至 2021 年 12 月 31 日，全国旅行社总数为 42 432 家，比 2020 年末增加 1 750 家。根据文化和旅游部《2020 年文化和旅游发展统计公报》，截至 2020 年末，全国共有 A 级旅游景区 13 332 个，比上年末增加 930 个。其中，5A 级旅游景区 302 个，增加 22 个；4A 级旅游景区 4 030 个，增加 310 个；3A 级旅游景区 6 931 个，增加 733 个。根据文化和旅游部《2021 年第四季度全国星级饭店统计调查报告》，截至 2021 年第四季度，全国星级饭店统计管理系统中共有星级饭店 6 801 家，其中一星级 10 家，二星级 705 家，三星级 3 196 家，四星级 2 132 家，五星级 758 家，星级饭店总数比 2020 年末减少 2 916 家，减少 30.0%。

六、各地加快推进重点项目建设，发挥示范带动作用

新冠肺炎疫情发生以来，各地持续引导培育重点项目，引进、推荐精品文化项目，将重点项目建设作为促进产业优化升级的重要工作抓手，并通过政策扶持加快推动重点项目落地，发挥示范带动作用。例如，2020 年，山东省开展“雁阵形”产业集群、集群领军企业培育工作，3 个文化创意产业集群和 4 个精品旅游产业集群入选省“十强”产业“雁阵形”集群库，3 家文化创意企业和 5 家精品旅游企业入选集群领军企业库；河南省开展“一带一路”文化产业和旅游产业国际合作重点项目、国家文化出口重点企业和重点项目的遴选推荐工作；广东省组织开展 2019 年省高端旅游项目发展专项资金、省旅游重点建设项目贷款贴息资金申报工作，广州长隆集团旅游接待及配套设施建设项目等 7 个项目共获得 7 180 万元省旅游专项资金扶持；江西省继续实施数字文化创意设计项目扶持计划，安排 1 000 万元重点扶持 50 个综合运用互联网、云计算、大数据、人工智能等新技术的文化和旅游项目；宁夏回族自治区举办 2019 年文化产业和旅游产业项目对接大会系列活动，通过“城市会客厅”模式与五市联动、与企业互动，有效推动项目投融资合作落地落实。

2021 年，各地紧密围绕文化产业和旅游产业“十四五”规划，狠抓重点项目的谋划、调度，有的放矢，推进文化和旅游重点项目建设。例如，河北省重点对 2018—2020 年河北省旅游产业发展大会签约项目履约落实情况进行了梳理，督促各市加强签约项目履约工作，提高项目落地投产率和实际完成投资率，对全省 130 个文化产业和旅游产业重点项目实施包联；有序推进北京冬奥会住宿保障，深入开展张家口赛区签约饭店帮扶，组织创排冬奥艺术作品。广西壮族自治区实施重大项

目动态跟踪服务，对重大项目进行年度结转，对项目建设实行月报制度和动态管理。四川省35个重点项目实现竣工投运，成功举办第七届中国（四川）国际旅游投资大会开幕式，集中签约88个重大文化和旅游项目，总投资达1 336亿元。云南省派出工作组对省级重点项目按月实施现场指导，建立重点推进项目库，稳步推进高品质酒店建设项目。

2021年3月，文化和旅游部发布了《文化和旅游领域纾困惠企推动复工复产复业典型经验做法汇编》，其中四川省全力抓好文化和旅游项目建设，成果显著。四川省文化和旅游部门坚持项目化推进工作方法，抓项目建设，以完善推进机制促进文化和旅游重点项目落地。经验如下：

1. 抓项目促投资是对冲疫情影响的重大抓手

疫情严重冲击四川省文化和旅游经济，预计拉低省经济增速1.5个百分点左右。从历史经验来看，项目投资历来是组织经济建设的重要抓手，尤其是在经济下行的特殊时期。从投资方向来看，文化产业和旅游产业依然是社会投资热点和最具有潜力的投资领域，该领域投融资规模在社会经济增长总体放缓的形势下依然强劲。抓项目促投资是省有效应对疫情影响的主要抓手，是稳定经济增长的主要支撑，是保障和改善民生的主要载体。在抗疫特殊时期，其意义非同寻常，力度只能更大，不能减小，要以投资为主引擎、主抓手、主阵地，以稳定项目投资来稳定文化和旅游经济的增长。

2. 完善项目推进机制是促进项目落地的有力保障

省委、省政府建立了全省文化和旅游重点项目协调调度、运行分析、动态调整、投融资促进、定点联系服务和督查考核“六大机制”。由省委副秘书长牵头，省委督查室、省政府督查室、省委宣传部、省文化和旅游厅等组织开展项目常态化督查，文化和旅游重点项目推进情况纳入各市（州）绩效目标考核。省长定期召开省文化产业和旅游产业领导小组会议，统筹协调发展改革、财政、自然资源、生态环境等部门强化要素保障，共同解决项目建设难点、堵点，确保文化和旅游项目建设顺利推进①。

七、数字文化新业态加速发展，培育产业新动能

创新是文旅产业高质量发展的核心动能。2021年《政府工作报告》明确提出

① 四川省推动文化和旅游行业复工复产典型经验做法.（2021-03-28）. https://h5.newaircloud.com/detailArticle/15627765_72329_zglyxw.html?v=1.

要“加快数字化发展，打造数字经济新优势，协同推进数字产业化和产业数字化转型”，“强化国家战略科技力量，推进国家实验室建设，完善科技项目和创新基地布局”。这为文旅产业数字化战略的实施提供了明确的方向和坚实的政策支持，各地加快推进云计算、大数据、区块链、物联网等前沿技术在文旅产业领域的应用，着重发展沉浸式体验、数字艺术、数字娱乐、线上演播等新兴文旅业态。例如，浙江省完善文化产业和旅游产业经济运行分析制度，构建“覆盖全省、上下联动、横向协同”的文化产业和旅游经济运行分析框架；以数字化改革为牵引，推进文化和旅游长三角居民社保卡应用，打通社保卡在文化体验和旅游观光场景的应用。安徽省制定全国第一个省级数字创意产业发展规划，建立全省数字创意产业重点项目库，开发运行“安徽数字创意”平台，发起成立省数字创意产业协会，牵头成立省数字创意产业专家咨询委员会，协调组建长三角数字创意产业联盟。湖南省举办“湖湘动漫月”活动，突出展示国内300多个原创动漫游戏IP、“动漫＋”跨界融合新模式，现场展示动态捕捉、卡通虚拟主播等新技术、新业态。广东省旅博会以“科技赋能助推文旅产业数字化转型升级”为主题，从示范应用、场景构建、平台对话等方面积极探索，推进新型文化和旅游业态加速发展。

国家统计局数据显示，2019年文化行业全部实现正增长。在文化及相关产业9个行业中，新闻信息服务、文化投资运营、创意设计服务分别增长23.0%、13.8%、11.3%，增速均超过10%；文化投资运营和文化娱乐休闲服务增速由负转正，其中，文化投资运营由上年下降0.2%转为增长13.8%。文化新业态发展势头强劲。文化新业态特征较为明显的16个行业小类实现营业收入19 868亿元，比上年增长21.2%；占比为22.9%，比上年提高2.1个百分点①。据国家统计局对全国6.0万家规模以上文化及相关产业企业的调查，2020年文化新业态特征较为明显的16个行业小类实现营业收入31 425亿元，增长22.1%，远高于全部规模以上文化及相关产业企业营收增速（2.2%）②。根据国家统计局数据，2021年，规模以上数字文化新业态特征较为明显的16个行业小类实现营业收入39 623亿元，比上年增长18.9%，两年平均增长20.5%，高于全部规模以上文化及相关产业企业11.6个百分点，占规模以上文化企业营业收入的比重为33.3%，比上年提高0.8个百分点。其中，可穿戴智能文化设备制造、互联网广告服务2个细分行业营业收入两年

① 国家统计局. 国家统计局社科文司统计师辛佳解读2019年全国规模以上文化及相关产业企业营业收入数据.（2020-02-14）. http://www.stats.gov.cn/xxgk/jd/sjjd2020/202002/t20200217_1764905.html.

② 国家统计局. 2020年全国规模以上文化及相关产业企业营业收入增长2.2%.（2021-01-31）. http://www.stats.gov.cn/xxgk/sjfb/zxfb2020/202101/t20210131_1812937.html.

平均增速分别为 46.4%和 31.8%①。《2021 中国网络视听发展研究报告》显示，截至 2020 年 12 月，我国网络视听用户规模达 9.44 亿，2020 年网络视听产业规模破 6 000 亿元。其中，短视频领域市场规模占比最大，达 2 051.3 亿元，同比增长 57.5%；综合视频以 1 190.3 亿元规模位列其次，同比增长 16.3%；网络直播领域增长迅速，同比增长 34.5%，市场规模达 1 134.4 亿元②。

2021 年 3 月，文化和旅游部发布了《文化和旅游领域纾困惠企推动复工复产复业典型经验做法汇编》，其中上海市加快数字文化和旅游发展，将发展在线新经济作为重要方向，为文化产业和旅游产业发展新经济形态、培育产业新动能提供了坚实基础。上海市文化和旅游局积极组织力量，对接经济信息化委员会，在深入调研论证的基础上，依托大数据、云计算、物联网、移动互联网、人工智能及“5G+4K/8K”、区块链、边缘计算、人脸识别等新技术，全面推进在线新文旅产业发展，推动文化和旅游行业数字转型、智能升级、融合创新，大力拓展智慧互联的文化和旅游价值链，努力培育文化和旅游流通的平台服务链，积极推进迭代更新的科技研发链，有效构建跨界融合的产业链。具体做法如下：

1. 积极落地三年行动方案

在科学研判疫情防控常态化发展形势的基础上，上海市文化和旅游局贯彻社会主义文化强国的战略部署，落实《关于进一步加快智慧城市建设的若干意见》《上海市促进在线新经济发展行动方案（2020—2022 年）》要求，全方位考察调研上海市文化和旅游企业应对疫情防控出现的产业发展新模式、新业态和新产品，以全局视角对发展所涉及的各方面、各层次、各种要素进行统筹考虑，制定出台了全国首个贯彻“以新业态新模式引领新型消费”的《上海在线新文旅发展行动方案（2020—2022 年）》，基本明确未来三年上海市文化和旅游局促进“在线新文旅”的重点工作，在顶层设计层面，奠定了在线新文旅产业发展的政策基础和发展导向。

2. 深入推进公共服务“数字赋能”

一是加快推进文化和旅游场馆智慧化升级。提升美术馆、博物馆、图书馆、文化馆、剧场、基层综合性文化活动中心等文化和旅游场馆的智慧化水平；创新公共文化服务业态，鼓励研发“云展览”“云赏艺”“云公教”“云文创”等全景在线产品。

---

① 国家统计局. 国家统计局社科文司高级统计师张鹏解读 2021 年全国规模以上文化及相关产业企业营业收入数据.（2022-01-30）. http://www.stats.gov.cn/xxgk/jd/sjjd2020/202201/t20220130_1827177.html.

② 2021 中国网络视听发展研究报告.（2022-01-21）. http://www.wenming.cn/zg/wmzk/202201/t20220121_6285551.shtml.

二是深入推动智慧旅游服务发展。鼓励景区构建以自然环境、文物、建筑、珍稀资源为主要对象的资源数据库；推动旅游景区建设数字化体验产品；做优做强“文化上海云”“乐游上海”两大公共服务平台；推动智能停车场、智能酒店、智能餐厅、无人商店等景区公共服务配套设施建设。

三是着力推进文化和旅游企业在线服务。打造“云端投资洽谈会”，助力文化和旅游创新的商业转化，为企业提供在线政策辅导，支持符合条件的文化和旅游企业融资。

3. 全面打造城市数字“文化旅游名片”

一是建设在线文化和旅游节庆。用好上海旅游节、上海国际艺术节等各类特色文化和旅游节庆资源；打造提供云邀约、云办节、云漫游、云惠民、云联动和云分享等云上体验活动的综合性在线节庆服务平台。

二是展示上海文化和旅游风貌。打造一批“讲”上海故事、“听”上海声音的“在线城市会客厅”；推出一批红色文化、博物馆、美术馆等的有声地图；推出一系列接地气、传得开、留得下的精品有声产品；加强上海文化和旅游外宣推广网站和城市旅游优惠平台建设；利用现有线上展示资源向海外做好推送。

三是鼓励云上文化和旅游消费。引导和培育“网络体验＋消费”新模式，鼓励线上大平台开展“文旅消费季”，推出“嗨翻魔都”文旅消费季；推动一批夜间文化和旅游消费集聚区在线化发展；着力扶持一批在线旅行社（OTA）领域的优势领军企业并推动云上旅游运营；打造提供一站式数字文化和旅游消费服务的可信文化和旅游生活圈；充分利用数字化技术，进一步促进文化和旅游“精准扶贫”和乡村振兴。

4. 着力推进数字内容产业发展

一是挖掘电竞产业发展潜力。围绕建设“全球电竞之都”的目标，科学规划电竞场馆空间布局；打造市场化、专业化、国际化的重点赛事；促进电竞比赛、交易、直播、培训发展；依托4K高清、AR、VR等新技术拓展电竞赛事转播渠道。

二是引领演艺产业线上发展。围绕建设“亚洲演艺之都”的目标，建立线上线下统一同步的中心票房；鼓励兼具观赏性、艺术性、互动性的在线演艺产品研发；构建立体化的宣传平台和多元化的推介渠道。

三是培育动漫产业业态升级。围绕建设“全球动漫游戏原创中心”的目标，扶持一批具有国际竞争力的上海本土原创动漫游戏龙头企业，鼓励和引进国内外知名动漫游戏企业落户；打造动漫内容创作平台；加强动漫品牌与旅游资源整合；打造具有广泛影响力的动漫节展活动项目，拓展在线动漫平台规模和盈利空间。

四是释放网络视听产业活力。围绕建设“网络视听产业高地”的目标，培育一批具有国际竞争力的网络视听龙头企业；努力建设网络视听精品内容创制高地；鼓励符合“Z世代”年轻用户需求的个性化作品创作；引导形成网络视听产业特色产业集聚带；促进网络视听与科技、演艺、旅游、教育、电商、财经等相关产业融合发展；以数字经济“新基建”为契机，提升网络视听产业新动能。

五是完善艺术品云交易体系。围绕建设“世界重要艺术品交易中心”的目标，打造艺术品“云交易”平台，建立艺术品线上展示空间和交易平台；鼓励互联网文物在线经营；培育文物线上拍卖领军企业，规范网络文物销售、拍卖新型业态，支持经营模式创新。

5. 同步加强新型基础设施建设

一是推出上海电子地图英文版。推出上海电子地图英文版，探索将文化场馆、旅游景区等门票预售和出租车扬招点位融入地图，升级线上“地图”功能，推动本市A级旅游景区将游客服务与电子地图或实景地图功能打通。

二是推动上海文化和旅游政务信息系统整合。将分散、独立、交叉的政务信息系统整合为互联互通、业务协同的大系统，逐步形成上海市文化和旅游局“政务服务平台、协同办公平台、综合管理平台、监测与安全防护平台、数智文旅信息系统”的总体框架，建设文化和旅游数据中台，推进公共数据开放共享。

三是夯实上海数字文化和旅游信息基础设施。建立连接景区、文化和旅游场馆的专用宽带网络，推动景区、文化和旅游场馆部署自动扫码闸机、智能识别摄像头等智能传感设备，逐步建设景区、文化和旅游场馆的智能物联网络，制定健康随申码、文化和旅游二维码技术标准，推动成为文化和旅游行业二维码信息交换规范，建设上海市智慧景区管理平台，汇聚本市A级旅游景区实时客流信息、预约信息和视频监控信息，提升文化和旅游公共安全“神经元”感知能力。

四是建设上海广电网络基础设施。推进广电5G网络规模部署与有线电视网络整合提升；推动“5G+4K”超高清频道建设，加大4K超高清机顶盒部署。推动上海市超高清视频产业浦东金桥、市北高新两个示范基地建设，鼓励企业开展核心芯片、TVOS操作系统、压缩编解码、视频处理、节目制播、内容分发、媒体云等关键技术和产品的研发应用[①]。

① 上海市在线新文旅发展经验做法.（2021-03-26）. https://h5.newaircloud.com/detailArticle/15616090_72333_zglyxw.html?v=1.

八、政府着力推进金融赋能，解决文化企业融资难题

2021年6月，文化和旅游部发布《“十四五”文化产业发展规划》，明确提出深化文化与金融合作，鼓励和引导金融资本、社会资本与文化资源相结合，健全多层次、多渠道、多元化的文化产业投融资体系，切实提高文化企业金融服务的覆盖面、可得性和便利性[①]。

2020年《政府工作报告》提出将继续强化对小微企业的金融支持，明确金融机构对小微企业的任务指标：“大型商业银行普惠型小微企业贷款增速要高于40%”[②]。从企业类型来看，财政、金融政策更加保障广大中小微文化企业的发展。各地通过设立产业发展专项资金和基金、打造文化金融服务平台、举办投融资对接会等方式，推动建立多元化投融资体系，为文化产业和旅游产业融资提供便利。北京市东城区、浙江省宁波市成功创建国家文化与金融合作示范区；江苏省首次将文化、旅游两项专项资金进行资源整合，努力实现“1+1>2”的财政资金的引导扶持作用；浙江省成立全国首家文化和旅游专营银行，累计投放文化和旅游项目贷款600多亿元，大力支持文化和旅游发展；山东省推动设立2只新旧动能转换文化创意产业母基金，总规模90亿元，不断健全投融资体系；河南省依托中国（河南）自由贸易试验区开封片区，促成深圳文化产权交易所在自贸区设立运营中心，促进文化和旅游资源的自由流通和对外贸易；广东省举办广东文化产业和旅游产业投融资对接会，设立规模为100亿元的文化产业和旅游产业投资基金，支持文化产业和旅游产业发展；陕西省支持加快建设国家文化出口基地和西安对外文化贸易基地，在全省复制推广西安对外文化贸易基地“丝路汇”平台；甘肃省设立绿色生态文化和旅游产业发展基金，计划募集资金15亿元。

2021年《政府工作报告》提出，“宏观政策要继续为市场主体纾困，保持必要支持力度，不急转弯”，“对受疫情持续影响行业企业给予定向支持”[③]。各地精准把握文化和旅游企业市场需求，印发金融支持产业高质量发展的若干措施，建立完善投融资服务平台，加强银企对接，精准服务企业。例如，黑龙江省制定印发《关于继续深入做好全省文旅企业金融信贷支持工作的通知》，江西省制定出台《关于金

---

① 文化和旅游部．“十四五”文化产业发展规划．(2021-05-06)．https://zwgk.mct.gov.cn/zfxxgkml/cyfz/202106/P020210607537541941661.pdf.

② 2020年政府工作报告．(2020-05-22)．http://www.gov.cn/guowuyuan/2020zfgzbg.htm.

③ 2021年政府工作报告．(2021-03-15)．http://www.gov.cn/zhuanti/2021lhzfgzbg/index.htm.

融支持文化和旅游中小微企业发展的若干措施》，形成《金融支持文旅企业发展产品汇编》，山东省出台《加强金融支持文化和旅游产业高质量发展的若干措施》，湖北省出台《关于用好普惠金融政策支持中小微文化企业和旅游企业繁荣发展的若干措施》，西藏自治区出台《关于金融助力旅游产业高质量发展的通知》。浙江省积极推动文化和旅游金融改革，切入温州金融综合改革、台州小微金融改革等试点，推广宁波国家文化与金融合作示范区创建经验，探索建立文化和旅游消费贷款制度。四川省每季度举办全省金融服务与文化和旅游企业恳谈对接会，发布四批次文化和旅游企业融资白名单和项目融资清单，推动国有银行新设三家文化和旅游支行。河南省出台研学旅行奖补资金分配办法，设立研学旅行基金，促进研学旅行发展。

九、不同区域发展差异较大，东部地区产业优势明显

我国东部地区尤其是沿海地区由于经济社会发展水平较高，文化产业基础较好，产业规模优势较为明显，在全国处于领先地位。广东、江苏、浙江等东部省份文化产业规模优势突出。根据国家统计局数据，从各省文化产业规模来看，2018年广东文化产业增加值高居全国第一，达到5 787.8亿元，是全国唯一超过5 000亿元的省份；其次是江苏和浙江，分别为4 657.1亿元和3 813亿元；12个省份文化产业增加值超过1 000亿元，其中7个省份位于东部地区。北京、浙江、上海、广东、福建、湖南、江苏7省份文化产业增加值占GDP比重超过5%。2018年，北京文化产业增加值占比居全国第一，高达9.29%，远高于其他省份；福建、湖南、江苏占比首次超过5%。此外，西藏、安徽、河南、天津、湖北、重庆占比均超过4%；排名前十的省份中，有6个省份位于东部地区[①]。根据《中国文化及相关产业统计年鉴2021》，2019年广东文化产业增加值达到6 227亿元，约占全国文化产业增加值的14%，江苏、浙江文化产业增加值近5 000亿元，约占全国比重的10%；在文化产业增加值超过1 000亿元的12个省份中，7个省份位于东部地区。2019年，文化产业增加值占GDP比重超过5%的省份由2018年的7个省份降为6个省份（江苏由5.00%降为4.90%），分别是北京、浙江、上海、广东、福建、湖南，除湖南外，均位于东部地区；江苏、西藏、安徽等7省份文化产业增加值占比在

① 国家统计局社会科技和文化产业统计司，中宣部文化体制改革和发展办公室. 中国文化及相关产业统计年鉴2020. 北京：中国统计出版社有限公司，2020：28.

3%～4%之间，吉林、黑龙江、青海文化产业增加值占比低于2%[①]。

和文化产业整体情况相比，东部地区规模以上文化企业营业收入优势更为明显。2019年，规模以上文化企业营业收入排名前7位的省份均在东部地区，其中广东、北京、江苏、浙江4省份规模以上文化企业营收超过1万亿元。2016—2019年，东部地区规模以上文化企业年收入大约为中部地区的5倍、西部地区的9倍和东北地区的70倍。可见，我国东、中、西、东北地区规模以上文化企业发展的不均衡性仍较为突出。西部地区规模以上文化企业营收规模较小，但近年来增长速度较快，东北地区近四年来首次实现正增长。我国西部地区由于经济发展基础较弱，人们生活水平相对较低，文化产业规模较小，但近年来增长速度较快，差距有所缩小。《中国文化及相关产业统计年鉴2020》显示，2016—2019年，西部地区规模以上文化企业收入增速始终保持在12%以上，明显高于同期东、中部及东北地区增速。2020年，广东、北京、浙江、江苏规模以上文化企业营业收入超过1万亿元；湖北位列中部地区的首位，规模以上文化企业营业收入为3 796亿元；西部地区的四川排在全国第8位（4 079亿元）；东北三省规模以上文化企业营业收入均在700亿元以下；东部地区十省（市）规模以上文化企业营业收入占全国比重的75%，西部地区12个省（区、市）规模以上文化企业营业收入约占全国比重的9%。2020年，西部地区规模以上文化企业营业收入比上年增长4.1%，是四区域中增速最快的；近五年来，四区域规模以上文化企业营业收入增速首次均降为5%以下，其中东北地区下降8.6%[②]。

东部地区旅游总收入优势明显，中、西部地区旅游总收入相差不多。根据各地2019年国民经济和社会发展统计公报数据，从2019年各省份旅游收入来看，广东、江苏、贵州、四川、山东、云南、浙江、广西8省份旅游总收入进入“万亿元俱乐部”，其中贵州、云南、广西为新晋省份。以上8省份中，广东、江苏旅游总收入比较接近，分别为15 095亿元、14 322亿元[③]。根据各地2020年国民经济和社会发展统计公报数据，从2020年各省份旅游收入来看，新冠肺炎疫情对旅游业影响巨大，2019年，有8省份旅游总收入进入“万亿元俱乐部”，而2020年，全国没有省份旅游总收入超过1万亿元，最高的是浙江（8 275亿元）；在排名前十的省份中，4个省份位于东部地区，2个省份位于中部地区，4个省份位于西部地区[④]。

---

① 国家统计局社会科技和文化产业统计司，中宣部文化体制改革和发展办公室．中国文化及相关产业统计年鉴2021．北京：中国统计出版社有限公司，2021：28.

② 国家统计局社会科技和文化产业统计司，中宣部文化体制改革和发展办公室．中国文化及相关产业统计年鉴2020．北京：中国统计出版社，2020：28.

③ 2019年统计公报．(2020-02-28)．http://www.tjcn.org/tjgbsy/nd/36163.html.

④ 2020年各省区市国民经济和社会发展统计公报汇总．(2021-03-19)．http://district.ce.cn/zg/202102/05/t20210205_36295202.shtml.

第二章 2019—2020年中国省市文化产业发展指数

本章简单介绍中国省市文化产业发展指数评价体系的结构框架、数据来源和计算方法，以及2020年结合最新发展情况对该体系所做的优化。在此基础上对2019年、2020年中国省市文化产业发展指数结果进行描述性分析，并总结2019年、2020年中国省市文化产业发展指数总体情况。

一、中国省市文化产业发展指数体系简介

《中国省市文化产业发展指数2015》详细介绍了中国省市文化产业发展评价体系的理论基础、设计原则、理论模型、结构框架、数据来源、计算方法等内容。为了避免重复，同时便于读者理解指数体系的基本内容，此部分简要介绍其结构框架、数据来源和计算方法。

（一）中国省市文化产业发展指数的结构框架

1. 总框架

我们以联合国教科文组织提出的亚太区域国家文化产业评价框架为基础，根据文化产业金字塔模型确定文化产业的产业链结构，再综合钻石评价体系及中国国情进行测度变量的选取，构建出中国省市文化产业发展评价体系，以科学的量化标准，全面衡量各省市文化产业发展水平。

中国省市文化产业发展评价指标体系从文化产业的投入、驱动、产出三个环节出发，在揭示文化产业发展的内在因素与动力的基础上，综合考虑了经济、社会、政治等影响，结合三大理论基础，构建了产业生产力、产业影响力、产业驱动力3个一级评

价指标，文化资源、文化资本、人力资源、经济影响、社会影响、市场环境、公共环境、创新环境等8个二级评价指标（见图2-1），并选取46个测度变量进行实证研究。

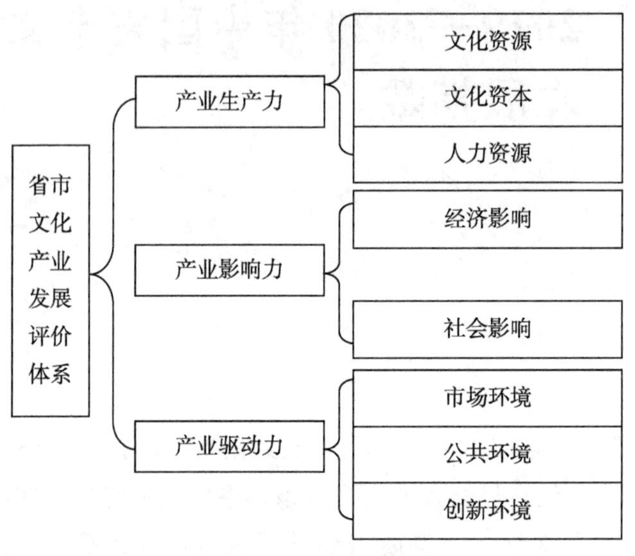

图2-1 指标总框架图

2. 各子框架细述

（1）产业生产力框架。

产业生产力框架主要衡量文化产业内部生产要素的投入情况，主要包括三个方面：文化资源、文化资本和人力资源。

第一，文化资源。

文化资源主要指狭义上的文化资源，包括有形的物质资源（物质文化遗产、图书馆、博物馆、电影院与档案馆等）和无形的精神资源（人类口头和非物质文化遗产等），可分为场馆类资源（文化娱乐场所、艺术表演场馆、艺术馆、图书馆、博物馆等）、人文类资源（非物质文化遗产等）和文化产业基地/园区三类。

第二，文化资本。

文化资本是任何与文化及文化活动有关的有形及无形资产，它是决定经济增长的一种关键性生产要素和最终解释变量①。

第三，人力资源。

人力资源（智力资源）是发展文化产业的核心要素，因为文化产业属于智力密

① 高波，张志鹏．文化资本：经济增长源泉的一种解释．南京大学学报（哲学·人文科学·社会科学版），2004（5）：102-112.

集型产业，文化产业的竞争常常表现为优秀人才资源的竞争。

（2）产业影响力框架。

产业影响力框架主要衡量文化产业的产出状况，通过经济、社会两方面的影响来体现。

第一，经济影响。

经济方面的影响，主要从文化产业的经济规模、收入水平和集聚效应三个角度来考虑。经济规模主要指其总产出，主要表现形式为总量指标；收入水平主要指文化产业人均收入；集聚效应是指区域文化产业集群产生的效应。

第二，社会影响。

社会影响主要指文化产品与服务对市民或消费者的影响，体现在文化参与、文化形象等方面。

（3）产业驱动力框架。

外部发展环境对于文化产业的发展与持续发展起到至关重要的作用，因而我们提出文化产业发展驱动力模型，用其来评价政府在市场体系、公共服务、创新机制等方面所做的努力，进而为政府后续政策的制定提供参考与数据支持。考虑到我国国情以及收集数据的难易程度，本模型拟从市场环境、公共环境和创新环境三个方面来构造产业的驱动力。

第一，市场环境。

市场环境指企业生产经营活动所处的社会经济环境中不可控制的因素。主要有法律、市场需求、市场供给、产品流通等方面的因素。

第二，公共环境。

公共环境主要指公共管理部门和公共服务部门为整个产业提供的发展环境。

第三，创新环境。

文化产业要快速发展与传播高度依赖于相关技术的发展。创新环境主要考虑区域文化产业的技术投入水平和创新能力。

（二）中国省市文化产业发展指数的数据来源和计算方法

1. 指标数据的来源

中国省市文化产业发展指数指标的构成分为两大类：定量指标与定性指标。

定量指标指来源于《中国文化文物统计年鉴》《中国统计年鉴》《中国旅游年鉴》《中国广播电视年鉴》《中国出版年鉴》《中国版权年鉴》《中国广告年鉴》以及文化和旅游部、国家统计局发布的定期报告等客观统计数据，通过直接计算法（对研究对象用直接的计数、点数和测量等方法，登记各单位的具体数值并加以汇总）或间接推算法（利用社会经济现象之间的平衡关系、因果关系、比例关系或非全面调查资料进行推算的方法）获得。

定性指标则通过调研获得，整个调研的方案由两个主要部分构成：问卷调查和访谈。问卷调查主要包括两个部分：对市民（文化产品消费者）的抽样和对当地文化企业（文化产品生产者）的抽样。市民和文化企业是文化市场供需的主体。

（1）对市民的抽样设计如下：

抽出各省（自治区）的地级市，再抽取区（县）、街道、居民户。直辖市无须抽取地级市，直接抽取区（县）、街道、居民户。

首先抽取调研城市：针对各省（自治区）的地级市所采取的抽样方法是，第一阶段在该省（自治区）所有地级市中，抽出省会（首府）城市和非省会（首府）城市。考虑到省会（首府）城市在各省（自治区）经济、政治、文化方面的重要性和代表性，必须调研；非省会（首府）城市按人口规模进行PPS抽样。考虑到各省（自治区）的地级市数量不一样，辖20个（包括20）地级市以上的省（自治区）再抽3个地级市，辖10～19个地级市的省（自治区）再抽2个，辖10个以下地级市的省（自治区）再抽1个。

经过上述步骤抽出调研城市后，再对每个城市的市民进行抽样，所采取的抽样方法是：首先，确定每个城市行政划分的区（县），采用简单随机抽样的方法抽取几个区（县），每个城市抽取的区（县）数目根据该市所辖区（县）数目而定，按1/2的比例抽取，根据PPS抽样原则，实行不等概率抽样，即区（县）的人口规模越大，被抽中的可能性就越大。其次，从所抽区（县）中随机抽出街道，同样进行不等概率抽样。考虑到调研的可操作性和样本量以及专家的建议，项目组规定了每个区（县）所抽街道的数目。最后，在抽取出的街道中对居民户进行简单随机抽样。

具体抽样流程如图2-2所示。

对抽取到的市民，采用CATI（计算机辅助电话调查系统），以电信局号码作为抽样框，随机生成电话号码的后四位，由访问员进行访问。并利用CATI系统的配额控制模块，控制样本的性别年龄配额，以保证最终的样本构成特征接近于总体人口的构成特征。

（2）对文化企业的抽样设计如下：

文化企业指按照工业标准从事生产、再生产、储存以及分配文化产品和服务等一系列活动的企业或公司。项目组原计划对文化企业采用和市民同样的抽样方法，但由于并不是人口多的地区文化产业就发达，因此综合考虑统计数据的获取途径和调研成本，项目组决定按人均GDP对各省（自治区、直辖市）的文化企业进行抽样。

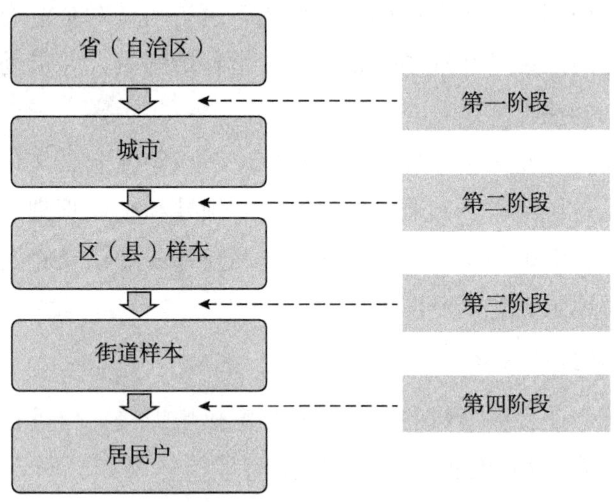

图 2-2 市民抽样流程图

具体抽样方法如下：考虑到省会（首府）城市在各省（自治区）经济、政治、文化方面的重要性和代表性，必须调研；非省会（首府）地级城市按人均 GDP 进行 PPS 抽样。考虑到各省（自治区）的地级市数量不一样，辖 20 个（包括 20）以上地级市的省（自治区）按分层抽样方式，把地级市按人均 GDP 从高到低排列，平均分为三层，每层内按随机抽样抽 1 个地级市，共抽 3 个地级市，再在每个城市的文化园区和文化企业随机抽取 33 个样本，一共 100 个样本；以同样方法，辖 10～19 个地级市的省（自治区）抽 2 个，10 个以下地级市的省（自治区）抽 1 个。以广东省为例，其具体流程如图 2-3 所示。

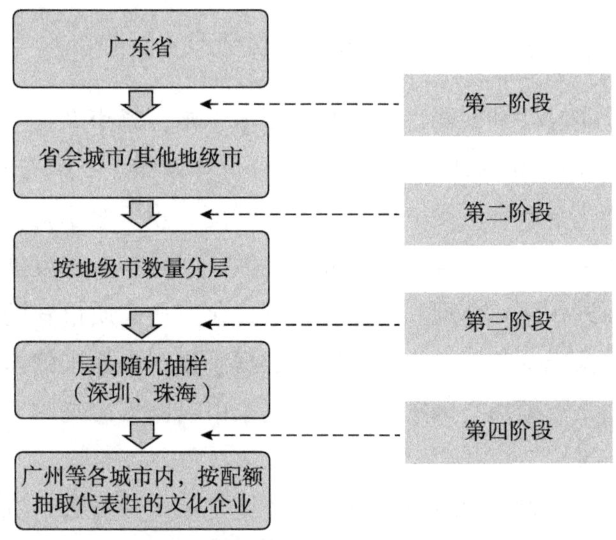

图 2-3 文化企业抽样流程图

对文化企业的访问也采用电话调查的形式，由访问员对企业经理级别以上的高层管理人员进行访问。督导在现场全程监督和指导访问员，并借助系统严格控制问卷质量和数据的真实性。

访谈部分主要通过专家法来确定访谈对象，对该年度全国文化产业发展影响力较大的地区和企业进行调研，并通过与地区政府领导和企业管理人员的访谈，了解其发展思路、成效、困难等相关信息，和数据调查部分的信息相互补充，这能够帮助我们更好地了解地区文化产业发展情况。

2. 指标的无量纲化方法

中国省市文化产业发展指数的计算方法是定权累加法，权重是结合指数自身的设计框架和专家的意见确定的。目前国际主流评价体系如"联合国电子政府的评价"等都采用的定权累加法，我们通过不同计算方法测算，结合专家意见，最终确立定权累加这一方法。中国省市文化产业发展指数指标无量纲化数学模型为：

$$X_i' = [X_i - \mathrm{Min}(X_i)]/[\mathrm{Max}(X_i) - \mathrm{Min}(X_i)] \times 40 + 60$$

式中，X_i'是单项指标标准值；X_i 是单项指标实际值；$\mathrm{Max}(X_i)$ 是单项指标各城市最大值；$\mathrm{Min}(X_i)$ 是单项指标各城市最小值。

指数合成模型为：

$$Y = \sum_{j=0}^{m} X_j / m$$

式中，Y 是评价对象的综合指数；X_j 是评价指标。权重为等权。

（三）2020 年中国省市文化产业发展指数体系优化

遵循系统性、实时性和前瞻性的原则，根据中国各省市文化产业发展的最新情况，我们对 2020 年的省市文化产业发展指数评价体系做了三个方面的优化：

一是新增了文化企业合法诚信度、资本活跃度、投资吸引力、创新成效、融合能力等指标，更加关注文化产业发展的社会效益、文化新业态发展成效以及资本对文化产业发展的促进作用，体现新时代背景下文化产业高质量发展的需求和趋势；

二是扩大了数据来源，更大力度使用大数据手段，由原来的国家统计局数据和调研数据，调整为大数据加上国家统计局、国家市场监管总局的客观统计数据，综合计算得出指数结果；

三是细化了评价对象，由原来的只发布省级文化产业指数下沉到区县一级，更加关注区县文化产业发展情况，从而加大对基层文化产业发展的监测。

二、2019 年中国省市文化产业发展指数结果分析

将 2019 年统计数据及调研数据代入指标体系，并通过定权累加的方法，得到各省市文化产业综合指数、产业生产力指数、产业影响力指数、产业驱动力指数，部分省市的结果如表 2－1 所示，其中港澳台地区由于调研数据采集问题没有纳入分析范畴。

表 2－1　2019 年中国部分省市文化产业发展指数

排名	省市	综合指数	生产力指数	影响力指数	驱动力指数	变异系数
1	北京	82.67	75.02	83.48	85.69	0.07
2	浙江	82.48	76.96	83.02	84.70	0.05
3	江苏	80.71	82.44	82.17	78.37	0.03
4	广东	80.37	79.18	82.97	78.36	0.03
5	上海	79.47	72.40	81.12	81.36	0.07
6	山东	78.51	74.37	79.82	79.26	0.04
7	重庆	77.97	74.52	74.03	83.64	0.07
8	河南	76.92	73.56	75.28	80.25	0.05
9	陕西	76.77	75.80	77.30	76.72	0.01
10	福建	76.56	76.89	74.53	78.43	0.03

（一）总体分析

1. 区域发展依然不平衡

从区域的聚类分析结果来看，2019 年文化产业发展仍存在区域不均衡的现象。东部沿海地区综合表现远优于其他地区，综合指数前十名除了重庆、河南、陕西是中西部省份以外，其他全部集中于东部沿海地区（见图 2－4）。北京的综合指数除 2015 年排名第二以外，2014 年、2016—2019 年均排名全国第一。浙江、江苏在 2018—2019 连续两年均位列第二、第三位，广东、上海、山东依旧占据第四到第六位。生产力指数及驱动力指数整体排序与 2018 年相比变化不大，但除了北京以外，上海、江苏、浙江、广东、山东这五个省市的产业生产力指数均出现了不同程度的下降，特别是山东下降幅度较大，降幅为 7.06％。影响力指数有一些区域的变化比较大，新疆由于社会影响的显著提高其影响力指数排名跃居第 11 位。由于各地地方政府都非常重视文化产业的发展，对其支持力度增大，整体的文化氛围和环境优化速度提高较快。

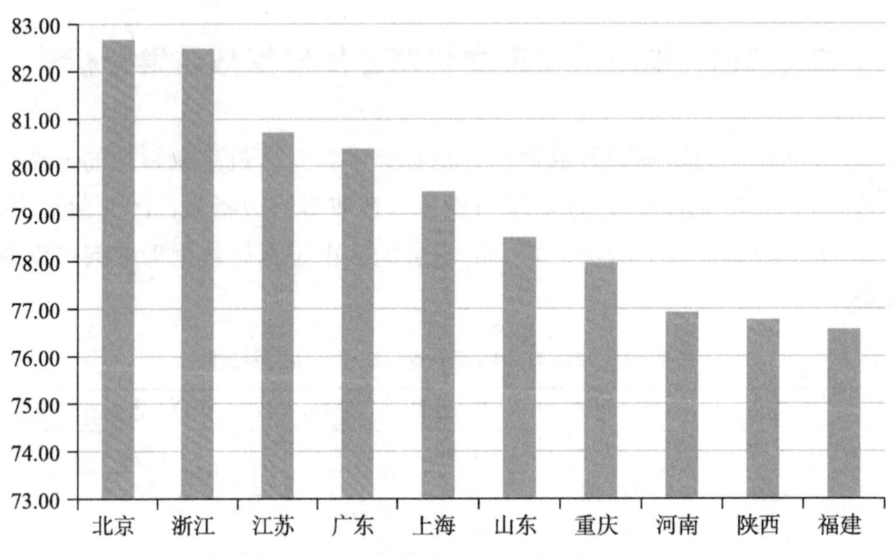

图 2－4　2019 年中国省市文化产业综合指数前十名

文化产业生产力（资源投入水平）方面，东部地区凭借海量文化资源和巨大的文化资本投入、文化人才资源投入，在前十名中占据了六个席位。中西部地区中，陕西、湖南、四川排名和上年基本持平，分别位列第五、第九和第十，重庆在文化资本方面上升至第一位，生产力指数整体上升幅度达 9.51%，排名进入前十位（见图 2－5）。

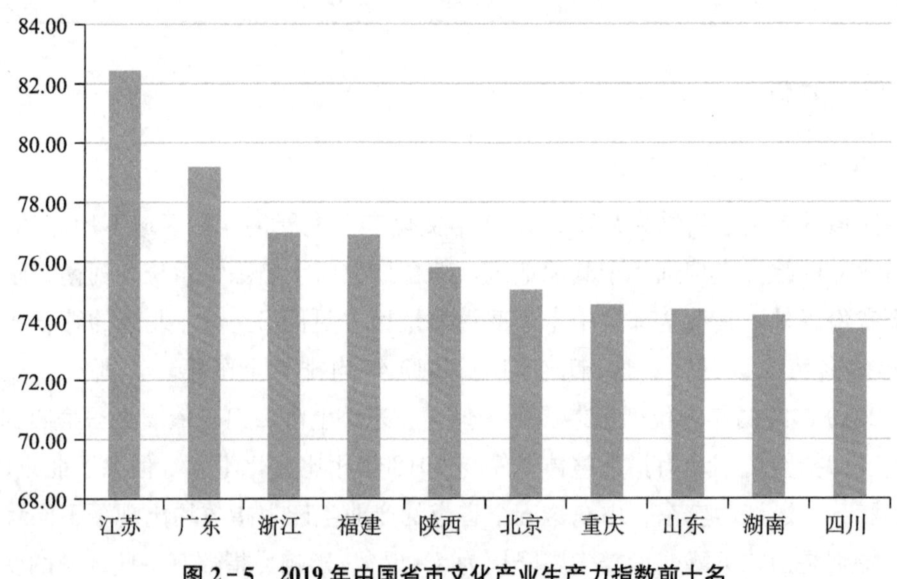

图 2－5　2019 年中国省市文化产业生产力指数前十名

文化产业影响力方面，东部沿海地区文化产业经济效益极为显著，前十位的省市，除了内蒙古、陕西、四川外，其余均来自东部沿海较发达地区。京、沪、粤、苏、浙、鲁等地在文化产业影响力上仍领先于其他省市，但除浙江、广东稳中稍升外，其他四个地区影响力指数均出现了不同程度的下降，特别是北京、上海下降幅度较大。内蒙古由于在经济影响和社会影响方面均有较好的表现，进步较大，进入前十名（见图2-6）。

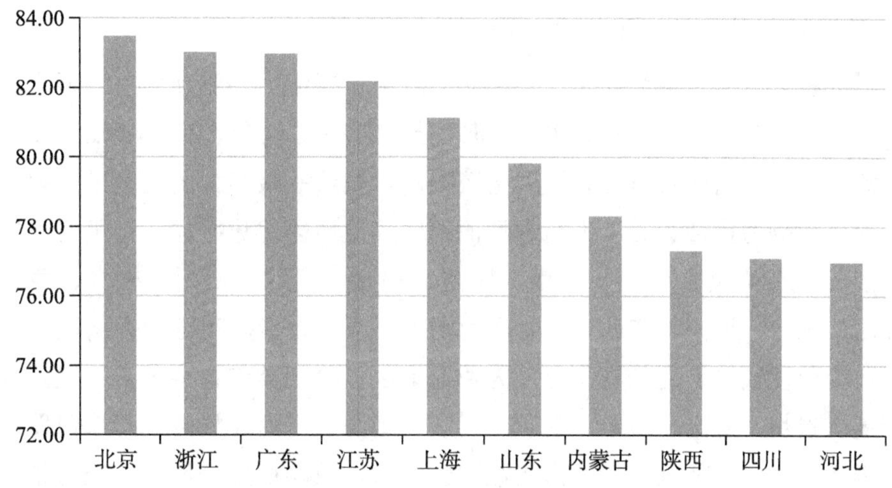

图2-6　2019年中国省市文化产业影响力指数前十名

文化产业驱动力方面，北京连续六年位列第一，但相较2018年，其驱动力指数下降了0.32%，优势相对不再明显。西部地区中，重庆驱动力连续四年位列前十，西藏因创新环境优良进入前十，排名第九。另外，山东由于在市场环境和公共环境上的良好表现，驱动力指数得到了较大的提升，进入前十名（见图2-7）。

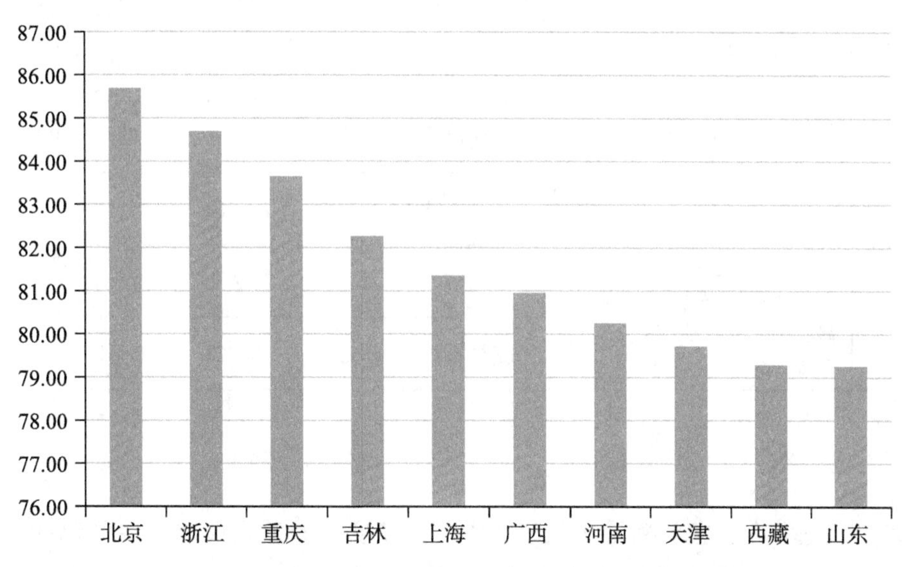

图2-7　2019年中国省市文化产业驱动力指数前十名

2. 各省市文化产业发展整体均衡性提升

通过各地区指数的变异系数可以看出，多数省市文化产业发展指数变异系数适中，相较于2018年文化产业发展均衡性有所提升，其中北京、江苏等排名前几位的省市变异系数降幅明显，其文化产业的均衡性进一步提升。

3. 区域结构特征——聚类分析的结果

聚类分析以发展指数为基本信息，对生产力、影响力、驱动力三个要素指数进行聚类，聚合为三类时达到较好的组间区分。第一类包含北京、浙江、江苏、广东、上海、山东，这些省市综合发展指数最高，虽然一级指标的均衡度一般，但生产力指数、影响力指数、驱动力指数均值相较其他地区优势明显，这里将其定义为强势地区。第二类包含重庆、河南、陕西、福建、河北、四川、吉林、西藏、天津、江西、湖北、湖南、广西，其生产力指数、影响力指数和驱动力指数均处于中间区域，均衡度较好，此处将其定义为普通地区。第三类包含内蒙古、黑龙江、新疆、宁夏、贵州、海南、山西、安徽、辽宁、青海、云南、甘肃，其综合发展指数和各一级指标均值均较低，影响力指数和驱动力指数均衡度一般，影响力指数、驱动力指数与生产力指数相比有一定的分化趋势，此类省份在整体上处于弱势，这里将其定义为弱势地区（见表2-2）。

表2-2 2019年中国省市文化产业发展指数聚类特征

类别	省市	特征值	生产力指数	影响力指数	驱动力指数	综合指数
强势	北京、浙江、江苏、广东、上海、山东	均值	76.7	82.1	81.3	80.7
		变异系数	0.047	0.017	0.040	0.020
普通	重庆、河南、陕西、福建、河北、四川、吉林、西藏、天津、江西、湖北、湖南、广西	均值	73.0	74.5	79.3	76.1
		变异系数	0.030	0.024	0.027	0.011
弱势	内蒙古、黑龙江、新疆、宁夏、贵州、海南、山西、安徽、辽宁、青海、云南、甘肃	均值	69.3	73.5	76.3	73.8
		变异系数	0.015	0.028	0.028	0.016

（二）文化产业生产力

文化产业生产力主要衡量文化产业内部生产要素的投入情况，主要包括三个方面：文化资源、文化资本和人力资源。2019年部分省市文化产业生产力指数如

表 2-3 所示。

表 2-3　2019 年中国部分省市文化产业生产力指数

省市	生产力	排名	文化资源	排名	文化资本	排名	人力资源	排名	变异系数
江苏	82.44	1	77.96	1	86.30	7	87.54	2	0.06
广东	79.18	2	70.48	8	75.76	26	100.00	1	0.19
浙江	76.96	3	74.37	2	83.61	12	75.49	5	0.06
福建	76.89	4	71.63	7	90.81	3	73.50	8	0.13
陕西	75.80	5	72.44	4	91.27	2	67.02	18	0.17
北京	75.02	6	70.44	9	80.33	19	78.86	3	0.07
重庆	74.52	7	65.29	27	100.00	1	67.51	15	0.25
山东	74.37	8	67.34	18	84.74	8	78.08	4	0.11
湖南	74.17	9	69.09	12	84.73	9	73.77	7	0.11
四川	73.72	10	73.26	3	78.39	23	69.99	11	0.06

1. 区域特征明显

(1) 苏、粤、浙文化产业生产力水平具有领先优势。

苏、粤、浙文化产业生产力连续六年排名前五，福建上升至第四名。江苏和广东分别在文化资源和人力资源上优势明显，文化资本尚有提升空间。

(2) 东部地区的总体排名较高。

在文化产业生产力排名前十的省市中，除了陕西、重庆、湖南、四川，其他均为东部地区省市，其中江苏、广东、浙江连续六年位列前五，整体优势明显。陕西凭借深厚的文化资本首次排名进入前五。

2. 区域结构特征——聚类分析的结果

聚类分析以生产力指数为基本信息，对文化资源、文化资本、人力资源三个要素指数进行聚类，聚合为三类时达到较好的组间区分。第一类为江苏、广东、浙江、福建、陕西、北京，其生产力指数最高，人力资源要素指数有非常明显的优势，但均衡度较差，这里将其定义为强势地区。第二类包含重庆、山东、湖南、江西、河南、河北、天津、湖北、安徽、内蒙古、贵州、宁夏、广西、吉林、新疆、海南、青海，其文化资源和人力资源的指数一般，但文化资本有一定的优势，均衡度一般，此处将其定义为普通地区。第三类省市各项指数均较低，均衡度一般，此类省市在整体上处于弱势，此处将其定义为弱势地区（见表 2-4）。

表 2-4　2019 年中国省市文化产业生产力指数聚类特征

类别	省市	特征值	文化资源	文化资本	人力资源	生产力
强势	江苏、广东、浙江、福建、陕西、北京	均值	72.9	84.7	80.4	77.7
		变异系数	0.040	0.072	0.146	0.035
普通	重庆、山东、湖南、江西、河南、河北、天津、湖北、安徽、内蒙古、贵州、宁夏、广西、吉林、新疆、海南、青海	均值	66.4	84.1	68.5	71.4
		变异系数	0.025	0.059	0.056	0.030
弱势	四川、上海、西藏、云南、辽宁、山西、黑龙江、甘肃	均值	69.7	74.1	67.4	70.2
		变异系数	0.039	0.038	0.043	0.029

3. 部分省市文化产业生产力发展不均衡

通过各地区生产力指数的变异系数可以看出，大部分省市文化产业生产力指数变异系数适中，均衡度较好。重庆、陕西等地区的文化资本相对于其他指标优势明显，直接拉动了生产力指数上升，但变异系数较大，发展相对更为不均衡。而江苏、浙江等东部地区省市的均衡度较高。

（三）文化产业影响力

文化产业影响力主要衡量文化产业的产出状况，通过经济、社会两方面的影响来体现。2019 年部分省市文化产业影响力指数如表 2-5 所示。

表 2-5　2019 年中国部分省市文化产业影响力指数

省市	影响力	排名	经济影响	排名	社会影响	排名	变异系数
北京	83.48	1	81.33	2	85.62	3	0.04
浙江	83.02	2	79.45	3	86.60	2	0.06
广东	82.97	3	86.67	1	79.27	22	0.06
江苏	82.17	4	79.31	4	85.04	4	0.05
上海	81.12	5	75.55	7	86.69	1	0.10
山东	79.82	6	77.36	5	82.28	10	0.04
内蒙古	78.29	7	75.95	6	80.64	13	0.04
陕西	77.30	8	71.56	10	83.04	7	0.10

续表

省市	影响力	排名	经济影响	排名	社会影响	排名	变异系数
四川	77.08	9	73.70	8	80.46	15	0.06
河北	76.97	10	71.33	11	82.61	8	0.10

1. 区域特征明显

影响力指数区域特征明显，前十名中有七名来自东部沿海地区，仅内蒙古、陕西和四川来自西部地区，而后十名中几乎全部来自中西部地区。整体而言，中西部省市与东部省市之间的差距仍然较大。各省市之间文化产业影响力指数差距比较明显，其中排名第一的北京市与排名末位的省份之间差距达到 12.64。

2. 区域结构特征——聚类分析的结果

聚类分析以影响力指数为基本信息，对经济影响、社会影响两个要素指数进行聚类，聚合为三类时达到较好的组间区分。第一类为北京、浙江、广东、江苏、上海、山东、内蒙古、四川，其影响力指数最高，经济影响要素指数有非常明显的优势，但均衡度较差，这里将其定义为强势地区。第二类包含黑龙江、湖南、福建、安徽、云南、天津、湖北、辽宁、吉林、宁夏、江西、山西、甘肃、广西、海南、贵州、青海，其影响力指数和经济影响、社会影响要素指数一般，均衡度一般，此处将其定义为普通地区。第三类包含陕西、河北、新疆、河南、西藏、重庆，其影响力指数和社会影响要素指数较低，均衡度一般，此类省份在整体上处于弱势，这里将其定义为弱势地区（见表 2－6）。

表 2－6　2019 年中国省市文化产业影响力指数聚类特征

类别	省市	特征值	经济影响	社会影响	影响力
强势	北京、浙江、广东、江苏、上海、山东、内蒙古、四川	均值	78.7	83.3	81.0
		变异系数	0.052	0.036	0.029
普通	黑龙江、湖南、福建、安徽、云南、天津、湖北、辽宁、吉林、宁夏、江西、山西、甘肃、广西、海南、贵州、青海	均值	68.6	82.8	75.7
		变异系数	0.037	0.012	0.017
弱势	陕西、河北、新疆、河南、西藏、重庆	均值	67.1	78.9	73.0
		变异系数	0.032	0.015	0.016

3. 大部分省市文化产业影响力发展均衡

通过各地区影响力指数的变异系数可以看出大部分省市文化产业影响力指数变异系数适中，均衡度较好。新疆、重庆、西藏、贵州、广西、宁夏等西部省市变异系数偏大，社会影响力明显高于经济影响力，文化产业影响力发展不均衡，需要考虑如何提高当地的经济影响力水平，更好地增加经济规模，提高收入水平，从而在经济影响力方面有一个全面的提高。

（四）文化产业驱动力

产业驱动力主要反映产业发展环境（政府行为），2019 年部分省市文化产业驱动力指数如表 2－7 所示。

表 2－7　2019 年中国部分省市文化产业驱动力指数

省市	驱动力	排名	市场环境	排名	公共环境	排名	创新环境	排名	变异系数
北京	85.69	1	86.29	10	91.14	8	83.67	1	0.04
浙江	84.70	2	85.10	13	88.80	16	83.20	2	0.03
重庆	83.64	3	84.39	16	89.93	13	81.30	4	0.05
吉林	82.26	4	79.92	26	84.67	28	82.25	3	0.03
上海	81.36	5	85.50	12	91.89	6	76.46	7	0.09
广西	80.95	6	84.45	15	89.96	12	76.77	6	0.08
河南	80.25	7	89.12	3	94.01	1	72.70	13	0.13
天津	79.72	8	81.06	25	84.95	27	77.53	5	0.05
西藏	79.29	9	88.90	4	92.70	4	71.61	19	0.13
山东	79.26	10	89.36	2	92.69	5	71.42	20	0.14

1. 总体分析

（1）中西部地区持续发展。

从驱动力指数排名看，排名前十的省市中，四个来自中西部地区，可见中西部地区发展环境持续向好，虽然 2019 年东部地区发展环境整体优于中西部地区，但区位差距在逐渐缩小。北京驱动力指数排名继续保持第一；山东由于市场环境和公共环境的显著提升，驱动力指数排名进入全国前十。

（2）指数数值趋于稳定。

相较于 2018 年，2019 年各地驱动力指数逐渐趋于稳定，31 个省市指数数值整体趋于平稳。这表明随着各地区政府支持力度的逐渐增强，市场环境、公共环境和创新环境等各个方面已进入相对稳定的状态。

2. 区域结构特征——聚类分析的结果

聚类分析以驱动力指数为基本信息，对市场环境、公共环境、创新环境三个要素指数进行聚类，聚合为三类时达到较好的组间区分。第一类为北京、浙江、重庆、吉林、广西、天津，其创新环境指数具有非常明显的优势，这里将其定义为强势地区。第二类为上海、河南、西藏、山东、湖北、江西、海南、黑龙江、广东、贵州、河北、青海、陕西，其市场环境和公共环境要素指数较好，创新环境要素指数一般，均衡度较好，此处将其定义为普通地区。第三类包括福建、江苏、宁夏、新疆、四川、山西、内蒙古、湖南、辽宁、甘肃、安徽、云南，这些省市各要素指数均较低，在整体上处于弱势，这里将其定义为弱势地区（见表2-8）。

表2-8 2019年中国省市文化产业驱动力指数聚类特征

类别	省市	特征值	市场环境	公共环境	创新环境	驱动力
强势	北京、浙江、重庆、吉林、广西、天津	均值	83.5	88.2	80.8	82.8
		变异系数	0.030	0.031	0.036	0.027
普通	上海、河南、西藏、山东、湖北、江西、海南、黑龙江、广东、贵州、河北、青海、陕西	均值	87.2	91.5	71.8	78.8
		变异系数	0.024	0.019	0.025	0.015
弱势	福建、江苏、宁夏、新疆、四川、山西、内蒙古、湖南、辽宁、甘肃、安徽、云南	均值	80.8	85.1	71.4	76.0
		变异系数	0.039	0.036	0.023	0.025

3. 文化产业驱动力发展均衡

全国各省市文化产业驱动力指数变异系数适中，均衡度较好。相比市场环境指数和公共环境指数，创新环境指数相对偏低，均值只有73.36，未来各省市可以通过进一步提高科学技术，营造更好的创新环境，促进文化产业驱动力进一步提高，使发展更加均衡稳定。

三、2020年中国省市文化产业发展指数结果分析

将2020年统计数据及调研数据代入指标体系，并通过定权累加的方法，得到各省市文化产业综合指数、产业生产力指数、产业影响力指数、产业驱动力指数，

部分省市的结果如表 2－9 所示，其中港澳台地区由于调研数据采集问题没有纳入分析范畴。

表 2－9　2020 年中国部分省市文化产业发展指数

省市	综合指数	排名	生产力指数	排名	影响力指数	排名	驱动力指数	排名	变异系数
北京	88.94	1	87.92	3	91.99	1	85.90	2	0.035
浙江	88.08	2	88.40	2	88.12	3	87.59	1	0.005
广东	85.11	3	93.94	1	78.41	4	82.69	3	0.094
上海	80.82	4	73.26	5	91.72	2	75.34	4	0.126
山东	74.36	5	79.48	4	70.63	13	72.71	5	0.062
江苏	73.30	6	72.97	6	76.94	5	68.43	6	0.058
湖北	71.04	7	69.42	9	74.89	6	67.67	7	0.053
河南	70.55	8	71.66	7	71.75	9	67.27	8	0.036
四川	68.95	9	70.39	8	68.88	18	67.05	10	0.024
安徽	68.85	10	68.59	11	71.22	11	65.74	11	0.040
福建	67.18	11	69.23	10	66.67	25	65.08	13	0.031
贵州	66.95	12	64.69	18	71.56	10	63.33	23	0.066
江西	66.81	13	66.17	14	68.81	19	64.76	16	0.031
湖南	66.65	14	68.24	12	66.28	28	65.00	14	0.025
重庆	66.48	15	65.93	15	66.52	27	67.17	9	0.009

（一）总体分析

1. 省市间发展不均衡，个别省市进步明显

2020 年，有四个省市综合指数得分在 80 分以上，四个省市在 70～79 分之间，平均分为 75.91，中位数为 66.39，排名第一的北京和排名最后一位的省份分差为 26.31。

北京连续五年综合排名全国第一，2020 年排名第二到第六位的浙江、广东、上海、山东和江苏也常年位居全国前列，且这六省市的生产力、影响力和驱动力指数排名也均靠前，可见其深厚的产业底蕴。其他省市产业发展受疫情影响较大，指数下跌幅度较大，和优势区域差距进一步拉大。湖北和安徽进入前十名，较 2019 年虽然指数有所下降但排名进步较大，特别是安徽省，2018 年和 2019 年均排名 20 开外，2020 年排名第十。可见安徽省在产业发展上下了功夫，也取得了成绩（见图 2－8）。

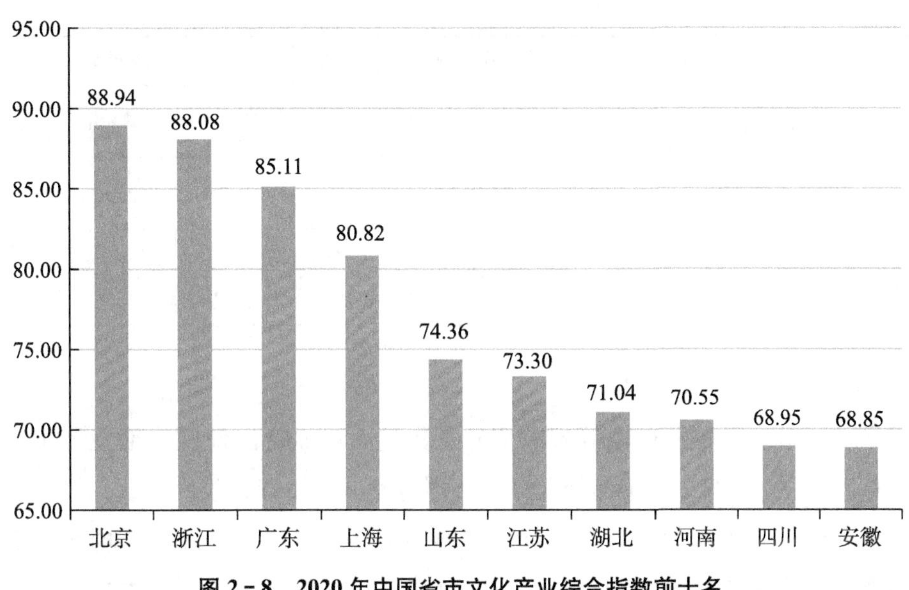

图2-8　2020年中国省市文化产业综合指数前十名

2. 东部地区一枝独秀，与其他地区差距进一步拉大

从区域划分来看，东部地区凭借北京、浙江、广东等优势省市发展明显优于中部、西部和东北地区，中部、西部和东北地区之间差距较小。就区域内情况而言，东部地区内部发展比较不均衡，地区间差距显著，例如北京和天津在综合指数、分项指数和排名上均差距较大。中部、西部和东北地区内部各省市发展比较均衡，但大部分省市产业发展尚有较大提升空间（见表2-10）。

各省市地方政府都非常重视文化产业的发展，但仍然存在支持力度不够、发展方向不明确、创新力和改革动力不足、文化产业与其他产业融合度不够紧密、专业人才培育缺乏等诸多问题，从而导致产业发展质量不高，核心竞争力和抗风险能力不足，这些都应引起重视。

表2-10　2020年东中西部及东北地区文化产业均值和变异系数比较

地区	省市	特征值	生产力	影响力	驱动力	综合
东部	北京、浙江、广东、上海、山东、江苏、福建、河北、海南、天津	均值	75.95	76.78	72.94	75.48
		变异系数	0.14	0.14	0.13	0.13
中部	湖北、河南、安徽、江西、湖南、山西	均值	67.93	70.54	65.77	68.36
		变异系数	0.04	0.04	0.02	0.03

续表

地区	省市	特征值	生产力	影响力	驱动力	综合
西部	四川、贵州、重庆、广西、宁夏、新疆、陕西、云南、西藏、内蒙古、青海、甘肃	均值	63.71	68.63	63.08	65.42
		变异系数	0.04	0.04	0.04	0.03
东北	黑龙江、吉林、辽宁	均值	63.24	68.17	63.45	65.17
		变异系数	0.01	0.04	0.02	0.02

3. 部分地区发展不均衡

上海、宁夏、西藏、广东等省市变异系数过大，体现出地区内部发展不均衡的状态（见图2-9）。例如，上海市影响力指数达到了91.72，仅次于北京市，排名全国第二位，但是其生产力指数和驱动力指数分别为73.26和75.36，均明显低于影响力指数，可见其在生产力和驱动力方面有待加强。广东省的生产力指数明显高于驱动力和影响力指数，可见广东省企业和人才资源丰富，但是产生的经济影响和社会影响不足，应该重视和加强提质增效。宁夏和西藏的影响力指数均超过了70分，且分别排名全国第七和第八位，可见文化产业在这两个地区是被市场接受和认可的，是可以产生良好的经济效益和社会效益的。但二者的生产力和驱动力指数却均仅仅60分出头，且排名靠后，可见其在生产力和驱动力方面有非常大的提升空间。文化产业的发展需要生产力、影响力、驱动力互相影响，良性循环，共同促使当地文化产业螺旋式向上发展。

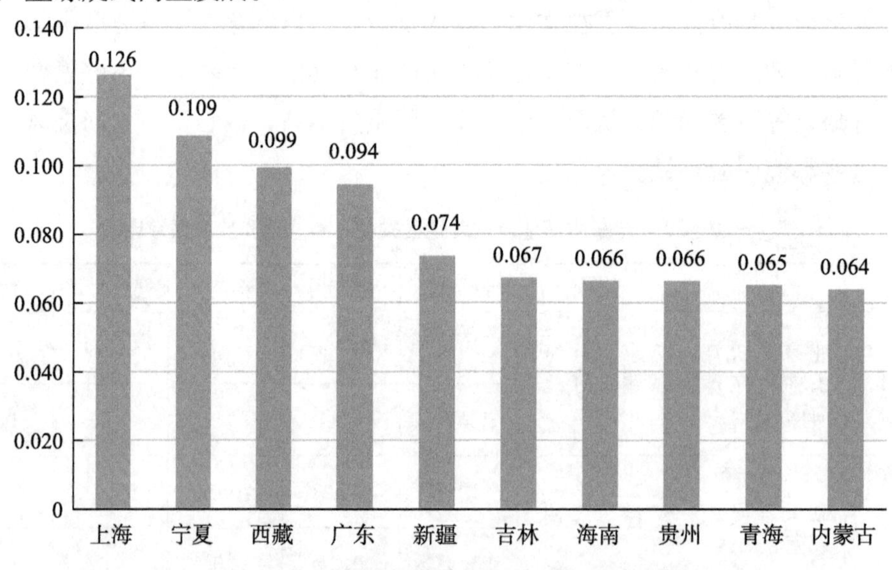

图2-9　2020年中国省市文化产业综合指数变异系数前十名

4. 影响力总体发展好于生产力和驱动力

2020 年，各省市文化产业影响力指数均值为 71.58，中位数为 70.17，均高于生产力指数和驱动力指数的均值和中位数，而生产力均值略高于驱动力均值（见图 2－10、2－11）。具体来看，16 个省市的影响力指数在 70 分以上，8 个省市的生产力指数在 70 分以上，5 个省市的驱动力指数在 70 分以上，且有 22 个省市的影响力指数高于生产力指数和驱动力指数。可见，产业影响力总体发展优于生产力和驱动力。

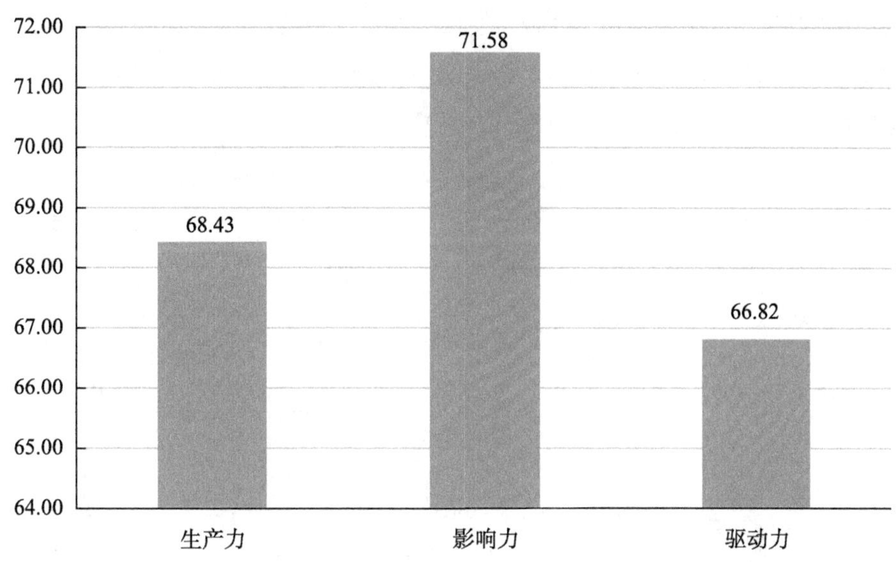

图 2－10　2020 年各省市文化产业生产力、影响力、驱动力指数均值比较

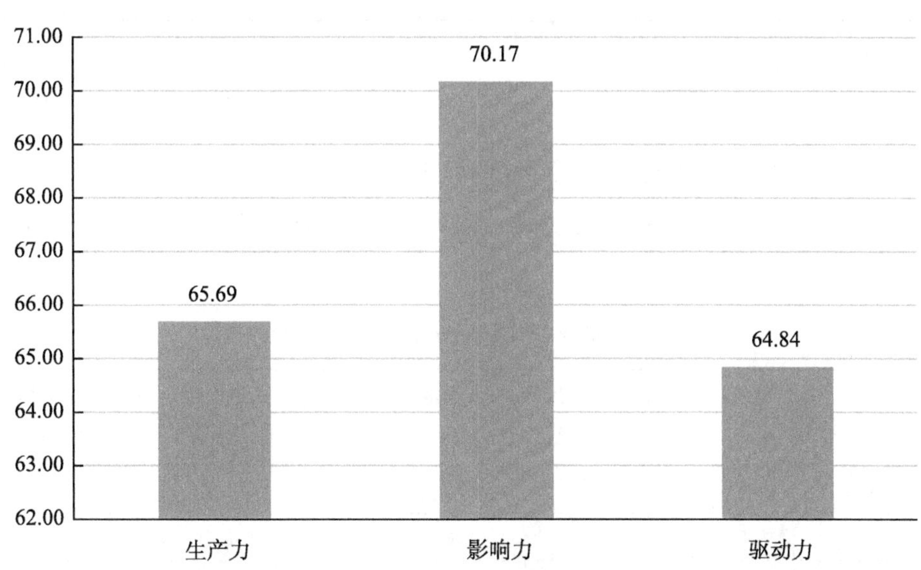

图 2－11　2020 年各省市文化产业生产力、影响力、驱动力指数中位数比较

5. 区域结构特征——聚类分析的结果

聚类分析以发展指数为基本信息，对生产力、影响力、驱动力三个要素指数进行聚类，聚合为三类时达到较好的组间区分。通过聚类分析，大致可以将各省市划分为强势地区、普通地区和弱势地区三类地区。北京、广东、上海、浙江发展指数最高，生产力、影响力和驱动力指数都有非常明显的优势，可将其称为强势地区。安徽、河南、湖北、江苏、山东、四川各项指数处于中间区域，虽然和强势地区差距明显，但地区内部发展较为均衡，此处将其定义为普通地区。福建、甘肃、广西、贵州等省市各项指数均值较低，整体发展均衡，此类省份在整体上发展相对较弱，这里将其定义为弱势地区（见表 2－11）。

表 2－11　2020 年中国省市文化产业发展指数聚类特征

类别	省市	特征值	生产力	影响力	驱动力	综合
强势	北京、广东、上海、浙江	均值	85.88	87.56	82.88	85.74
		变异系数	0.103	0.073	0.065	0.043
普通	安徽、河南、湖北、江苏、山东、四川	均值	72.09	72.38	68.15	71.18
		变异系数	0.055	0.041	0.035	0.032
弱势	福建、甘肃、广西、贵州、海南、河北、黑龙江、湖南、吉林、江西、辽宁、内蒙古、宁夏、青海、山西、陕西、天津、西藏、新疆、云南、重庆	均值	64.06	68.31	63.38	65.50
		变异系数	0.038	0.037	0.027	0.019

（二）文化产业生产力

文化产业生产力主要衡量文化产业内部生产要素的投入情况，主要包括三个方面：文化资源、文化资本和人力资源。2020 年部分省市文化产业生产力指数如表 2－12 所示。

表 2－12　2020 年中国部分省市文化产业生产力指数

省市	生产力	排名	文化资源	排名	文化资本	排名	人力资源	排名	变异系数
广东	93.94	1	99.12	2	82.69	3	100.00	1	0.104
浙江	88.40	2	100.00	1	88.52	2	76.67	4	0.132
北京	87.92	3	89.33	3	100.00	1	74.44	6	0.146
山东	79.48	4	87.31	4	74.26	5	76.87	3	0.087

续表

省市	生产力	排名	文化资源	排名	文化资本	排名	人力资源	排名	变异系数
上海	73.26	5	74.51	6	77.07	4	68.19	11	0.062
江苏	72.97	6	67.67	15	63.49	18	87.75	2	0.178
河南	71.66	7	76.21	5	64.06	11	74.70	5	0.092
四川	70.39	8	74.43	7	68.16	6	68.59	10	0.050
湖北	69.42	9	71.76	10	64.82	9	71.69	8	0.057
福建	69.23	10	68.43	13	66.64	7	72.61	7	0.044
安徽	68.59	11	72.21	9	65.45	8	68.10	12	0.050
湖南	68.24	12	70.72	11	63.31	19	70.70	9	0.063
河北	67.75	13	73.27	8	63.08	21	66.90	13	0.076
江西	66.17	14	67.67	14	64.51	10	66.35	15	0.024
重庆	65.93	15	67.47	16	63.68	17	66.63	14	0.030

1. 省市间发展不均衡，优势区域较其他区域差距较大

在文化产业生产力指数上，广东省、浙江省和北京市位列前三位，其文化资源、文化资本、人力资源方面也均排名全国前列，具有非常明显的优势。

生产力指数方面，3个省市在80分以上，5个省市在70～79分之间，平均分68.43，排名第一的广东省和排名最后一位的省份分差为33.4；文化资源指数方面，4个省市在80分以上，7个省市在70～79分之间，平均分70.65，排名第一的浙江省和排名最后一位的省份分差达到了39.19；文化资本指数方面，3个省市在80分以上，2个省市在70～79分之间，平均分66.76，排名第一的北京市和排名最后一位的省份分差达到了39.72；人力资源指数方面，2个省市在80分以上，7个省市在70～79分之间，平均分67.88，排名第一的广东省和排名最后一位的省份分差达到了39.49。

2. 东部地区优势明显，西部地区和东北地区发展有待提升

文化产业生产力方面，东部地区优势明显，在前十名中占据七个席位，广东、浙江、北京、山东、上海、江苏等东部地区省市包揽全国前六位。中西部地区的河南、四川、湖北入围前十。东部地区的生产力、文化资源、文化资本、人力资源指数均明显高于其他地区，发展势头强劲。而西部和东北地区各项指数总体分值不高，产业发展空间较大（见表2-13）。

表 2-13　2020 年东中西部及东北地区文化产业生产力指数均值和变异系数比较

地区	省市	特征值	文化资源	文化资本	人力资源	生产力
东部	北京、浙江、广东、上海、山东、江苏、福建、河北、海南、天津	均值	78.89	74.26	74.68	75.95
		变异系数	0.176	0.173	0.159	0.145
中部	湖北、河南、安徽、江西、湖南、山西	均值	70.75	64	69.05	67.93
		变异系数	0.051	0.020	0.061	0.041
西部	四川、贵州、重庆、广西、宁夏、新疆、陕西、云南、西藏、内蒙古、青海、甘肃	均值	65.15	63.12	62.8	63.77
		变异系数	0.060	0.040	0.038	0.045
东北	黑龙江、吉林、辽宁	均值	64.45	63.07	62.19	63.24
		变异系数	0.009	0.015	0.022	0.007

3. 文化产业生产力发展存在不均衡的状况

通过各省市生产力指数的变异系数可以看出，2020 年大部分省市文化产业生产力指数变异系数适中，均衡度较好。但江苏、北京、浙江、广东等文化产业发达地区的生产力指数变异系数较大，发展相对不均衡。江苏省人力资源充足，但是文化资源和文化资本无法同时匹配，可见江苏省在文化企业数量、质量、规模和资本投入等方面具有较大的增长空间。而浙江省和北京市的文化资源充足、文化资本活跃，但是从业人员相对不足，应加大对专业人才的培育（见图 2-12）。

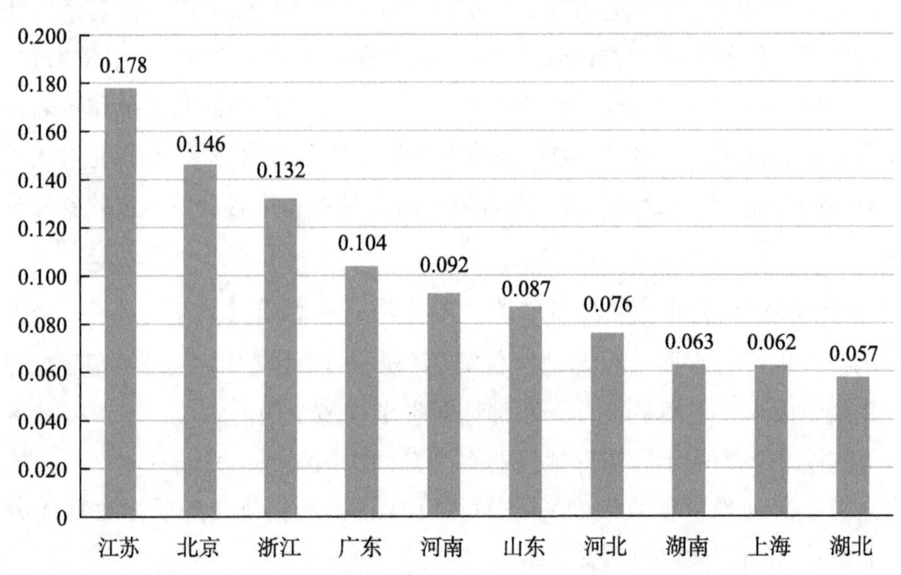

图 2-12　2020 年中国省市文化产业生产力指数变异系数前十名

从区域内来看，东部地区内部发展比较不均衡，地区间差距显著，例如广东、浙江、北京等省市和天津、海南在生产力指数、分项指数和排名上均差距较大。而中部、西部和东北地区内部各省市发展比较均衡。

4. 区域结构特征——聚类分析的结果

聚类分析以生产力指数为基本信息，对文化资源、文化资本、人力资源三个要素指数进行聚类，聚合为三类时达到较好的组间区分。广东省的生产力指数、文化资源指数和人力资源指数均有非常明显的优势，可将其称为强势地区。北京、山东和浙江的各项指数相对较高，发展相对较好，虽然人力资源指数和强势地区相比差距明显，但地区发展较为均衡，此处将其定义为普通地区。安徽、福建、甘肃、广西等省市各项指数均值较低，整体发展相对较弱，此处将其定义为弱势地区（见表 2－14）。

表 2－14　2020 年中国省市文化产业生产力指数聚类特征

类别	省市	特征值	文化资源	文化资本	人力资源	生产力
强势	广东	均值	99.12	82.69	100.00	93.94
		变异系数	—	—	—	—
普通	北京、山东、浙江	均值	92.21	87.60	76.00	85.27
		变异系数	0.074	0.147	0.018	0.059
弱势	安徽、福建、甘肃、广西、贵州、海南、河北、河南、黑龙江、湖北、湖南、吉林、江苏、江西、辽宁、内蒙古、宁夏、青海、山西、陕西、上海、四川、天津、西藏、新疆、云南、重庆	均值	67.20	63.85	65.79	65.61
		变异系数	0.065	0.049	0.091	0.057

（三）文化产业影响力

文化产业影响力主要衡量文化产业的产出状况，通过经济、社会两方面的影响来体现。2020 年部分省市文化产业影响力指数如表 2－15 所示。

表 2－15　2020 年中国部分省市文化产业影响力指数

省市	影响力	排名	经济影响	排名	社会影响	排名	变异系数
北京	91.99	1	91.19	2	95.00	1	0.029
上海	91.72	2	95.69	1	76.84	3	0.155

续表

省市	影响力	排名	经济影响	排名	社会影响	排名	变异系数
浙江	88.12	3	88.52	3	86.60	2	0.015
广东	78.41	4	78.96	5	76.33	4	0.024
江苏	76.94	5	79.10	4	68.85	7	0.098
湖北	74.89	6	76.66	6	68.23	11	0.082
宁夏	73.15	7	75.19	7	65.50	25	0.097
西藏	72.07	8	73.80	8	65.56	23	0.084
河南	71.75	9	72.79	10	67.84	12	0.050
贵州	71.56	10	73.38	9	64.76	31	0.088
安徽	71.22	11	71.92	12	68.59	8	0.034
海南	70.86	12	72.28	11	65.51	24	0.070
山东	70.63	13	70.20	17	72.26	5	0.020
新疆	70.52	14	71.63	13	66.32	19	0.054
山西	70.26	15	71.44	14	65.82	22	0.058

1. 各省市之间文化产业影响力指数差距比较明显，社会影响力普遍较差

在影响力指数上，北京市、上海市和浙江省位列前三，其经济影响指数和社会影响指数也均占据全国前三位，具有非常明显的优势。

影响力指数方面，北京市和上海市超过 90 分，浙江省超过 85 分，13 个省市在 70～79 分之间，平均分 71.58，排名第一的北京市和排名最后一位的省份分差为 28.27；经济影响指数方面，北京市和上海市超过 90 分，浙江省超过 85 分，14 个省市在 70～79 分之间，平均分 72.25，排名第一的上海市和排名最后一位的省份分差达到了 32.34；社会影响方面，北京市 95 分，浙江省 86.6 分，仅有 3 个省市在 70～79 分之间，平均分 69.08，排名第一的北京市和排名最后一位的省份分差达到了 30.24，大部分省市在 70 分以下，可见文化企业的社会影响力发展较差，提升空间较大。

2. 东部地区产业影响力整体高于其他地区

2020 年度，产业影响力指数前十名中有五名来自东部沿海地区，且排名正好位于全国前五位。西部地区的宁夏、西藏和贵州进入全国前十位。整体而言，中西部及东北部省市与东部省市之间的差距仍然较大（见表 2－16）。

表 2-16　2020 年东中西部及东北地区文化产业影响力指数均值和变异系数比较

地区	省市	特征值	经济影响	社会影响	影响力
东部	北京、上海、浙江、广东、江苏、海南、山东、福建、天津、河北	均值	77.40	74.45	76.78
		变异系数	0.144	0.129	0.136
中部	湖北、河南、安徽、山西、江西、湖南	均值	71.23	67.91	70.54
		变异系数	0.053	0.021	0.041
西部	宁夏、西藏、贵州、新疆、四川、内蒙古、青海、广西、云南、陕西、重庆、甘肃	均值	69.35	65.93	68.63
		变异系数	0.051	0.018	0.040
东北	吉林、黑龙江、辽宁	均值	68.71	66.18	68.17
		变异系数	0.053	0.003	0.042

3. 大部分省市文化产业影响力发展均衡，东部地区内部发展不均衡

通过各省市影响力指数的变异系数可以看出，2020 年大部分省市文化产业影响力指数变异系数适中，均衡度较好。但是，部分影响力指数排名靠前的省市反而发展不够均衡，例如上海、江苏、宁夏、贵州、西藏、湖北等，其经济影响力指数和社会影响力指数差值较大，可见其经济影响力发展更好，需要考虑如何提高当地文化产业的社会影响力（见图 2-13）。

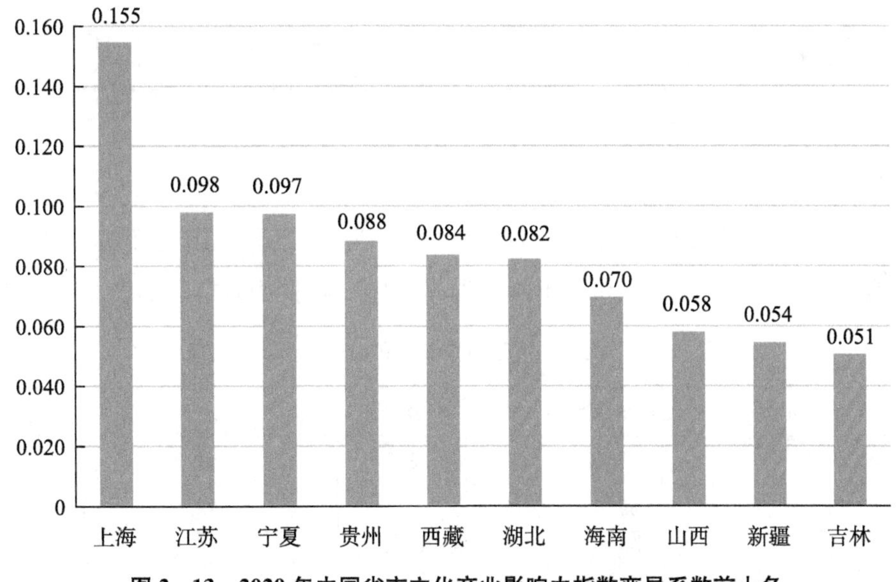

图 2-13　2020 年中国省市文化产业影响力指数变异系数前十名

从区域内部来看，东部地区内部发展比较不均衡，地区间差距显著，例如北

京、上海、浙江等省市和福建、天津、河北在影响力指数、分项指数和排名上均差距较大。而中部、西部和东北地区内部各省市发展则相对更加均衡。

4. 区域结构特征——聚类分析的结果

聚类分析以影响力指数为基本信息，对经济影响、社会影响两个要素指数进行聚类，聚合为三类时达到较好的组间区分。北京和浙江的影响力指数、经济影响指数和社会影响指数均较高，整体发展较好，可以称为强势地区。广东省各项指数发展一般，上海市虽然经济影响指数较高，但是社会影响指数一般，因此和广东省一同被划分为普通地区。安徽、福建、甘肃、广西等省市各项指数均值较低，整体发展相对较弱，这里将其定义为弱势地区（见表2-17）。

表2-17　2020年中国省市文化产业影响力指数聚类特征

类别	省市	特征值	经济影响	社会影响	影响力
强势	北京、浙江	均值	89.85	90.80	90.05
		变异系数	0.021	0.065	0.030
普通	广东、上海	均值	87.33	76.58	85.07
		变异系数	0.135	0.005	0.111
弱势	安徽、福建、甘肃、广西、贵州、海南、河北、河南、黑龙江、湖北、湖南、吉林、江苏、江西、辽宁、内蒙古、宁夏、青海、山东、山西、陕西、四川、天津、西藏、新疆、云南、重庆	均值	69.83	66.92	69.22
		变异系数	0.055	0.027	0.045

(四) 文化产业驱动力

产业驱动力主要反映产业发展环境（政府行为），主要从市场环境、公共环境、创新环境三方面进行分析。2020年部分省市文化产业驱动力指数如表2-18所示。

表2-18　2020年中国部分省市文化产业驱动力指数

省市	产业驱动力	排名	市场环境	排名	公共环境	排名	创新环境	排名	变异系数
浙江	87.59	1	77.62	2	93.17	2	91.79	2	0.098
北京	85.90	2	69.69	7	90.24	4	93.67	1	0.153
广东	82.69	3	75.40	3	91.22	3	84.87	3	0.095
上海	75.34	4	79.57	1	72.68	15	73.61	4	0.050
山东	72.71	5	73.01	4	78.54	6	71.39	5	0.050

续表

省市	产业驱动力	排名	市场环境	排名	公共环境	排名	创新环境	排名	变异系数
江苏	68.43	6	67.79	8	100.00	1	62.46	20	0.265
湖北	67.67	7	62.04	23	77.56	8	68.70	6	0.112
河南	67.27	8	62.96	18	78.54	7	67.32	7	0.115
重庆	67.17	9	71.10	5	76.59	9	63.20	15	0.096
四川	67.05	10	63.44	13	79.51	5	66.49	8	0.122
安徽	65.74	11	62.82	19	74.63	12	65.52	9	0.091
黑龙江	65.22	12	70.75	6	66.83	24	61.96	23	0.066
福建	65.08	13	65.79	9	70.73	19	63.58	13	0.055
湖南	65.00	14	63.15	15	71.71	18	64.64	10	0.069
河北	64.93	15	62.09	22	74.63	13	64.50	11	0.099

1. 除传统优势区域外，产业驱动力普遍发展较差，特别是市场环境支持明显不足

在文化产业驱动力指数上，传统优势地区的浙江省、北京市和广东省位列前三，其市场环境、公共环境、创新环境方面也均排名全国前列，具有较为明显的优势。

驱动力指数方面，3个省市在80分以上，2个省市在70～79分之间，平均分66.82，排名第一的浙江省和排名最后一位的省份分差为27.12；市场环境指数方面，没有省市得分在80分以上，6个省市在70～79分之间，平均分65.31，排名第一的上海市和排名最后一位的省份分差为19.38；公共环境指数方面，江苏省表现强劲，得分为100.00分，北京、广东、上海在90分以上，15个省市在70～79分之间，平均分73.78，排名第一的江苏省和排名最后一位的省份分差达到了40；创新环境指数方面，北京和浙江得分超过90分，广东在80分以上，2个省市在70～79分之间，平均分66.23，排名第一的北京市和排名最后一位的省份分差达到了33.4。可见，公共环境发展较好，各地区政府支持力度较强，但市场环境和创新环境发展较差，特别是市场环境支持明显不足。

2. 东部地区产业驱动力整体高于其他地区

产业驱动力指数前十名中有六名来自东部沿海地区，且排名正好位于全国前六位。2020年度，中西部地区的湖北和四川进入全国前十位。整体而言，东部地区省市与其他地区之间的差距仍然较大（见表2-19）。

表 2-19　2020 年东中西部及东北地区文化产业驱动力指数均值和变异系数比较

地区	省市	特征值	市场环境	公共环境	创新环境	驱动力
东部	浙江、北京、广东、上海、山东、江苏、福建、河北、天津、海南	均值	69.90	80.29	73.09	72.94
		变异系数	0.089	0.154	0.172	0.130
中部	湖北、河南、安徽、湖南、江西、山西	均值	62.90	74.80	65.50	65.77
		变异系数	0.007	0.038	0.033	0.021
西部	重庆、四川、陕西、广西、云南、贵州、新疆、甘肃、内蒙古、西藏、宁夏、青海	均值	62.80	69.02	62.04	63.08
		变异系数	0.047	0.088	0.029	0.036
东北	黑龙江、辽宁、吉林	均值	64.84	69.11	61.58	63.45
		变异系数	0.079	0.045	0.005	0.025

3. *产业驱动力发展不均衡*

通过表 2-18 可以看出大部分省市产业驱动力指数变异系数偏大，可见发展不均衡，公共环境指数普遍高于创新环境指数和市场环境指数。江苏省政府支持力度强，公共环境指数非常高，但创新环境指数和市场环境指数较低，且分差非常之大。6 个省市的变异系数大于 0.1；18 个省市的变异系数在 0.05 到 0.1 之间（见图 2-14）。建议各省市应加大对资本的吸引力度，拓宽企业投融资渠道，同时加大文化产业领域的研发力度，营造更好的创新环境，努力促进文化产业驱动力均衡发展。

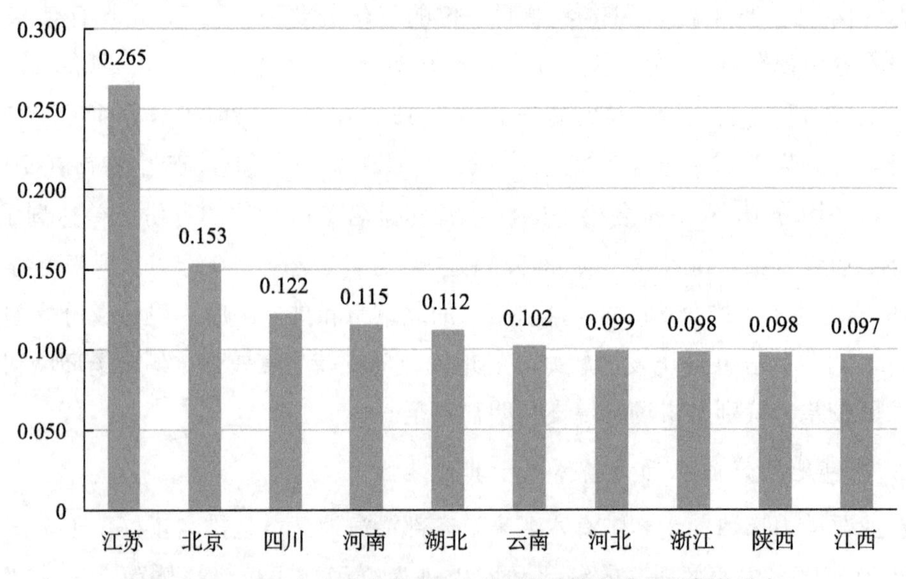

图 2-14　2020 年中国省市文化产业驱动力指数变异系数前十名

从区域内部来看，东部地区内部发展比较不均衡，地区间差距显著，例如浙江、北京、广东等省市和天津、海南在驱动力指数、分项指数和排名上均差距较大。而中部、西部和东北地区内部各省市发展则相对比较均衡。

4. 区域结构特征——聚类分析的结果

聚类分析以驱动力指数为基本信息，对市场环境、公共环境、创新环境三个要素指数进行聚类，聚合为三类时达到较好的组间区分。北京、广东和浙江在各项指数上均有非常明显的优势，发展较为均衡，可以称为强势地区。江苏和山东除创新环境指数外，其他各项指数相对较高，此处将其定义为普通地区。安徽、福建、甘肃、广西等省市各项指数均值较低，整体发展相对较弱，这里将其定义为弱势地区（见表 2 - 20）。

表 2 - 20　2020 年中国省市文化产业驱动力指数聚类特征

类别	省市	特征值	市场环境	公共环境	创新环境	驱动力
强势	北京、广东、浙江	均值	74.24	91.54	90.11	85.39
		变异系数	0.055	0.016	0.051	0.029
普通	江苏、山东	均值	70.40	89.27	66.92	70.57
		变异系数	0.052	0.170	0.094	0.043
弱势	安徽、福建、甘肃、广西、贵州、海南、河北、河南、黑龙江、湖北、湖南、吉林、江西、辽宁、内蒙古、宁夏、青海、山西、陕西、上海、四川、天津、西藏、新疆、云南、重庆	均值	63.88	70.54	63.42	64.39
		变异系数	0.065	0.074	0.047	0.047

四、2019—2020 年中国省市文化产业发展指数结果总体分析

（一）受疫情冲击整体发展状态明显下滑

2020 年初，我国突发新型冠状病毒肺炎疫情，不仅给人民群众生命安全和身体健康造成巨大威胁，也对我国经济社会发展带来强烈冲击，特别是对文化旅游行业的冲击更大更强烈。2020 年，全国仅有 4 个省市的文化产业发展综合指数有所上升，即排名前 4 位的北京、浙江、广东和上海，分别提高了 7.59%、6.79%、5.90%和 1.69%。其余 27 个省市的综合指数均出现了一定程度的下降，其中 19 个

省市下降幅度超过了 10%（见表 2-21）。

表 2-21　2019—2020 年中国部分省市文化产业发展综合指数及变动情况

省份	2020 年综合指数	2020 年排名	2019 年综合指数	2019 年排名	变动幅度
北京	88.94	1	82.67	1	7.59%
浙江	88.08	2	82.48	2	6.79%
广东	85.11	3	80.37	4	5.90%
上海	80.82	4	79.47	5	1.69%
山东	74.36	5	78.51	6	−5.28%
江苏	73.30	6	80.71	3	−9.18%
湖北	71.04	7	75.36	19	−5.72%
河南	70.55	8	76.92	8	−8.28%
四川	68.95	9	76.19	12	−9.50%
安徽	68.85	10	73.39	27	−6.19%
福建	67.18	11	76.56	10	−12.25%
贵州	66.95	12	73.98	24	−9.51%
江西	66.81	13	75.38	18	−11.37%
湖南	66.65	14	75.21	20	−11.38%
重庆	66.48	15	77.97	7	−14.74%

从整体上看，2020 年中国省市文化产业发展指数平均值较 2019 年下降了 9.05%，跌幅较大，而 2016—2019 年，整体发展态势呈现正增长的状态（见图 2-15）。

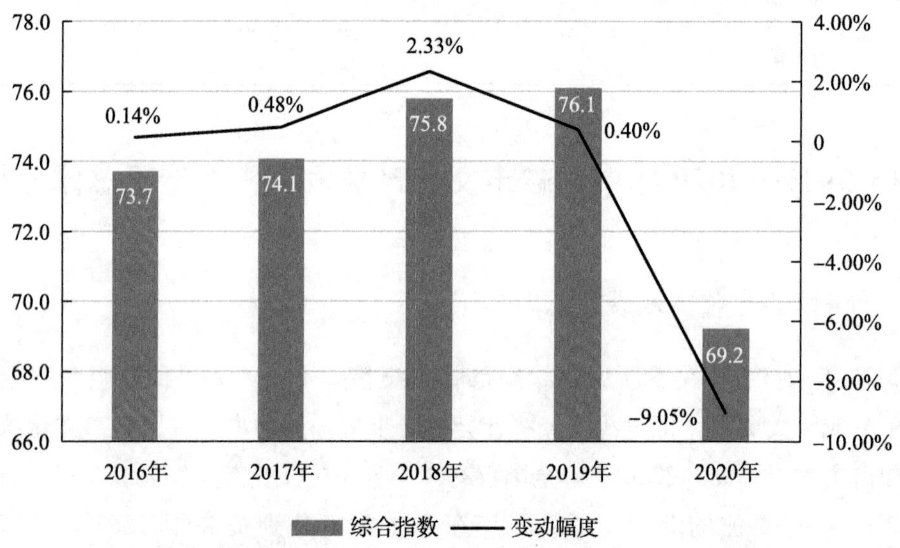

图 2-15　2016—2020 年中国省市文化产业发展综合指数及变动情况

具体来看，与 2019 年比较，文化产业生产力指数下降 5.35%，影响力指数下降 5.3%，驱动力指数下降 14.87%。其中驱动力指数波动幅度最大，主要是因为疫情导致市场活跃度急剧下降，从而导致产业驱动力不足（见图 2－16）。

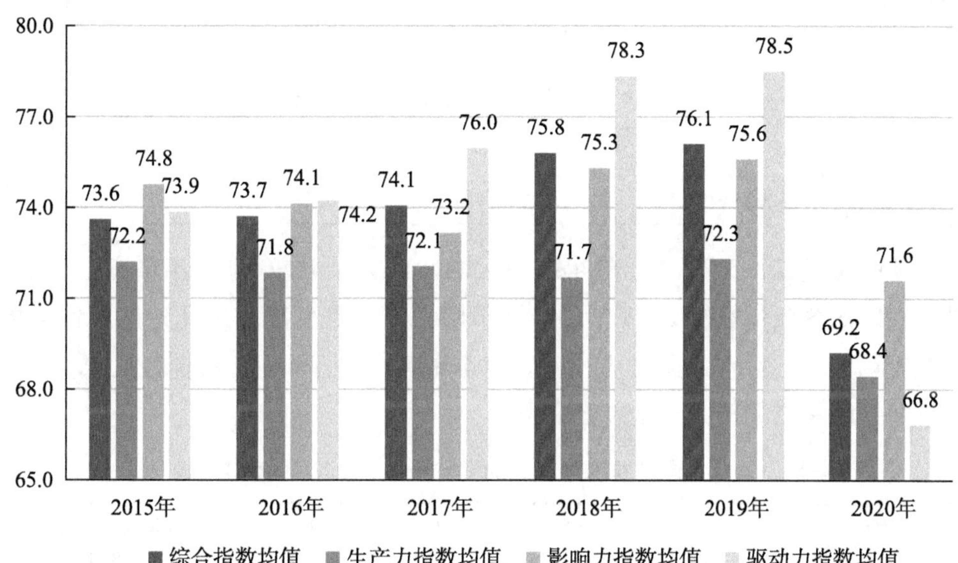

图 2－16　2015—2020 年文化产业生产力、影响力、驱动力及综合指数均值情况

2019 年，所有省市的综合指数均在 70 分以上，平均值 76.09 分，中位数 75.72 分；2020 年，仅有 8 个省市的综合指数在 70 分以上，平均值 69.21 分，较 2019 年下降 6.88 分，中位数 66.39 分，较 2019 年下降 9.33 分。而生产力、影响力和驱动力指数无论是平均值还是中位数较 2019 年均有所下降，其中驱动力指数下降幅度最大。同时，2019 年各项指数变异系数较小，说明各省市之间发展差距小，较为均衡，而 2020 年变异系数变大，表明各省市之间发展差距变大（见表 2－22）。

表 2－22　2019 年和 2020 年文化产业发展各项指数对比

年份		2019 年	2020 年	变动幅度
生产力	均值	72.30	68.43	−5.35%
	中位数	72.18	65.69	−8.99%
	变异系数	0.048	0.123	—
影响力	均值	75.59	71.58	−5.30%
	中位数	74.58	70.17	−5.91%
	变异系数	0.049	0.100	—

续表

年份		2019 年	2020 年	变动幅度
驱动力	均值	78.49	66.82	−14.87%
	中位数	78.40	64.84	−17.29%
	变异系数	0.038	0.105	—
综合指数	均值	76.09	69.21	−9.04%
	中位数	75.72	66.39	−12.32%
	变异系数	0.036	0.102	—

从地区角度看，2020 年，除东部地区的生产力指数较 2019 年略有上升以外，其他各地区的各项指数较 2019 年均有所下降，特别是西部和东北地区，各项指数下跌幅度均较大，特别是驱动力指数，两个地区分别下降了 18.6%和 19.3%，可见受疫情等因素影响严重（见表 2 - 23）。

表 2 - 23　各地区 2019 年和 2020 年综合指数及各项指数变动情况

地区	2020 年综合指数	2019 年综合指数	变动幅度	2020 年生产力指数	2019 年生产力指数	变动幅度	2020 年影响力指数	2019 年影响力指数	变动幅度	2020 年驱动力指数	2019 年驱动力指数	变动幅度
东部	75.48	78.69	−4.1%	75.95	75.04	1.2%	76.78	78.92	−2.7%	72.94	80.28	−9.1%
中部	68.36	74.95	−8.8%	67.93	72.32	−6.1%	70.54	73.74	−4.3%	65.77	77.49	−15.1%
西部	65.42	74.83	−12.6%	63.71	70.77	−10.0%	68.63	74.21	−7.5%	63.08	77.48	−18.6%
东北	65.17	74.77	−12.8%	63.24	69.19	−8.6%	68.17	73.73	−7.5%	63.45	78.59	−19.3%

（二）东部地区和中部、西部、东北地区之间差距增大

2019 年以前，中部、西部和东北地区产业发展迅速，进步较快，区域间差距在逐年缩小。2019 年，东部地区综合指数较中部、西部和东北地区分别高 3.74、3.86、3.92，中西部及东北地区基本持平；2020 年，上述数据上升到了 7.12、10.06、10.31，可见东部地区和其他地区分化更加明显（见图 2 - 17）。东部地区虽然因疫情及其他原因综合指数和其他分项指数有所下降，但下降幅度不大，区域内北京、浙江、广东等省市产业发展势头依然良好。而西部和东北地区综合指数分别下跌了 12.6%和 12.8%，生产力指数分别下跌了 10.0%和 8.6%，影响力指数均下跌了 7.5%，而驱动力指数更是分别下跌了 18.6%和 19.3%，各项指数不仅跌幅较大，而且相较其他地区下跌更多。可见这两个地区受疫情影响更大更严重，也体现出地区间的发展差距。西部和东北地区由于在基础设施建设、经济发展、社会和政

府综合治理能力、人均收入、创新能力等方面的发展相对薄弱，在常态化疫情防控环境下很容易出现经济波动和下滑，抗风险能力显得不足。

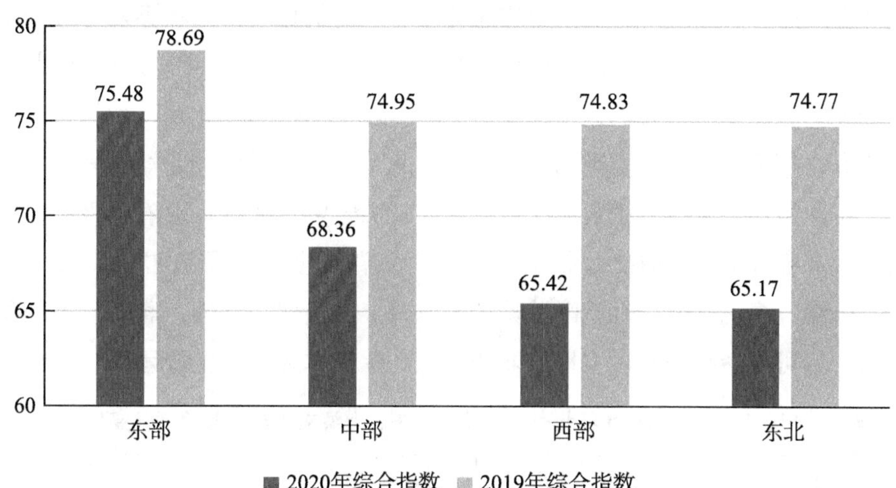

图 2-17　各地区 2019 年和 2020 年综合指数情况

（三）地区间发展不平衡，优势地区与其他地区差距进一步扩大

2019 年综合指数排名第一的北京和排名最后一位的甘肃分差为 10.61，而这一数据在 2020 年变成了 26.31。2019 年，综合指数、生产力指数、影响力指数和驱动力指数的变异系数均小于 0.05，而 2020 年均大于 0.1。可见，地区间各项差距明显进一步扩大了（见图 2-18）。

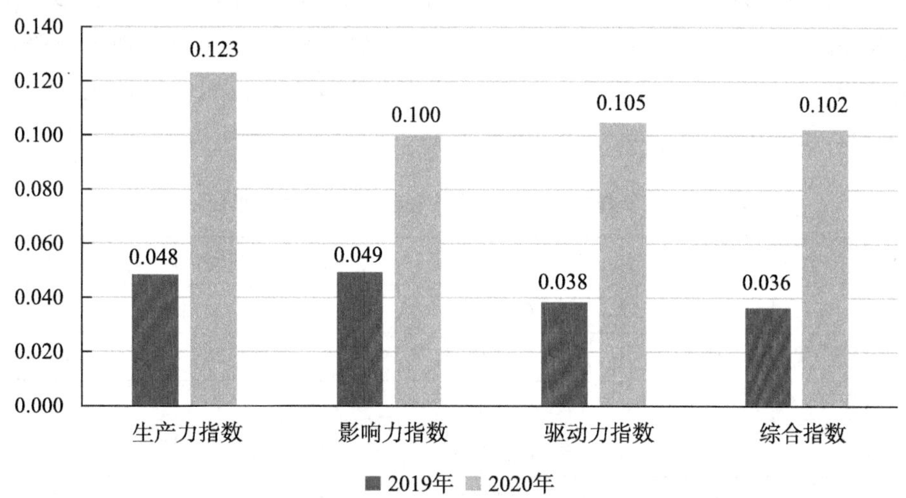

图 2-18　2019 年和 2020 年文化产业各项指数变异系数对比

北京、浙江、广东、上海作为传统优势区域，在疫情下展现出了很强的韧性和抗风险能力。四省市综合指数均超过了80分，且较2019年均保持了上涨趋势。北京和浙江的产业生产力、影响力和驱动力均逆势而行，特别是生产力和影响力提升幅度较大；广东在产业生产力和驱动力方面增幅最大，分别达到了18.64%和5.52%；上海在产业影响力方面增幅最大，达到了13.07%（见表2-24）。北京、浙江、广东、上海四省市积极探索纾解疫情困境的途径，例如北京市积极了解企业经营困难，掌握企业诉求，不断推动普惠性政策落地生效；浙江省民营资本活跃，政府积极引导，定规矩、定方向、定政策，打造良好投资环境；广东省和上海市积极推进“全域旅游”，通过产品升级、惠民补贴、打造区域特色等方式提振消费；等等。通过一系列积极有效的措施，尽可能消解疫情对本地产业的影响，保护本地企业正常运转。

表2-24　2019年和2020年北京、浙江、广东、上海文化产业各项指标变化情况

省份	2019年生产力	2020年生产力	增长率	2019年影响力	2020年影响力	增长率	2019年驱动力	2020年驱动力	增长率
北京	75.02	87.92	17.21%	83.48	91.99	10.20%	85.69	85.90	0.24%
浙江	76.96	88.40	14.86%	83.02	88.12	6.14%	84.70	87.59	3.41%
广东	79.18	93.94	18.64%	82.97	78.41	−5.50%	78.36	82.69	5.52%
上海	72.40	73.26	1.19%	81.12	91.72	13.07%	81.36	75.34	−7.40%

相比之下，其他省市在各方面都出现了不同程度的负增长。生产力方面，26个省市生产力指数较2019年出现了下降，9个省市跌幅超过10%，陕西省达到了15.25%；影响力方面，26个省市影响力指数出现了下降，10个省市跌幅超过10%，河北省达到14.44%；驱动力方面，28个省市驱动力指数出现了下降，6个省市跌幅超过20%，吉林省跌幅达到了24.37%，另有20个省市跌幅超过10%。2020年部分省市各项指标变动情况如表2-25所示。

表2-25　2020年各省市文化产业各项指标较2019年变化情况

综合指数排名	省份	生产力变动幅度	影响力变动幅度	驱动力变动幅度
1	北京	17.21%	10.20%	0.24%
2	浙江	14.86%	6.14%	3.41%
3	广东	18.64%	−5.50%	5.52%
4	上海	1.19%	13.07%	−7.40%
5	山东	6.87%	−11.51%	−8.27%
6	江苏	−11.49%	−6.37%	−12.68%

续表

综合指数排名	省份	生产力变动幅度	影响力变动幅度	驱动力变动幅度
7	湖北	−3.77%	2.40%	−14.54%
8	河南	−2.59%	−4.69%	−16.17%
9	四川	−4.52%	−10.65%	−12.37%
10	安徽	−3.64%	−3.98%	−10.81%
11	福建	−9.97%	−10.54%	−17.02%
12	贵州	−7.62%	−0.23%	−19.03%
13	江西	−10.20%	−5.26%	−17.99%
14	湖南	−7.99%	−11.17%	−14.84%
15	重庆	−11.53%	−10.13%	−19.69%
16	河北	−6.48%	−14.44%	−16.91%
17	山西	−8.21%	−3.21%	−16.07%
18	黑龙江	−8.17%	−7.67%	−17.15%
19	海南	−7.68%	−1.51%	−19.55%
20	广西	−5.80%	−6.36%	−20.95%
21	宁夏	−12.80%	0.41%	−21.24%
22	新疆	−9.13%	−6.80%	−19.62%
23	吉林	−9.59%	−3.90%	−24.37%
24	陕西	−15.25%	−13.71%	−16.00%
25	云南	−7.38%	−9.64%	−12.02%
26	西藏	−14.22%	−3.76%	−22.91%
27	天津	−12.33%	−8.98%	−20.50%
28	内蒙古	−11.84%	−12.15%	−19.59%
29	辽宁	−8.04%	−11.04%	−15.87%
30	青海	−11.41%	−4.58%	−21.76%
31	甘肃	−7.84%	−11.55%	−16.97%

疫情对于产业造成的冲击固然很大，但通过疫情也可以窥见产业的竞争实力和抗风险能力究竟几何，从而制定行之有效的策略加以完善和提升。比如施行合理有效的支持政策、培育优良营商环境、深入挖掘并打造区域品牌特色、传统行业转型升级、现有产业提质增效、优化完善甚至重构产业链等等，均能合理有效地消解疫情影响，提升和加强产业核心竞争力。

第三章 2011—2020年中国省市文化产业发展指数动态分析

中国省市文化产业发展指数自2010年开始发布，至今已经连续发布十一年。本章将就2011—2020年中国省市文化产业发展指数的动态趋势展开分析，通过纵向对比，展现十年间各省市文化产业发展的态势，并对各指数发生变动的原因展开深入分析，以便更好地掌握中国省市文化产业发展指数及其各分指数的变化关系。在此基础上，发掘影响各省市文化产业发展能力的关键因素，深入剖析关键因素的变动趋势，寻求影响和决定中国省市文化产业发展能力的关键因子，以便在未来文化产业发展过程中，能够做到有的放矢，针对关键要素和关键环节给予重点建设。此外，我们还要通过深入挖掘各省市发展的短板要素，集中力量减弱甚至消除短板因素的制约，以保证中国各省市文化产业发展的均衡性和稳定性，进而促使中国各省市文化产业得到全面长远的发展。

前文已经介绍，中国省市文化产业发展综合指数是由生产力指数、影响力指数以及驱动力指数三个分指数按照一定权重综合所得，因此本章先对生产力、影响力、驱动力三个分指数逐一进行分析，主要围绕各省市文化产业指数得分的数值、排名、增长速度及变异系数四个方面展开，然后再分析三个分指数综合作用下的中国省市文化产业发展综合指数的变动特征及其变动原因。

一、中国省市文化产业生产力指数变动特征及其原因分析

本章的前三节逐一分析中国省市文化产业发展三个分指数的变动特征及其变动原因。通过数值变动分析、排名变动分析、增长速度变动分析以及变异系数变动分

析来展现三个分指数的变动特征，反映中国不同省市文化产业的发展状况；同时通过变动原因分析，找出影响中国省市文化产业发展能力的关键因素，深入挖掘各省市发展的短板要素。首先，让我们来对 2011—2020 年中国省市文化产业生产力指数进行分析。

（一）中国省市文化产业生产力指数变动特征

生产力指数是省市文化产业发展评价体系的一级指标，它从文化产业内部生产要素的投入情况以及省市的资源禀赋等方面来反映省市文化产业的发展状况。产业生产力指数能够客观、直接地反映一个省市文化产业的现时发展实力以及未来发展潜力。

1. 生产力指数数值变动特征

（1）总体变动情况。

如图 3 - 1 所示，2011—2019 年中国省市文化产业生产力指数平均得分总体上有所增长，但在 2020 年呈现断崖式下降，平均得分为 68.43 分，相比 2011 年生产力指数平均得分（71.42 分）下降了 2.99 分，为十年间最低值。从 2011—2020 年十年具体变化过程来看，2012 年出现小幅下降，2014 年达到一个峰值，之后 2015—2018 年基本保持平稳波动状态，2019 年再次达到一个峰值。总体来看，前九年生产力指数呈现稳步增长趋势，2020 年受新型冠状病毒肺炎疫情影响，各省市文化产业生产力指数平均得分出现大幅下降。

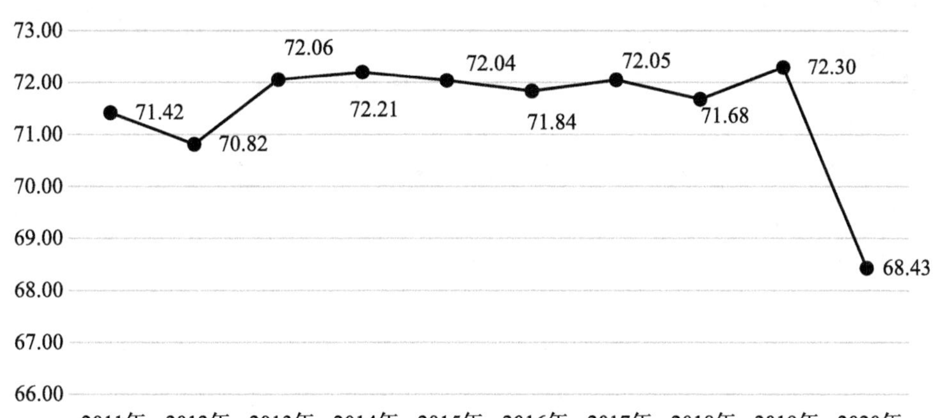

图 3 - 1　2011—2020 年中国省市文化产业生产力指数平均值对比图

（2）具体变动情况。

从具体数据来看，2020 年中国大多数省市文化产业生产力指数较 2011 年呈现下降趋势，共 22 个省市生产力指数降低，即相比于 2011 年，2020 年共有 22 个省市的文化产业生产力有所下降，占比达 75.86%[①]。其中，辽宁、内蒙古、天津、青海、海南、宁夏、吉林、山西降幅明显，指数数值下降均在 6 分以上，尤以辽宁最为显著。辽宁省的文化产业生产力指数由 2011 年的 76.61 分降低到 2020 年的 63.64 分，降低了 12.97 分，降幅为 16.93%，位列全国第一。与此同时，尽管受疫情影响，依然有 7 个省市的文化产业生产力指数相比于 2011 年有明显上升，其中以广东、浙江最为显著，指数数值分别增长 14.18 分、11.61 分，上升幅度均超过 15%（见表 3-1、图 3-2）。

表 3-1　2011—2020 年中国部分省市文化产业生产力指数数值变动情况

省市	2011 年	2012 年	2013 年	2014 年	2015 年	2016 年	2017 年	2018 年	2019 年	2020 年	十年变动值
广东	79.76	78.35	83.92	83.89	80.37	80.16	80.62	79.95	79.18	93.94	14.18
辽宁	76.61	73.72	74.22	73.77	72.08	72.18	72.49	71.94	69.21	63.64	−12.97
内蒙古	73.73	69.59	68.39	68.27	69.56	69.38	69.82	69.37	70.29	61.97	−11.76
浙江	76.79	74.92	77.82	78.26	77.82	78.67	79.37	78.70	76.96	88.40	11.61
天津	74.80	77.54	70.57	70.40	69.65	69.71	69.58	68.77	72.20	63.29	−11.51
青海	70.62	72.81	67.21	67.38	66.77	66.64	66.77	66.02	68.34	60.54	−10.08
海南	71.91	70.60	65.57	65.66	65.46	65.49	65.75	65.82	68.50	63.24	−8.67
宁夏	69.60	67.45	66.06	66.36	66.40	66.44	66.39	66.59	69.97	61.01	−8.59
吉林	71.32	69.16	69.73	69.63	68.12	68.11	68.37	68.02	69.46	62.80	−8.52
山西	69.52	69.37	70.82	70.72	71.12	70.50	70.88	71.12	69.20	63.52	−6.00

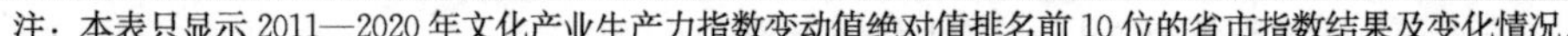
注：本表只显示 2011—2020 年文化产业生产力指数变动值绝对值排名前 10 位的省市指数结果及变化情况。

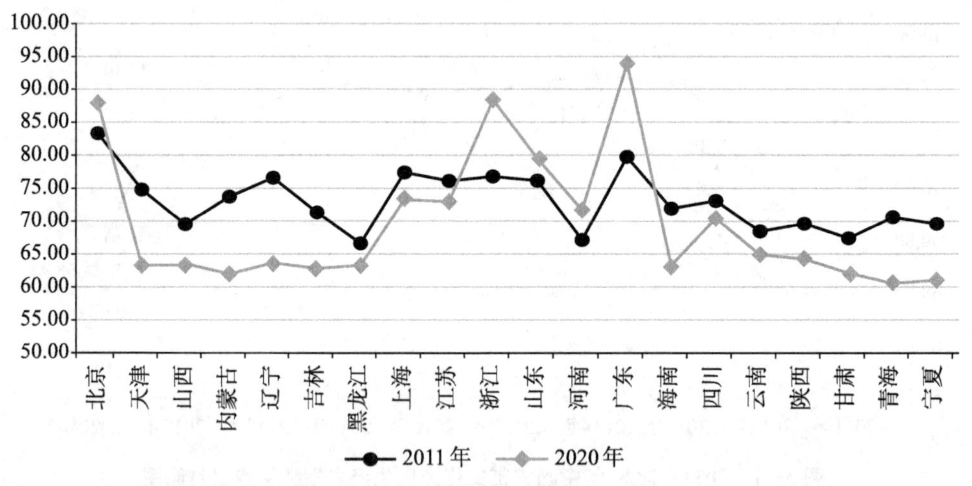

图 3-2　2011 年和 2020 年中国部分省市文化产业生产力指数变动图

注：本图只显示我国 2011 年和 2020 年文化产业生产力指数变动值绝对值排名前 20 位的省市指数结果及变化情况。

① 2011 年因数据来源问题没有将新疆和西藏纳入指数研究范围，因此共 29 个省市进行比较。下同。

（3）区域变动情况。

相比2011年，2020年文化产业生产力指数数值下降的有辽宁、内蒙古、天津、青海、海南、宁夏、吉林、山西、陕西、甘肃、上海、云南、黑龙江、江苏、四川、重庆、江西、湖南、福建、河北、贵州等22个省市，其中，东北地区3个省市的生产力指数均下降，东部地区有6个省市的数值有所下降，中部地区有3个省市的数值下降，而西部地区10个省市（未纳入研究范围的新疆和西藏除外）的生产力指数数值全部出现下降（见图3－3），且下降幅度较大的前10个省市中，西部地区有5个，占比50%。生产力指数数值上升的省市有湖北、安徽、山东、河南、北京、浙江、广东7个省市，其中山东、北京、浙江、广东4个省市位于东部发达地区。

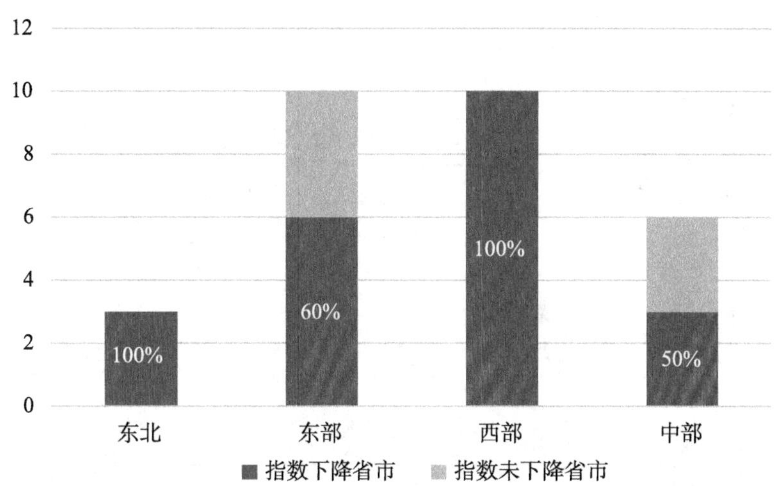

图3－3 东中西部和东北地区文化产业生产力指数下降的省市数量及占比

因全球性新型冠状病毒肺炎疫情影响，各省市文化产业生产力指数2020年的得分均受到不同程度的影响，因此仅用2020年的数据与2011年进行对比，难以全面反映区域发展状况与趋势。为更直观地显示区域变化趋势，我们将十年间的数据进行整体对比。

整体来看，东部地区当前文化产业生产力发展仍处于全国领先水平，部分省市的生产力指数得分近几年一直处于80分以上，2020年更有北京、浙江、广东三省市的得分超过85分，其中广东省2020年生产力指数得分为93.94分，位列全国第一；其他地区各省市文化产业生产力指数得分十年间均低于80分，大部分地区处于75分以下，其中中部地区大部分省市的生产力指数十年间主要分布在70～75分之间，而西部地区大部分省市的生产力指数得分分布在65～70分之间，其生产力发展整体来看处于全国较低水平。

从具体趋势来说，十年间，东部地区整体呈现平稳波动状态，2020 年出现分化，北京、浙江、广东、山东生产力指数呈现较大幅度增长，而天津、海南、上海等地则呈现出较大幅度下降；东北地区除黑龙江省在 2011—2013 年出现短暂的上升外，十年间整体呈现下降趋势，且 2020 年呈现急剧下降，三省指数均处于 65 分以下；中部地区 2011—2019 年的文化产业生产力指数整体呈现上升趋势，2020 年受冲击较大，相比 2019 年均有不同程度的下降；西部地区生产力指数 2011—2018 年整体来看相对比较平稳，2019 年大部分省市生产力指数呈现上升趋势，2020 年所有省市均呈现下降趋势，其中内蒙古、青海、宁夏三省市下降幅度较大（见图 3-4）。

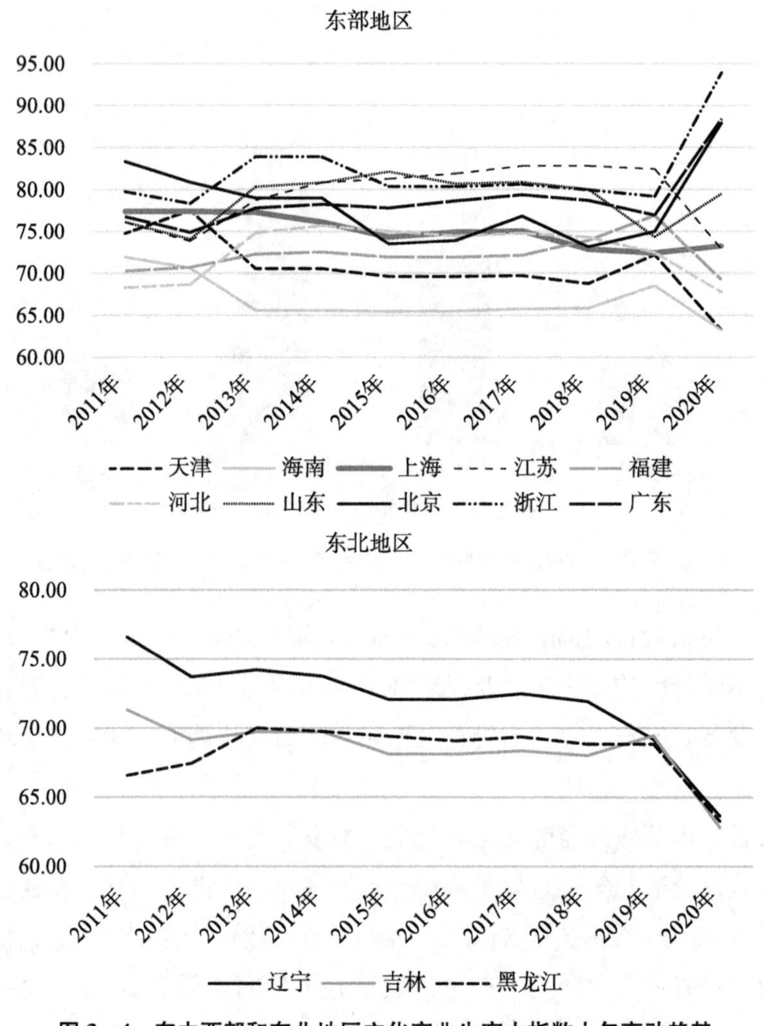

图 3-4　东中西部和东北地区文化产业生产力指数十年变动趋势

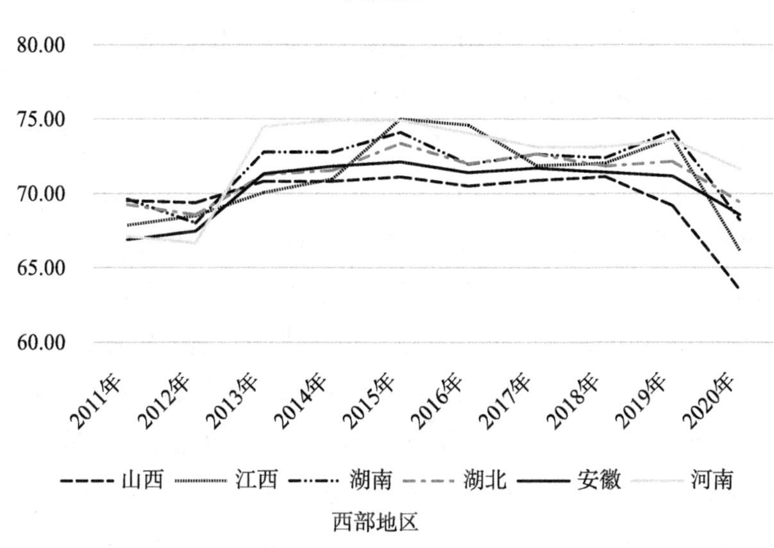

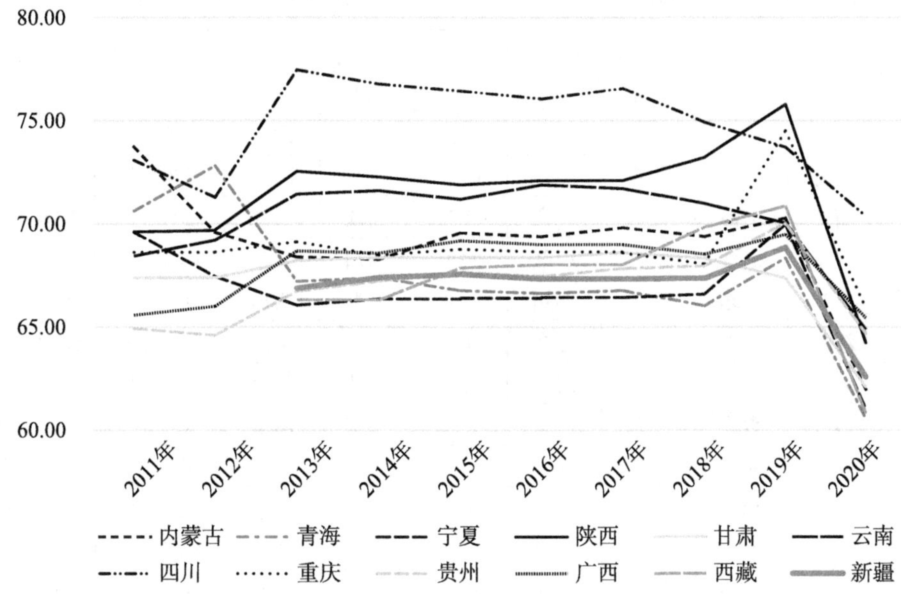

图3-4　东中西部和东北地区文化产业生产力指数十年变动趋势（续）

注：2011年因数据来源问题没有将新疆和西藏纳入指数研究范围，因此2011年的折线图在新疆和西藏处出现了割裂。下同。

总体来看，2011—2020年十年间，我国文化产业生产力发展“东高西低”的现象依然明显，文化产业生产力总体不均衡。中西部地区近几年呈现出较快的增长速度，但受新型冠状病毒肺炎疫情影响，2020年均受到较大冲击，尤其是西部地区。东北地区文化产业生产力整体呈现持续下降态势。

2. 生产力指数排名变动特征

表 3-2 显示了 2011—2020 年文化产业生产力指数排名前 15 的省市。其中北京、广东、上海、浙江、山东、江苏、四川 7 个省市十年来一直位于前 15 名。广东前两年排在全国第二位，2013 年、2014 年排在第一位，2015—2018 年排在第三位，2019 年排在第二位，2020 年再次排在全国第一位，并且连续十年广东的生产力得分均在 79 分以上，这显示了广东对文化产业内部要素进行了持续投入，生产力指数稳步上升。浙江在 2012—2014 年排名第五位，2011 年、2015—2018 年均排名第四位，2019 年排名第三位，2020 年排名第二位，其生产力指数保持了稳定的发展态势。广东、浙江两省文化产业生产力相对于其他省市保持了稳定发展的优势地位。而北京前两年均排在首位，但在 2015 年、2016 年、2018 年、2019 年均排在前五名之外，生产力指数有下降的趋势，2020 年北京市生产力指数呈现追赶趋势，排名第三位。

表 3-2 2011—2020 年文化产业生产力指数排名前 15 的省市列表

排名	2011 年	2012 年	2013 年	2014 年	2015 年	2016 年	2017 年	2018 年	2019 年	2020 年
1	北京	北京	广东	广东	山东	江苏	江苏	江苏	江苏	广东
2	广东	广东	山东	江苏	江苏	山东	山东	山东	广东	浙江
3	上海	天津	北京	山东	广东	广东	广东	广东	浙江	北京
4	浙江	上海	江苏	北京	浙江	浙江	浙江	浙江	福建	山东
5	辽宁	浙江	浙江	浙江	四川	四川	北京	四川	陕西	上海
6	山东	山东	四川	四川	河北	上海	四川	河北	北京	江苏
7	江苏	江苏	上海	上海	江西	江西	上海	福建	重庆	河南
8	天津	辽宁	河北	河北	河南	河北	河北	陕西	山东	四川
9	内蒙古	青海	河南	河南	上海	河南	河南	北京	湖南	湖北
10	四川	四川	辽宁	辽宁	湖南	北京	湖北	河南	四川	福建
11	海南	福建	湖南	湖南	北京	辽宁	湖南	上海	江西	安徽
12	吉林	海南	陕西	福建	湖北	陕西	辽宁	湖南	河南	湖南
13	青海	陕西	福建	陕西	安徽	湖北	陕西	江西	河北	河北
14	福建	内蒙古	云南	安徽	辽宁	湖南	福建	辽宁	上海	江西
15	湖南	山西	安徽	云南	福建	云南	江西	湖北	天津	重庆

从具体变动幅度来看，与 2011 年相比，2020 年 29 个省市文化产业生产力指数排名均发生了变化。如表 3-3 所示，有 15 个省市的文化产业生产力指数排名变动在 5 位及以上，其中变动在 10 位及以上的有 12 个省市。具体来看，河南、安徽、广西、贵州、湖北、河北、江西、重庆 8 个省市的排名上升，河南省生产力指数排名上升幅度最大，上升了 18 位，其次是安徽和广西，分别上升了 15 位、12 位，其

中河南、湖北、福建三个省市 2020 年直接跃居文化产业生产力指数的前十名。

内蒙古、青海、辽宁、天津、吉林、海南、宁夏 7 个省市的生产力指数排名降低，其中内蒙古自治区下降幅度最大，排名下降 19 位，直接跌为倒数第 4 名，其次是青海、辽宁、天津，排名分别下降了 18 位、15 位、14 位。其中江苏省 2016—2019 年连续 4 年生产力指数排名全国第一位，2020 年下降为第 6 名。

表 3-3　2011—2020 年中国部分省市文化产业生产力指数排名变动表

省市	2011 年	2012 年	2013 年	2014 年	2015 年	2016 年	2017 年	2018 年	2019 年	2020 年	排名变动
内蒙古	9	14	24	25	20	20	19	20	19	28	−19
河南	25	27	9	9	8	9	9	10	12	7	18
青海	13	9	26	27	29	29	29	30	30	31	−18
辽宁	5	8	10	10	14	11	12	14	25	20	−15
安徽	26	24	15	14	13	17	17	16	17	11	15
天津	8	3	18	19	19	19	20	22	15	22	−14
吉林	12	17	21	21	25	25	25	26	24	25	−13
海南	11	12	31	31	31	31	31	31	29	24	−13
广西	28	28	23	22	22	22	22	23	23	16	12
宁夏	17	25	30	29	30	30	30	29	22	29	−12
贵州	29	29	28	28	27	27	27	27	21	18	11
湖北	19	20	16	16	12	13	10	15	16	9	10
河北	22	18	8	8	6	8	8	6	13	13	9
江西	23	21	19	17	7	7	15	13	11	14	9
重庆	20	19	22	23	23	23	24	25	7	15	5

注：本表只显示 2011—2020 年文化产业生产力指数排名变动绝对值前 15 位的省市生产力指数排名结果及变化情况。

3. 生产力指数增长速度变动特征

2020 年中国省市文化产业生产力指数相比 2011 年的增长速度基本上可以分为五个梯队，第一梯队为广东、浙江，这两省在 2011—2020 年生产力水平增长势头较猛，增长幅度均在 15%以上；第二梯队包括河南、北京、山东、安徽 4 个省市，这 4 个省市增长速度较低，增长速度在 1%～7%之间；第三梯队包括湖北、广西、贵州、河北，这 4 个省市的文化产业生产力指数变化幅度不大，十年间指数增长或下降幅度不超过 1%；第四梯队包括福建、湖南、江西、四川、重庆、江苏、黑龙江、云南、上海、陕西、甘肃、山西 12 个省市，这 12 个省市的文化产业生产力指数均有所降低，降幅在 1%～10%之间；最后一个梯队包括吉林、海南、宁夏、青海、天津、内蒙古、辽宁 7 个省市，这 7 个省市的生产力指数下降幅度很大，均超过10%，其中辽宁、内蒙古、天津下降幅度均超过15%（见表3-4、图3-5)。

表3-4 2011—2020年中国部分省市文化产业生产力指数增/降速表

省市	2011年	2012年	2013年	2014年	2015年	2016年	2017年	2018年	2019年	2020年	增/降速
广东	79.76	78.35	83.92	83.89	80.37	80.16	80.62	79.95	79.18	93.94	17.77%
辽宁	76.61	73.72	74.22	73.77	72.08	72.18	72.49	71.94	69.21	63.64	-16.93%
内蒙古	73.73	69.59	68.39	68.27	69.56	69.38	69.82	69.37	70.29	61.97	-15.96%
天津	74.80	77.54	70.57	70.40	69.65	69.71	69.58	68.77	72.20	63.29	-15.39%
浙江	76.79	74.92	77.82	78.26	77.82	78.67	79.37	78.70	76.96	88.40	15.11%
青海	70.62	72.81	67.21	67.38	66.77	66.64	66.77	66.02	68.34	60.54	-14.28%
宁夏	69.60	67.45	66.06	66.36	66.40	66.44	66.39	66.59	69.97	61.01	-12.34%
海南	71.91	70.60	65.57	65.66	65.46	65.49	65.75	65.82	68.50	63.24	-12.06%
吉林	71.32	69.16	69.73	69.63	68.12	68.11	68.37	68.02	69.46	62.80	-11.95%
山西	69.52	69.37	70.82	70.72	71.12	70.50	70.88	71.12	69.20	63.52	-8.63%

注：本表只显示2011—2020年文化产业生产力指数增/降速绝对值排名前10位的省市指数结果及变化情况。

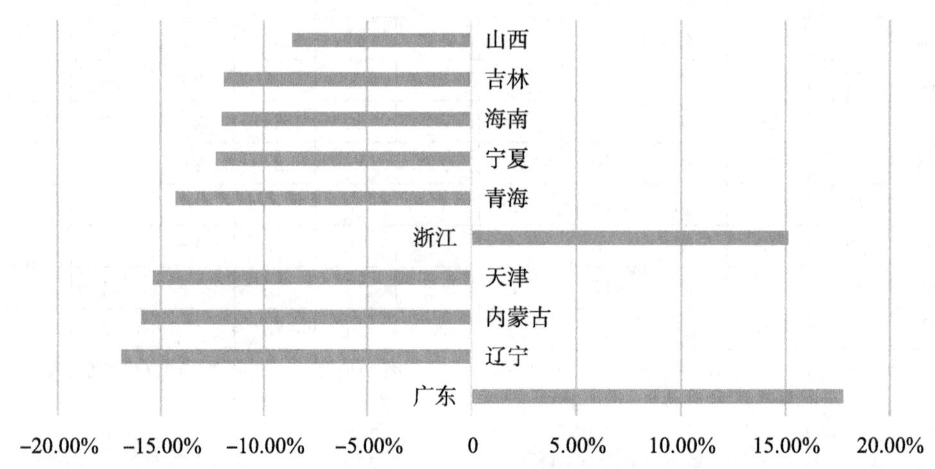

图3-5 2011—2020年中国部分省市文化产业生产力指数增/降速图

注：本图为示意图，只显示2011—2020年文化产业生产力指数增/降速绝对值排名前10名的省市指数结果及变化情况。

4. 生产力指数变异系数变动特征

(1) 总体变动情况。

如图3-6所示，与2011年相比，2020年生产力指数变异系数变化较大。18个省市生产力指数变异系数有所下降，部分省市降幅较大。从总体上看，29个省市2011年生产力变异系数均值为0.080，2020年均值达到0.109，上升了0.029，增幅为36.25%，可见整体的均衡度有所下降。

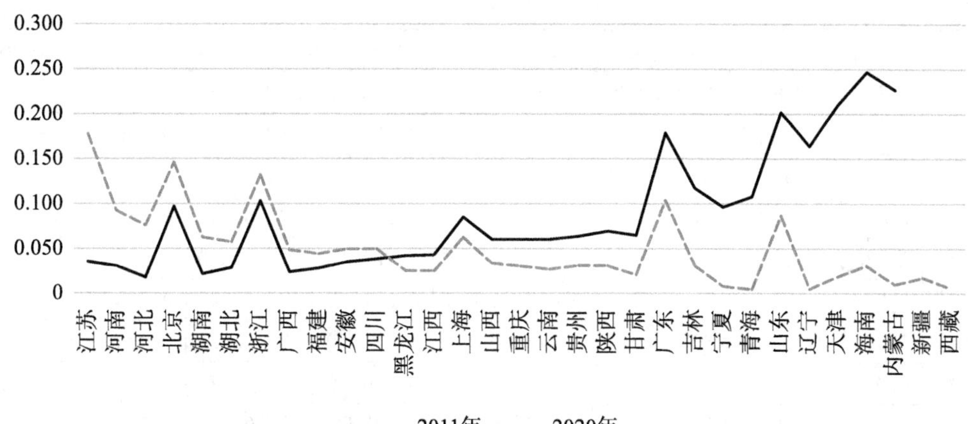

图 3-6　2011 年和 2020 年中国各省市文化产业生产力指数变异系数变动情况图

(2) 具体变动情况。

由表 3-5 可知，2011—2020 年，黑龙江、江西、上海、山西、重庆、云南、山东、辽宁、天津、海南等 18 个省市文化产业生产力指数变异系数降低，其中内蒙古、天津、辽宁、青海、宁夏五个省市变异系数明显降低，降幅超过了 90%，文化产业生产力发展的均衡度大大提高。江苏、河南、河北、北京、湖南、湖北、浙江、广西等 11 个省市的变异系数有不同程度的增长，其中江苏的变异系数增长最为明显，由 2011 年的 0.036 增长到 2020 年的 0.178，其次是河南，由 2011 年的 0.031 增长到 2020 年的 0.092，增长幅度较大，表明江苏、河南的文化产业生产力发展的均衡度呈现明显的下降。

表 3-5　2011—2020 年中国各省市文化产业生产力指数变异系数变动情况表

省市	2011 年	2012 年	2013 年	2014 年	2015 年	2016 年	2017 年	2018 年	2019 年	2020 年	十年增加值
江苏	0.036	0.065	0.046	0.060	0.092	0.084	0.072	0.072	0.062	0.178	0.142
河南	0.031	0.051	0.029	0.055	0.059	0.070	0.083	0.084	0.104	0.092	0.061
河北	0.018	0.007	0.044	0.082	0.097	0.105	0.101	0.108	0.148	0.076	0.058
北京	0.097	0.099	0.053	0.044	0.061	0.056	0.048	0.064	0.070	0.146	0.049
湖南	0.022	0.037	0.017	0.047	0.043	0.069	0.060	0.063	0.106	0.063	0.041
湖北	0.029	0.001	0.053	0.053	0.054	0.072	0.063	0.075	0.111	0.057	0.029
浙江	0.103	0.086	0.058	0.058	0.086	0.075	0.066	0.074	0.065	0.132	0.029
广西	0.024	0.032	0.058	0.064	0.068	0.071	0.072	0.077	0.126	0.048	0.025
新疆	—	—	0.045	0.049	0.050	0.052	0.052	0.052	0.119	0.017	—
福建	0.028	0.053	0.052	0.055	0.076	0.079	0.073	0.048	0.134	0.044	0.016
安徽	0.035	0.006	0.050	0.053	0.048	0.059	0.055	0.059	0.080	0.050	0.014

续表

省市	2011年	2012年	2013年	2014年	2015年	2016年	2017年	2018年	2019年	2020年	十年增加值
四川	0.039	0.049	0.026	0.028	0.008	0.011	0.008	0.027	0.057	0.050	0.011
西藏	—	—	0.044	0.043	0.036	0.036	0.036	0.051	0.070	0.006	—
黑龙江	0.042	0.056	0.058	0.049	0.043	0.046	0.043	0.049	0.083	0.025	−0.017
江西	0.044	0.036	0.037	0.045	0.040	0.042	0.070	0.068	0.149	0.024	−0.020
上海	0.085	0.121	0.041	0.035	0.012	0.020	0.024	0.014	0.010	0.062	−0.023
山西	0.060	0.050	0.030	0.032	0.048	0.054	0.051	0.048	0.044	0.033	−0.027
重庆	0.060	0.057	0.055	0.049	0.042	0.043	0.044	0.052	0.250	0.030	−0.030
云南	0.059	0.037	0.036	0.050	0.055	0.048	0.050	0.057	0.074	0.027	−0.032
贵州	0.064	0.056	0.052	0.055	0.056	0.058	0.053	0.052	0.134	0.031	−0.033
陕西	0.070	0.063	0.026	0.038	0.051	0.048	0.048	0.039	0.165	0.031	−0.039
甘肃	0.065	0.057	0.039	0.064	0.067	0.068	0.065	0.068	0.066	0.021	−0.044
广东	0.179	0.215	0.146	0.136	0.178	0.181	0.176	0.183	0.192	0.104	−0.075
吉林	0.118	0.061	0.038	0.041	0.048	0.048	0.045	0.049	0.121	0.031	−0.087
宁夏	0.096	0.078	0.042	0.040	0.045	0.045	0.045	0.043	0.152	0.008	−0.088
青海	0.108	0.129	0.041	0.044	0.042	0.043	0.042	0.048	0.122	0.004	−0.104
山东	0.202	0.133	0.160	0.156	0.166	0.185	0.183	0.194	0.114	0.087	−0.115
辽宁	0.164	0.096	0.086	0.091	0.069	0.068	0.066	0.070	0.022	0.005	−0.159
天津	0.210	0.237	0.042	0.044	0.034	0.033	0.034	0.041	0.160	0.019	−0.191
海南	0.247	0.181	0.052	0.065	0.074	0.073	0.070	0.069	0.154	0.031	−0.216
内蒙古	0.227	0.080	0.068	0.070	0.072	0.074	0.070	0.074	0.124	0.010	−0.217

（二）中国省市文化产业生产力指数变动原因分析

产业生产力指各地区对文化产业的投入水平，主要包括投入文化产业的文化资源、文化资本、人力资源等资源情况，反映了各地区文化产业的发展潜力。在中国省市文化产业发展能力评价指标体系中，文化产业生产力可以通过3个二级指标进行考察。通过对生产力指数各个分指标的对比，我们可以找出生产力指数变动的原因。

从表3-6中我们可以看出，2020年各省市文化资源指数、文化资本指数、人力资源指数与2011年相比都有不同程度的下降，其中文化资本指数值为66.76分，下降幅度最大，下降了7.64分，是十年来的最低值；文化资源指数2020年相比2011年下降了0.92分，但相比2015—2019年，依然处于上升状态；人力资源指数2020年相比2011年下降了0.12分，是十年来的最低值。因此可以看出，2020年文化产业生产力指数的下降主要是由于文化资本的下降造成的。下面让我们来看一下，29 个省市文化资源、文化资本以及人力资源三个分指标 2011 年和 2020 年的变化情况，以便进行具体的分析。

表 3－6　2011—2020 年中国省市文化产业生产力指数二级指标得分平均值对比表

二级指标	2011 年	2012 年	2013 年	2014 年	2015 年	2016 年	2017 年	2018 年	2019 年	2020 年	十年变动值
文化资源	71.57	71.61	70.87	70.84	69.26	68.85	69.28	68.54	68.52	70.65	－0.92
文化资本	74.40	70.83	75.63	76.70	76.60	76.60	76.60	76.60	81.62	66.76	－7.64
人力资源	68.00	68.43	72.06	71.81	73.05	73.05	73.05	73.05	70.52	67.88	－0.12

1. 文化资源

文化资源主要是指文化产业企业，包括新闻信息服务、内容创作生产、创意设计服务、文化传播渠道、文化投资运营、文化娱乐休闲服务等领域的企业资源。

如图 3－7 所示，与 2011 年相比，2020 年大部分省市（19 个）的文化资源得分有较明显的下降，这与前文所分析的 2020 年整体文化资源指数较 2011 年有所下降的结论相吻合。同时可以看到，2020 年广东、浙江、山东三省文化资源得分相比 2011 年有突出的增长，这与前文所分析的广东、浙江、山东生产力指数增长势头较猛是相吻合的，说明广东、浙江、山东的生产力指数增长与其文化资源优势有很大的相关性。2020 年河南省生产力指数排名相比 2011 年上升了 18 名，这与文化资源的增长也有很大相关性；而内蒙古、青海、辽宁的生产力指数排名下降最快，分别下降了 19 名、18 名、15 名，其文化资源得分也分别下降了 7.80 分、13.37 分、11.51 分。可见，上述文化资源得分特征也基本上反映了生产力指数的排名特征，分析一下文化资源指标的具体变量，我们就不难理解以上现象的原因。

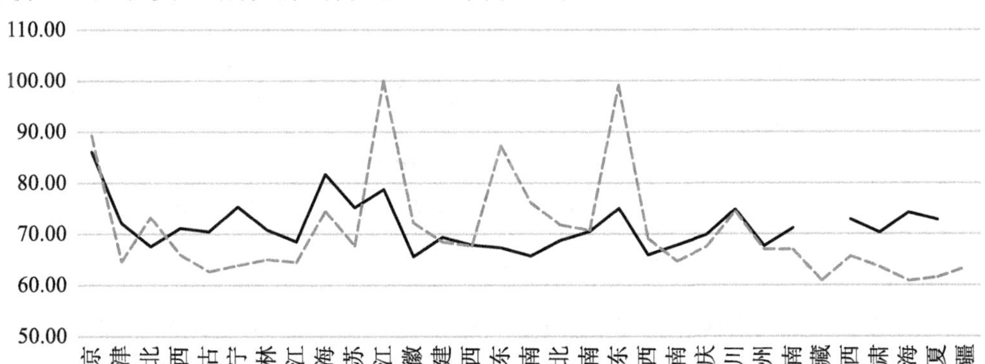

图 3－7　2011 年和 2020 年中国各省市文化产业文化资源得分对比折线图

浙江、广东、北京、山东、河南等省市，具有新闻信息服务、内容创作生产、创意设计服务、文化传播渠道、文化投资运营、文化娱乐休闲服务等各个文化资源方面的优势，文化资源得分位于前列；同样地，新疆、内蒙古、宁夏、西藏、青海等文化资源得分位于末位的几个省市，新闻信息服务、文化传播渠道、文化娱乐休闲服务等文化资源相对匮乏，因此文化资源得分较低，文化资源指数排名靠后。

2. 文化资本

文化资本指任何与文化及文化活动有关的有形及无形资产，它是决定经济增长的一种关键性生产要素和最终解释变量。文化资本主要用文化产业企业注册实缴资本来衡量。

如图 3-8 所示，与 2011 年相比，2020 年的文化资本得分呈现明显的下降。其中，内蒙古、天津、海南 3 个省市的文化资本得分下降幅度较大，与这些省市的文化产业生产力指数的涨幅变动特点基本一致。29 个省市中仅有 5 个省市的文化资本得分上升，包括贵州、上海、广东、北京、浙江，其中浙江、北京、广东的文化资本得分上涨幅度较大，分别增长了 21.98 分、14.07 分、9.04 分，这与这些省市的文化资源得分趋势也基本一致。

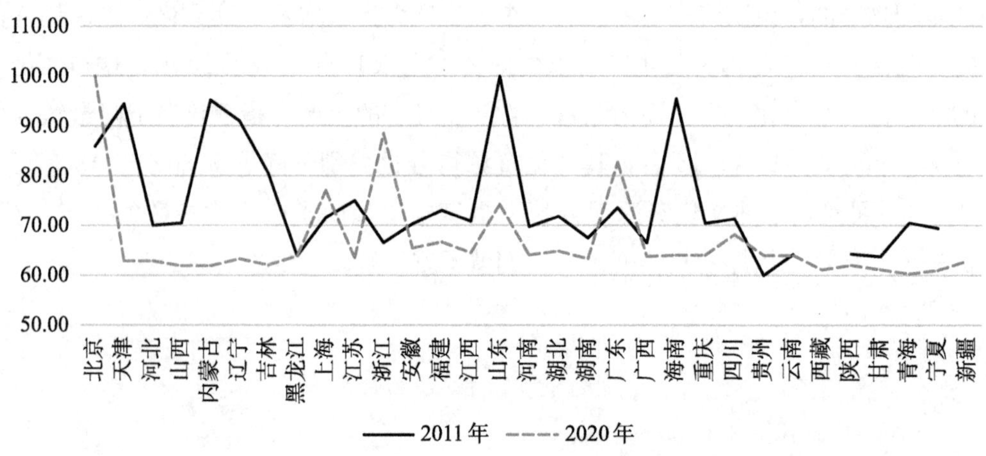

图 3-8　2011 年和 2020 年中国各省市文化产业文化资本得分对比折线图

3. 人力资源

人力资源（智力资源）是发展文化产业的核心要素，因为文化产业属于智力密集型产业，文化产业的竞争常常表现为优秀人才资源的竞争，优秀的人才资源也是文化产业发展的智力支撑和创意支撑。

如图 3-9 所示，2020 年的人力资源得分与 2011 年的整体曲线走势几乎一致，各省市两个年度的人力资源得分非常接近，整体均值仅降低 0.12 分。广东、江苏、山东、浙江 4 个省市的人力资源得分名列前茅，2020 年得分均在 75 分以上，而甘肃、内蒙古、黑龙江、新疆、吉林、青海、西藏等省市的人力资源得分较低，2020 年得分均在 62 分以下。

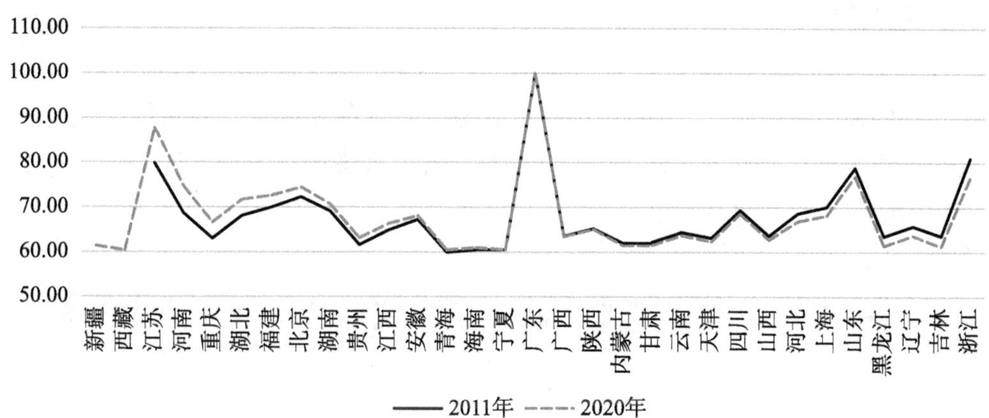

图 3-9　2011 年和 2020 年中国各省市文化产业人力资源得分对比折线图

同时，对比十年间的人力资源得分，可以发现，十年间 2012—2015 年文化产业人力资源呈现较快上升趋势，2015—2018 年呈现平稳趋势，2019 年开始下降，2020 年降低到 2011 年的水平（见图 3-10）。

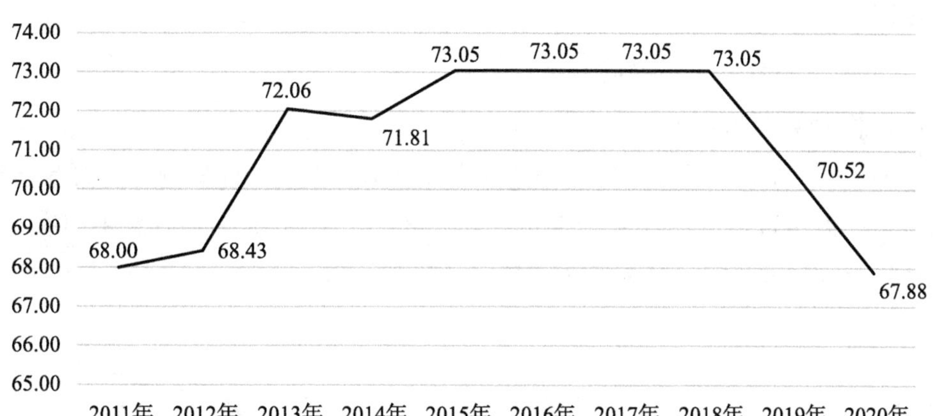

图 3-10　2011—2020 年中国省市文化产业人力资源得分均值对比图

4. 小结

经过以上分析我们可以得出以下结论：

文化资源方面，2011—2020 年，全国 29 个省市中，浙江、广东、北京、山东等东部发达省市的新闻信息服务、内容创作生产、创意设计服务、文化传播渠道、文化投资运营、文化娱乐休闲服务等文化资源有很大提升，而新疆、宁夏、西藏、青海等西部省市的文化资源依然相对匮乏，有待进一步盘活提升。

文化资本方面，从各省市文化资本得分均值来看，2020 年文化资本得分仅为 66.76 分，下降幅度最大，处于十年间的最低值，可见文化资本得分下降是 2020 年我国文化产业生产力指数下降的主要原因。

人力资源方面，2020 年各省市文化产业领域人力资源倒退回 2011 年的水平，为十年间的最低值。同样，广东、江苏、山东、浙江等东部发达省市的文化产业人力资源较为丰富，而甘肃、新疆、青海、西藏等西部省市以及黑龙江、吉林等东北地区省市的人力资源得分较低。

二、中国省市文化产业影响力指数变动特征及其原因分析

(一) 中国省市文化产业影响力指数变动特征

产业影响力指数指各地区文化产业的效应水平，包括经济影响和社会影响两方面，产业影响力指数主要用来衡量文化产业的产出状况以及一个省市文化产业的发展绩效。下面来看中国 31 个省市 2011—2020 年文化产业影响力指数的变动特征及变动原因。

1. *影响力指数数值变动特征*

(1) 总体变动情况。

从图 3-11 中可以看出，2011—2020 年中国省市文化产业影响力指数得分趋势走向与生产力指数得分趋势走向整体相似。在 2011—2019 年，虽然中间有波动，但整体呈上升趋势，2020 年影响力指数得分急剧下降，仅为 71.58 分，为十年间最低值。

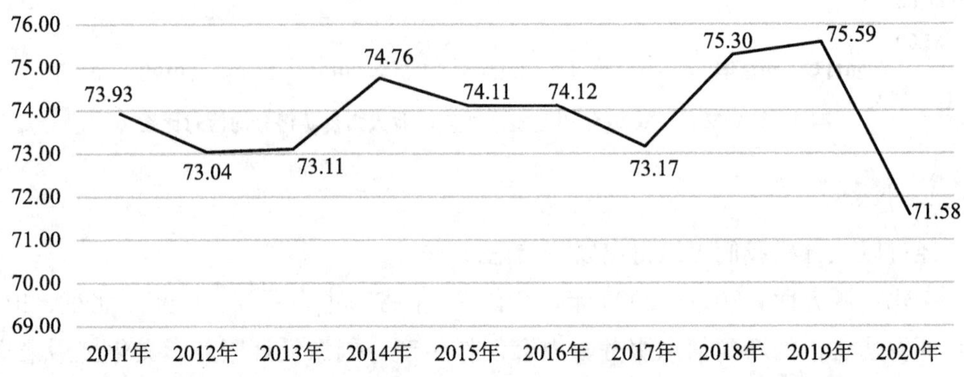

图 3-11　2011—2020 年中国省市文化产业影响力指数平均值对比图

（2）具体变动情况。

通过具体数据来看，2020 年中国仅有 9 个省市文化产业影响力指数较 2011 年有所增长，有 20 个省市的影响力指数下降。即整体来看，2020 年中国省市文化产业影响力指数相比 2011 年呈现下降趋势。如表 3－7、图 3－12 所示，湖南、陕西、河北、福建、云南、辽宁、天津等省市的影响力指数降幅明显，尤其是湖南省，降低了 11.37 分，降幅为 14.64%，位列全国第一。9 个影响力指数增长的省市中以北京、上海、海南最为显著，分别增长了 8.81 分、8.42 分、7.68 分，上涨幅度均超过 10%。

表 3－7　2011—2020 年中国部分省市文化产业影响力指数数值变动情况

省市	2011 年	2012 年	2013 年	2014 年	2015 年	2016 年	2017 年	2018 年	2019 年	2020 年	十年变动值
湖南	77.65	70.77	71.25	78.97	74.44	74.72	78.33	81.32	74.62	66.28	−11.37
陕西	76.31	71.48	75.02	73.15	73.85	74.90	74.18	75.98	77.30	66.70	−9.61
河北	75.37	73.92	72.67	73.44	74.20	72.03	73.25	74.97	76.97	65.86	−9.51
北京	83.18	80.81	80.52	83.64	88.23	87.32	88.47	91.14	83.48	91.99	8.81
福建	75.29	74.28	77.16	76.04	75.97	73.81	73.51	76.30	74.53	66.67	−8.62
上海	83.31	84.38	83.35	84.74	87.67	82.59	84.00	84.75	81.12	91.72	8.42
云南	74.69	71.44	71.98	70.12	71.78	73.11	71.60	74.05	73.85	66.73	−7.96
辽宁	72.73	71.38	73.36	76.48	71.18	75.37	72.88	73.78	72.96	64.91	−7.83
海南	63.17	68.04	69.61	69.85	72.62	69.54	70.28	71.79	71.94	70.86	7.68
天津	73.62	78.52	74.82	73.57	73.30	74.00	74.37	75.08	73.17	66.60	−7.02

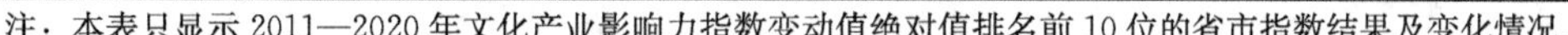

注：本表只显示 2011—2020 年文化产业影响力指数变动值绝对值排名前 10 位的省市指数结果及变化情况。

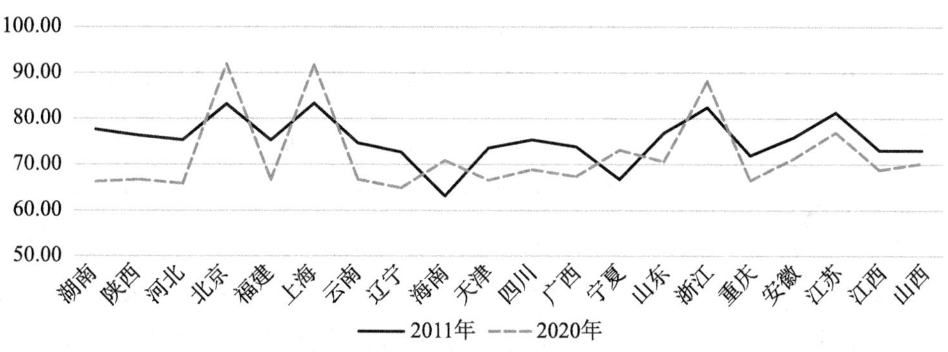

图 3－12　2011 年和 2020 年中国部分省市文化产业影响力指数变动图

注：本图只显示我国 2011 年和 2020 年文化产业影响力指数变动值绝对值排名前 20 位的省市指数结果及变化情况。

(3) 区域变动情况。

2011—2020 年影响力指数数值增长的省份包括北京、上海、海南、宁夏、浙江、贵州、湖北、内蒙古、河南 9 个省市，其中有 4 个省市位于东部地区，3 个省市位于西部地区，2 个省市位于中部地区，而增长幅度最快的前 5 个省市中，东部地区占 4 个。整体来看，东部地区省市的影响力指数提升幅度较大。影响力指数降低较多的有湖南、陕西、河北、福建、云南、辽宁、天津、四川、山东、江西、广东、安徽等 20 个省市，其中东部地区占 6 个，西部地区有 7 个，中部地区有 4 个，东北地区有 3 个。

如图 3-13，整体看来，东北地区的文化产业影响力总体降低，东部、西部、中部地区均有不同程度的降低。

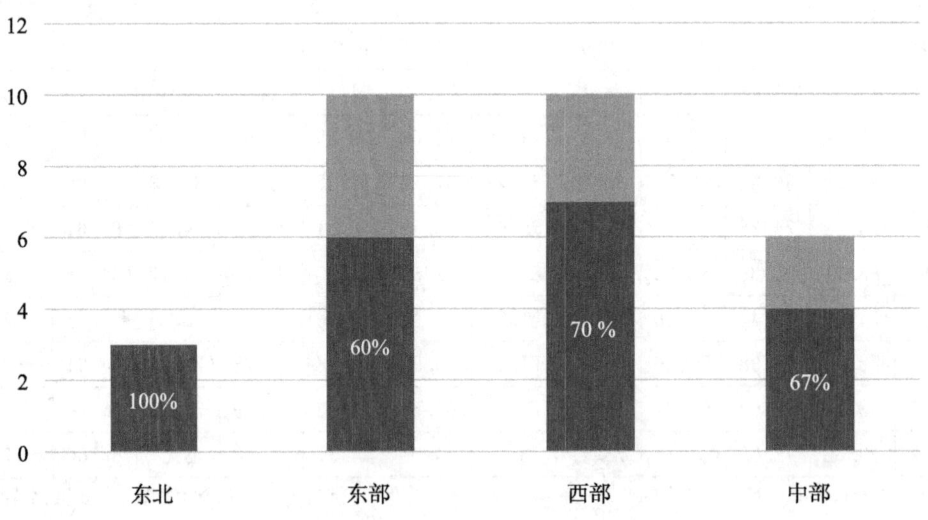

图 3-13　东中西部和东北地区文化产业影响力指数下降的省市数量及占比

从十年的变化趋势来看，东部地区文化产业影响力水平处于全国领先地位，大多数年度的大部分省市文化产业影响力得分处于 70～85 分之间，2020 年更有北京、上海两个城市的文化产业影响力得分超过 90 分，分列全国第一、第二；西部地区和东北地区的文化产业影响力处于较低水平，十年间各省市均未突破 80 分，而中部地区仅有湖南省在 2018 年的文化产业影响力指数得分超过了 80 分，其余省市十年间均未突破 80 分。可见，东部地区的文化产业发展绩效水平当前仍然远高于其他三个地区，文化产业发展不均衡现象依然明显（见图 3-14）。

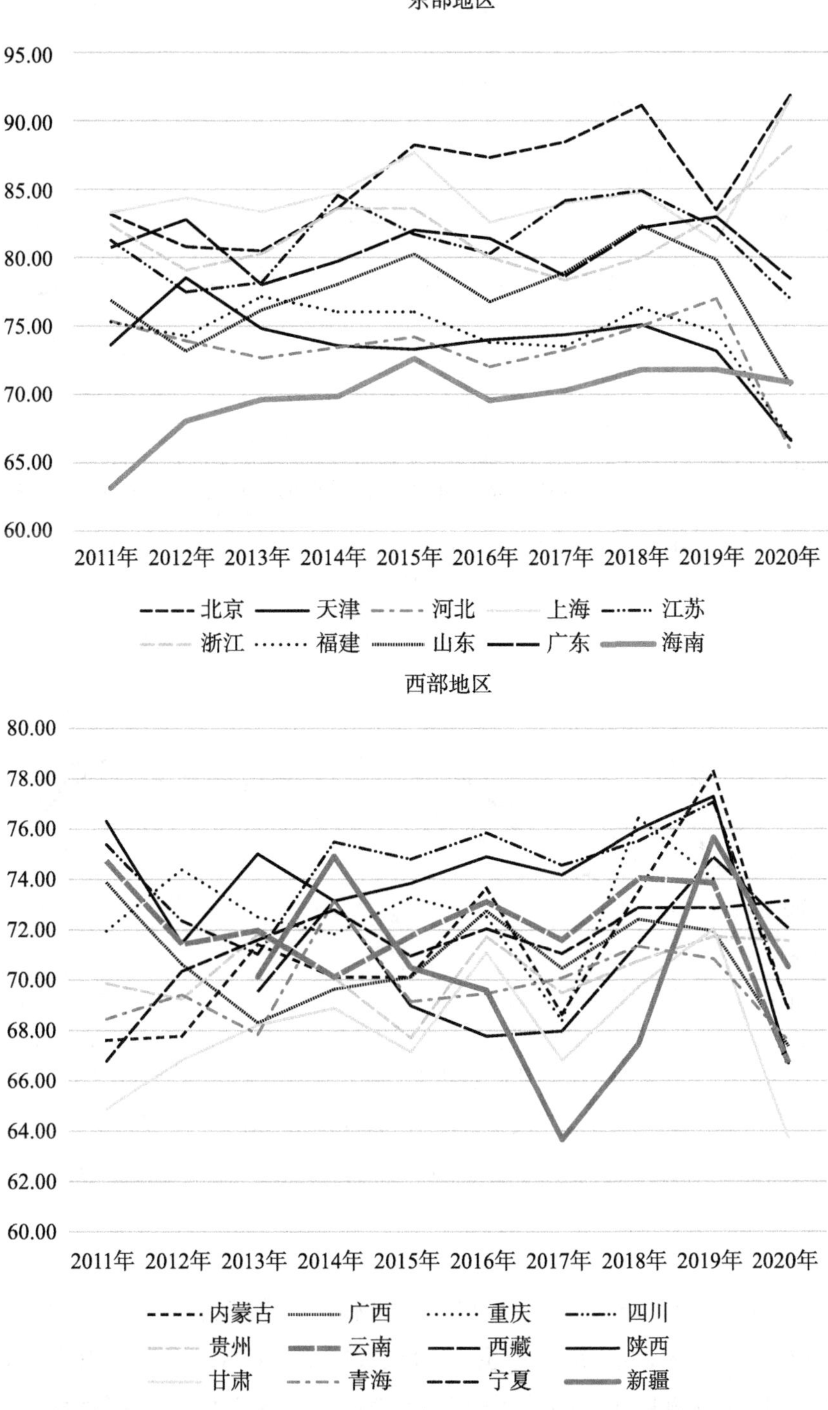

图3-14　东中西部和东北地区文化产业影响力指数十年变动趋势

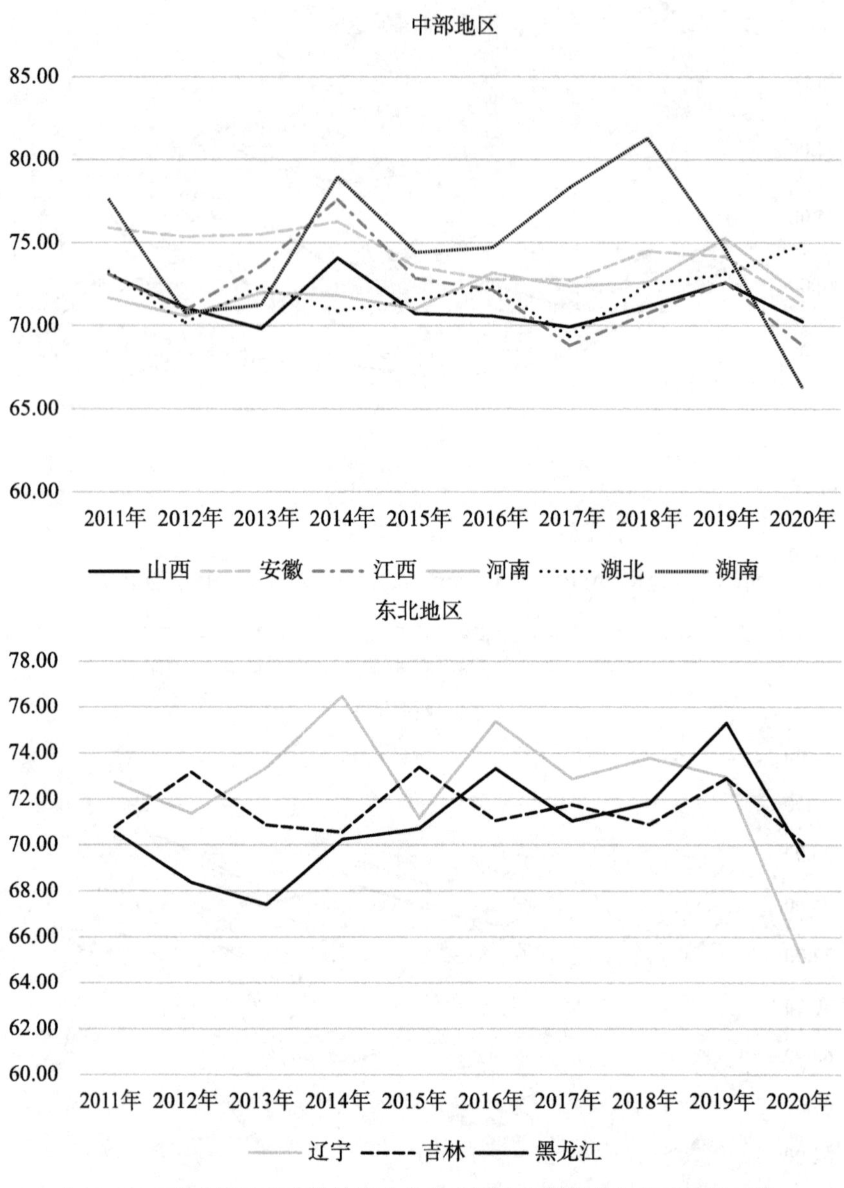

图 3－14　东中西部和东北地区文化产业影响力指数十年变动趋势（续）

2. 影响力指数排名变动特征

表 3－8 显示了 2011—2020 年文化产业影响力指数排名前 15 的省市。其中连续十年一直位于前 15 名的省市有上海、北京、浙江、江苏、广东、山东。其中，北京从 2015 年以来一直稳居第一位，这显示了北京市的文化产业绩效较好，其文化产业影响力指数保持了稳定的优势地位；而上海除 2019 年排名第五以外，其他年份均排在前三名，说明上海市的文化产业影响力水平较高；广东、江苏、浙江三省

十年中大多数年份排在前五名以内，说明这三省的文化产业影响力水平一直较高。而湖南省虽在 2011 年影响力排名第六，但 2012 年、2013 年、2020 年均未进入前 15 名，说明其影响力水平不稳定。

表 3－8　2011—2020 年文化产业影响力指数排名前 15 的省市列表

排名	2011 年	2012 年	2013 年	2014 年	2015 年	2016 年	2017 年	2018 年	2019 年	2020 年
1	上海	上海	上海	上海	北京	北京	北京	北京	北京	北京
2	北京	广东	北京	江苏	上海	上海	江苏	江苏	浙江	上海
3	浙江	北京	浙江	北京	浙江	广东	上海	上海	广东	浙江
4	江苏	浙江	江苏	浙江	广东	江苏	山东	山东	江苏	广东
5	广东	天津	广东	广东	江苏	浙江	广东	广东	上海	江苏
6	湖南	江苏	福建	湖南	山东	山东	湖南	湖南	山东	湖北
7	山东	安徽	山东	山东	福建	四川	浙江	浙江	内蒙古	宁夏
8	陕西	重庆	安徽	江西	四川	辽宁	四川	重庆	陕西	西藏
9	安徽	福建	陕西	辽宁	湖南	陕西	天津	福建	四川	河南
10	四川	河北	天津	安徽	河北	湖南	陕西	陕西	河北	贵州
11	河北	吉林	江西	福建	陕西	天津	福建	四川	新疆	安徽
12	福建	山东	辽宁	四川	安徽	福建	河北	天津	黑龙江	海南
13	云南	四川	河北	新疆	吉林	内蒙古	辽宁	河北	河南	山东
14	广西	陕西	重庆	山西	天津	黑龙江	安徽	安徽	西藏	新疆
15	天津	云南	湖北	天津	重庆	河南	河南	云南	湖南	山西

与 2011 年相比，2020 年除浙江省的文化产业影响力指数排名第三、未发生变化外，共有 28 个省市的影响力指数排名发生了变化。其中，有 16 个省市的影响力指数排名下降，12 个省市的影响力指数排名上升（见表 3－9）。

表 3－9　2011—2020 年中国部分省市文化产业影响力指数排名变动表

省市	2011 年	2012 年	2013 年	2014 年	2015 年	2016 年	2017 年	2018 年	2019 年	2020 年	十年变动值
湖南	6	19	21	6	9	10	6	6	15	28	－22
宁夏	27	22	19	20	22	22	19	18	24	7	20
河北	11	10	13	16	10	23	12	13	10	29	－18
海南	29	27	26	29	17	29	21	23	29	12	17
陕西	8	14	9	18	11	9	10	10	8	24	－16
贵州	24	25	18	28	30	24	24	28	30	10	14
福建	12	9	6	11	7	12	11	9	16	25	－13

续表

省市	2011年	2012年	2013年	2014年	2015年	2016年	2017年	2018年	2019年	2020年	十年变动值
河南	21	21	16	22	21	15	15	19	13	9	12
天津	15	5	10	15	14	11	9	12	20	26	−11
辽宁	19	16	12	9	20	8	13	16	22	30	−11
湖北	16	23	15	23	19	20	25	20	21	6	10
云南	13	15	17	26	18	16	17	15	19	23	−10
广西	14	20	28	30	27	18	20	21	28	22	−8
四川	10	13	22	12	8	7	8	11	9	18	−8
重庆	20	8	14	21	15	19	28	8	18	27	−7

注：本表只显示2011—2020年文化产业影响力指数排名变动绝对值前15位的省市影响力指数排名结果及变化情况。

从变动幅度来看，有12个省市的文化产业影响力指数排名变动值在10以上。具体来看，湖南、河北、陕西、福建、天津、辽宁、云南7个省市的影响力排名降低幅度较大，其中湖南省影响力指数从2011年的第6位降低到2022年的第28位，河北省由2011年的第11位降低到2020年的第29位，陕西省由2011年的第8位降低到2020年的第24位，降低幅度均在15位以上。

北京、广东、陕西、青海、内蒙古、湖北、河南、贵州、海南、宁夏等12个省市的文化产业影响力指数排名上升，其中，湖北、河南、贵州、海南、宁夏5个省市的影响力指数排名上升幅度最大，均上升10位及以上。其中宁夏由2011年的第27名上升到2020年的第7名，说明其文化产业影响力水平在十年间得到较大提升。

3. 影响力指数增长速度变动特征

与2011年相比，2020年中国文化产业影响力指数的增长速度大体上可以分为五个梯队：第一梯队包括海南、北京、上海、宁夏、浙江5个省市，这5个省市的影响力指数增长速度较快，十年增长率超过了5%；第二梯队包括河南、内蒙古、湖北、贵州4个省市，这些省市影响力指数增长速度略逊于第一梯队，增速在0～3%之间，也呈现一定的增长态势；第三梯队包括陕西、广东、甘肃、黑龙江、青海、吉林6个省市，这6个省市影响力指数增速为负值，影响力指数呈下降趋势，下降幅度不超过5%；第四梯队包括天津、广西、四川、山东、重庆、安徽、江西、江苏8个省市，这8个省市的影响力指数下降幅度在5%～10%之间，呈现明显的降低趋势；最后一个梯队包括湖南、河北、陕西、福建、辽宁、云南6个省市，这些省市的影响力指数下降速度较大，超过了10%（见表3-10、图3-15）。同时，我们应该注意到影响力指数排名靠前的江苏出现了影响力指数得分、排名双下降的情况，这说明不仅要关注各个省市影响力指数得分和排名绝对数值的情况，还要注意它们相对的变动情况，这样有助于把握各省市影响力指数的变动趋势，及时发现文化产业发展过程中的短板因素和出现的问题。

表 3－10　2011—2020 年中国部分省市文化产业影响力指数增/降速表

省市	2011 年	2012 年	2013 年	2014 年	2015 年	2016 年	2017 年	2018 年	2019 年	2020 年	增/降速
湖南	77.65	70.77	71.25	78.97	74.44	74.72	78.33	81.32	74.62	66.28	－14.64%
河北	75.37	73.92	72.67	73.44	74.20	72.03	73.25	74.97	76.97	65.86	－12.62%
陕西	76.31	71.48	75.02	73.15	73.85	74.90	74.18	75.98	77.30	66.70	－12.59%
海南	63.17	68.04	69.61	69.85	72.62	69.54	70.28	71.79	71.94	70.86	12.16%
福建	75.29	74.28	77.16	76.04	75.97	73.81	73.51	76.30	74.53	66.67	－11.45%
辽宁	72.73	71.38	73.36	76.48	71.18	75.37	72.88	73.78	72.96	64.91	－10.76%
云南	74.69	71.44	71.98	70.12	71.78	73.11	71.60	74.05	73.85	66.73	－10.65%
北京	83.18	80.81	80.52	83.64	88.23	87.32	88.47	91.14	83.48	91.99	10.59%
上海	83.31	84.38	83.35	84.74	87.67	82.59	84.00	84.75	81.12	91.72	10.09%
天津	73.62	78.52	74.82	73.57	73.30	74.00	74.37	75.08	73.17	66.60	－9.53%

注：本表只显示 2011—2020 年文化产业影响力指数增/降速绝对值排名前 10 位的省市指数结果及变化情况。

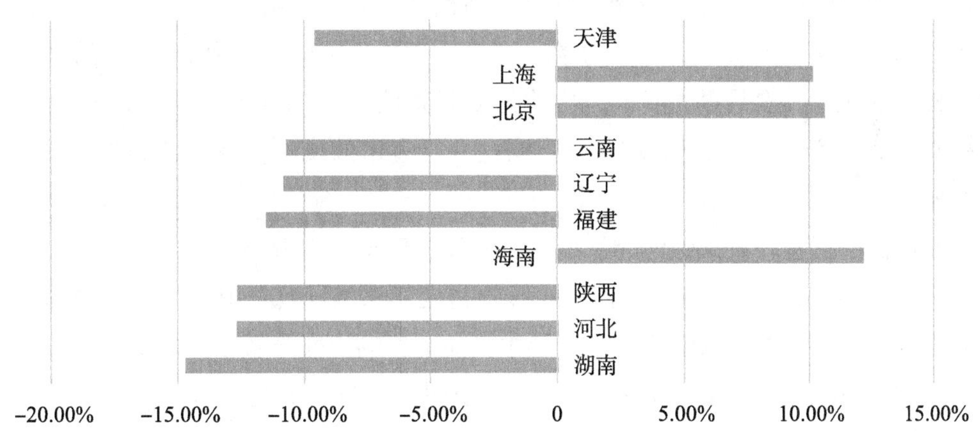

图 3－15　2011—2020 年中国部分省市文化产业影响力指数增/降速图

注：本图为示意图，只显示 2011—2020 年文化产业影响力指数增/降速绝对值排名前 10 位的省市指数结果及变化情况。

4. 影响力指数变异系数变动特征

（1）总体变动情况。

如图 3－16 所示，从总体上看，29 个省市 2011 年影响力指数变异系数平均值为 0.045，2020 年也为 0.045，没有出现变动。但相比于 2011 年，2020 年有 14 个省市的文化产业影响力变异系数有所上升，云南省的影响力变异系数没有发生变化，两个年度均为0.019，其余14个省市的影响力变异系数下降，说明这十年间约二分之一的省市文化产业影响力均衡度有不同程度的提升。

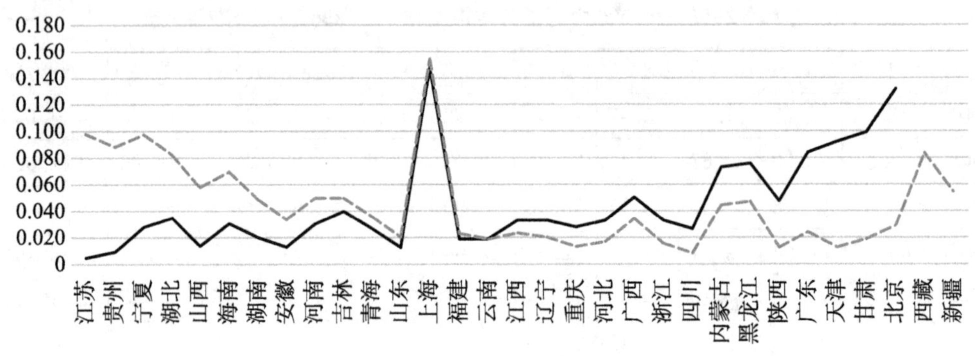

图3-16　2011年和2020年中国各省市文化产业影响力指数变异系数变动情况图

（2）具体变动情况。

如表3-11所示，文化产业影响力变异系数上升的14个省市包括江苏、贵州、宁夏、湖北、山西、海南、湖南、安徽、河南、吉林、青海、山东、上海、福建，其中江苏省文化产业影响力变异系数由2011年的0.005增长到2020年的0.098，增长幅度最大，其次是贵州省，其影响力变异系数由2011年的0.010增长为2020年的0.088。变异系数的显著增长，表明这几个省市的文化产业影响力发展的均衡性有所下降。

而江西、辽宁、重庆、河北、广西、浙江、四川、内蒙古、黑龙江、陕西、广东、天津、甘肃、北京等14个省市的影响力变异系数降低，其中北京、甘肃、天津的影响力变异系数降低幅度最大，其中天津的影响力变异系数由2011年的0.092下降到2020年的0.013，降幅超过85%，说明这些省市文化产业发展的均衡性显著增强。

表3-11　2011—2020年中国各省市文化产业影响力指数变异系数变动情况表

省市	2011年	2012年	2013年	2014年	2015年	2016年	2017年	2018年	2019年	2020年	十年增加值
江苏	0.005	0.068	0.123	0.068	0.064	0.124	0.072	0.060	0.049	0.098	0.093
贵州	0.010	0.010	0.034	0.006	0.058	0.095	0.057	0.081	0.151	0.088	0.079
宁夏	0.028	0.048	0.051	0.076	0.143	0.154	0.140	0.172	0.150	0.097	0.069
湖北	0.035	0.030	0.024	0.014	0.023	0.066	0.011	0.051	0.110	0.082	0.047
山西	0.014	0.024	0.036	0.074	0.087	0.103	0.091	0.114	0.094	0.058	0.044

续表

省市	2011 年	2012 年	2013 年	2014 年	2015 年	2016 年	2017 年	2018 年	2019 年	2020 年	十年增加值
海南	0.031	0.042	0.043	0.016	0.122	0.088	0.107	0.135	0.144	0.070	0.039
湖南	0.020	0.062	0.102	0.036	0.021	0.109	0.053	0.000	0.104	0.049	0.028
安徽	0.013	0.047	0.002	0.017	0.009	0.046	0.043	0.076	0.120	0.034	0.021
河南	0.030	0.018	0.011	0.085	0.033	0.000	0.022	0.018	0.114	0.050	0.019
吉林	0.040	0.042	0.038	0.026	0.090	0.103	0.100	0.084	0.111	0.051	0.011
青海	0.027	0.076	0.019	0.050	0.080	0.080	0.092	0.115	0.128	0.036	0.009
山东	0.013	0.012	0.025	0.016	0.036	0.075	0.054	0.007	0.044	0.020	0.008
上海	0.148	0.038	0.067	0.028	0.019	0.028	0.031	0.044	0.097	0.155	0.007
福建	0.019	0.012	0.012	0.013	0.000	0.007	0.008	0.059	0.120	0.023	0.004
云南	0.019	0.011	0.029	0.051	0.095	0.104	0.064	0.109	0.105	0.019	0.000
江西	0.033	0.047	0.043	0.031	0.013	0.071	0.005	0.034	0.126	0.023	—0.010
辽宁	0.032	0.001	0.024	0.063	0.038	0.042	0.013	0.004	0.071	0.020	—0.012
重庆	0.028	0.043	0.004	0.014	0.092	0.070	0.019	0.132	0.160	0.013	—0.015
河北	0.033	0.049	0.047	0.011	0.034	0.032	0.038	0.069	0.104	0.017	—0.016
广西	0.051	0.018	0.045	0.062	0.087	0.112	0.073	0.109	0.151	0.034	—0.016
浙江	0.033	0.056	0.062	0.032	0.015	0.011	0.071	0.040	0.061	0.015	—0.018
四川	0.027	0.061	0.066	0.087	0.035	0.022	0.012	0.005	0.062	0.008	—0.018
内蒙古	0.073	0.049	0.024	0.034	0.106	0.067	0.036	0.060	0.042	0.044	—0.029
黑龙江	0.076	0.015	0.033	0.110	0.106	0.045	0.010	0.005	0.061	0.047	—0.029
陕西	0.048	0.004	0.016	0.058	0.062	0.070	0.052	0.085	0.105	0.012	—0.035
广东	0.084	0.023	0.118	0.059	0.117	0.132	0.221	0.150	0.063	0.024	—0.060
天津	0.092	0.055	0.061	0.016	0.018	0.041	0.036	0.022	0.100	0.013	—0.080
甘肃	0.099	0.103	0.034	0.107	0.069	0.139	0.036	0.093	0.108	0.019	—0.080
北京	0.132	0.032	0.115	0.076	0.125	0.171	0.133	0.087	0.036	0.029	—0.103
西藏	—	—	0.058	0.060	0.184	0.162	0.166	0.227	0.156	0.084	—
新疆	—	—	0.045	0.134	0.116	0.129	0.015	0.093	0.164	0.054	—

(二) 中国省市文化产业影响力指数变动原因分析

文化产业影响力指数主要从经济影响和社会影响两方面来衡量。

从表 3 - 12 中的数据可以看出，与 2011 年相比，2020 年各省市经济影响力与社会影响力均呈现下降趋势，经济影响指标由 2011 年的 74.21 分下降到 2020 年的 72.25 分，下降幅度为 2.64%，社会影响指标由 2011 年的 73.65 分下降到 2020 年的 69.08 分，下降幅度为 6.19%。整体来看，经济影响指标得分与社会影响指标得分相差不大。

表 3-12　2011—2020 年中国省市文化产业影响力指数二级指标得分平均值对比表

二级指标	2011 年	2012 年	2013 年	2014 年	2015 年	2016 年	2017 年	2018 年	2019 年	2020 年	十年变动值
经济影响	74.21	73.85	74.24	73.25	72.03	72.34	72.76	72.76	70.36	72.25	−1.96
社会影响	73.65	72.24	71.98	76.27	76.20	75.91	73.57	77.84	80.82	69.08	−4.56

1. 经济影响分析

经济影响是指文化产业的收入规模，主要从规模以上文化企业收入、文化产业企业总收入、文化企业人均收入三个角度来测量。规模以上文化企业收入衡量的是具备一定规模的文化企业的经济效益，反映发展较好企业的收入规模；文化产业企业总收入衡量的是所有文化企业的经济效益，反映总体收入规模；文化企业人均收入考察的是文化产业从业人员的收入情况，反映文化产业为相关从业人员增收做出的经济贡献。

前文已经提到，经济影响指标 2020 年得分与 2011 年得分相比有所下降。下面我们分析各省市文化产业经济影响状况以及经济影响变动对影响力指数的影响。

（1）各省市文化产业经济影响状况。

2020 年各省市文化产业经济影响力状况如图 3-17 所示。我们可以发现，排名靠前的上海、北京、浙江、广东均为东部地区省市，可见东部地区文化产业经济效益极为显著，其中，2020 年江苏省以超过 1.5 万亿元的文化产业企业总收入遥遥领先，北京以超过 1.3 万亿元紧随其后，其次是上海、浙江，这些省市的文化产业企业总收入相比 2011 年均大幅增长。而天津、重庆、福建、河北、湖南等省市 2020 年文化产业经济影响力则较 2011 年有较大幅度下降。

（2）经济影响变动分析。

如图 3-18 所示，与 2011 年相比，2020 年大部分省市文化产业有一定的下降，这与前文所分析的 2020 年文化产业经济影响得分较 2011 年所有下降的结论一致。我们可以看到，天津、河北、辽宁、福建、湖南、重庆、云南等 17 个省市的文化产业经济影响得分下降，其中天津、河北、湖南、福建 4 省市的下降幅度最大，均下降 10 分以上，这 4 个省市也是 2020 年文化产业影响力指标得分下降比较显著的省市；同时我们也发现，2020 年吉林、湖北、海南、宁夏、浙江等 14 个省市的文化产业经济影响力得到了提升，其中以宁夏、浙江、海南、湖北 4 个省市最为显著，得分上升均在 5 分以上。

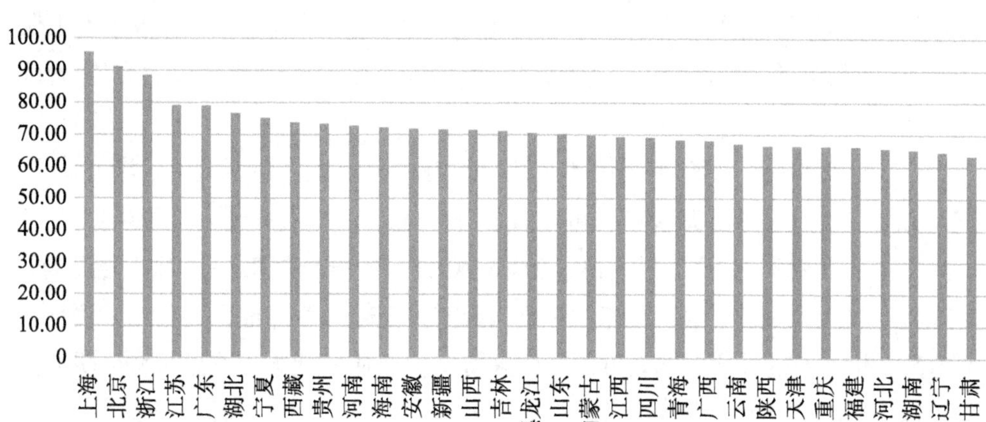

图 3-17　2020 年中国各省市文化产业经济影响状况

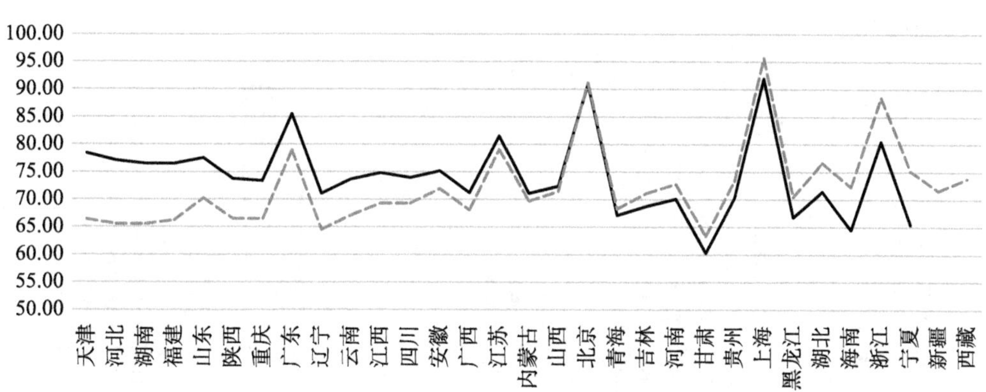

图 3-18　2011 年和 2020 年中国各省市文化产业经济影响得分变动情况图

如前文所述，2020 年，河北的文化产业影响力指数排名相比较 2011 年下降了 18 位，湖南的文化产业影响力指数排名下降了 22 位，可见，这两个省市文化产业影响力指数的排名下降与其文化产业经济影响力下降有很大相关性，其文化产业收入有待进一步提升；而宁夏 2020 年文化产业影响力指数排名由 2011 年的第 27 名上升到第 7 名，则与其文化产业经济影响得分上升有很大关系，说明宁夏的文化企业收入得到了大幅度提升。

2. 社会影响分析

社会影响主要体现在文化企业的品牌影响力与合法诚信方面，可以从媒体品牌认可、文化产业上市企业数量、失信企业数量等方面进行测度。

（1）各省市文化产业社会影响状况。

2011 年我国文化产业社会影响指数得分平均值为 73.65 分，2020 年下降为 69.08 分，下降幅度为 6.21%，说明 2020 年我国文化产业的社会影响力比 2011 年显著下降。

如图 3-19 所示，2020 年文化产业社会影响得分前五名包括北京、浙江、上海、广东、山东，均为东部沿海省市，可见我国东部地区的文化产业社会影响力比较显著，其中北京市 2020 年社会影响得分为 95.00 分，位居全国第一。而社会影响排序的后五名，包括贵州、广西、青海、甘肃、云南，全部为西部地区的省市，说明我国西部地区文化产业的社会影响较低。整体来看文化产业的社会影响区域特征明显。

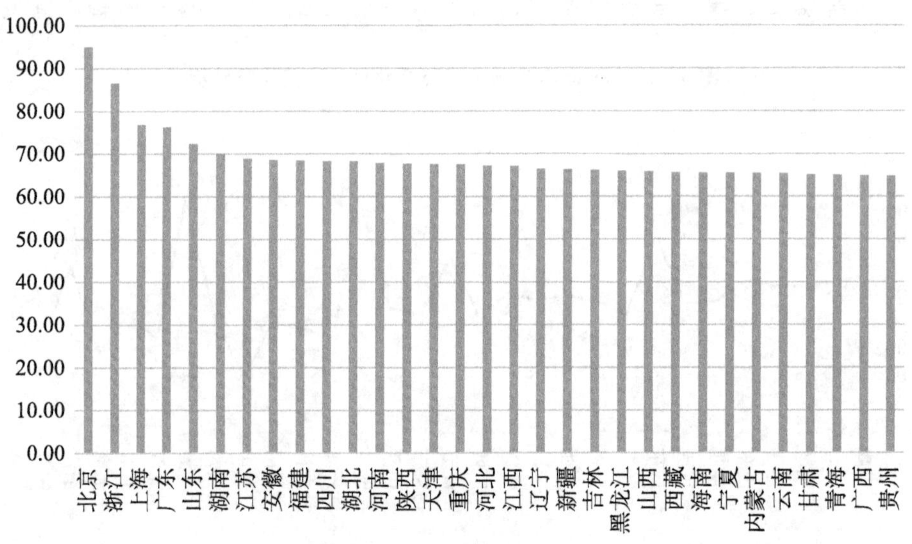

图 3-19　2020 年中国各省市文化产业社会影响状况

具体到三级指标品牌影响与合法诚信，2020 年，31 个省市的品牌影响得分以北京、浙江、广东、上海、山东五个省市领先，均在 70 分以上，其中北京市文化产业品牌影响最具有优势，位居全国第一，其次是浙江省，得分 90.14 分，这两个省市得分远高于其他省市。合法诚信方面，大多数省市得分均在 80 分以上，但是北京、浙江、广东、上海等品牌影响力较强的地区在合法诚信方面反而得分较低，排在全国的末尾，其中北京市文化产业合法诚信得分仅为 60.00 分，浙江省得分 61.83 分、广东省得分 64.96 分（见图 3-20）。这表明，东部地区经济发达的省市文化产业品牌影响力较高，但是也容易出现文化产业企业失信问题，这些省市需要在文化企业合法诚信方面加大整治力度。

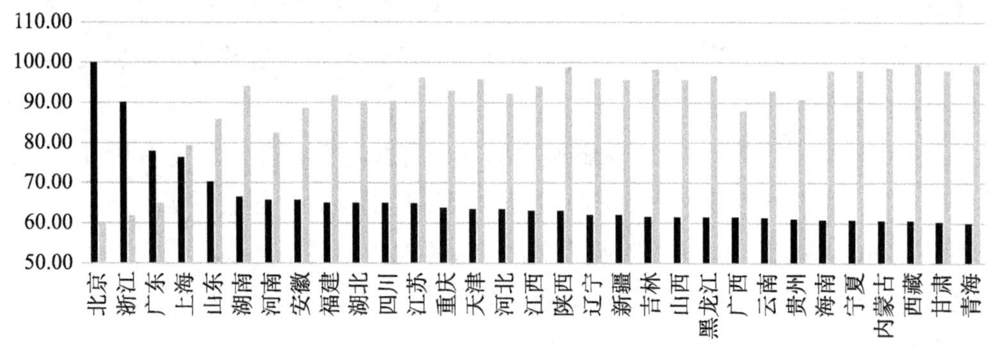

图 3-20　2020 年中国各省市文化产业品牌影响与合法诚信得分情况

（2）社会影响变动分析。

从具体变化来看，29 个省市中，除北京、浙江、上海、海南、内蒙古、广东 6 个省市 2020 年的文化产业社会影响相较 2011 年有所上升外，其余 23 个省市的文化产业社会影响均有一定程度的降低，如图 3-21 所示。

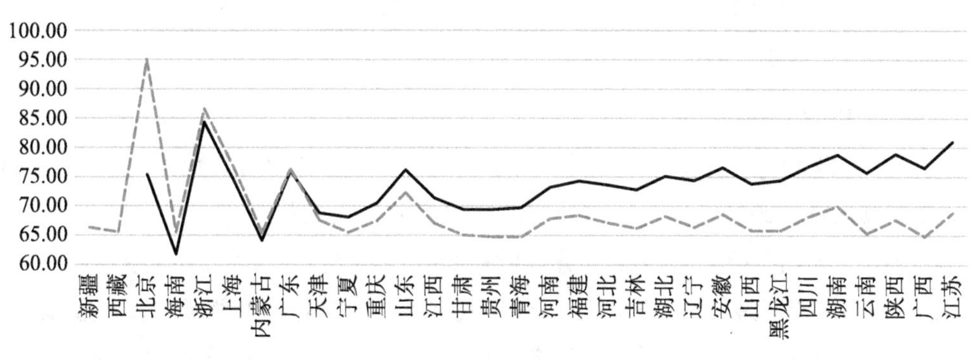

图 3-21　2011 年和 2020 年中国各省市文化产业社会影响得分变动情况图

6 个文化产业社会影响上升的省市中，以北京市提升幅度最大，得分提高了 19.57 分，上升幅度为 25.94%，其他五个省市提升分值在 0～5 分之间。23 个文化产业社会影响下降的省市中，以江苏、广西、陕西、云南最为显著，得分均下降了 10 分以上。其中湖南省社会影响得分下降了 8.8 分，前文已经分析湖南省的经济影响下降幅度也很大，这共同造成了 2020 年湖南省的文化产业影响力指标排名相比 2011 年下降了 22 位。

3. 小结

通过上述分析可以发现，从文化产业影响力来看，我国东部沿海地区文化产业发展绩效较为显著，北京、浙江、广东、上海等东部省市的文化产业在经济影响、品牌影响方面均走在全国前列，但是这几个省市要注意在合法诚信方面加大对文化产业企业的整治力度。

由于评价 2020 年度文化产业影响力的三级指标与前面年度相比有所变化，因此分析各省市文化产业影响力十年间变动原因不宜单纯通过数值对比下结论。但是依然可以发现，湖南、河北、陕西等文化产业影响力排名下降幅度较大的省市，其文化产业的经济影响与品牌影响力较低，重点应该提升文化产业企业的品牌影响，促进企业发展，提高文化产业收入水平。

三、中国省市文化产业驱动力指数变动特征及其原因分析

（一）中国省市文化产业驱动力指数变动特征

外部发展环境对于文化产业发展与持续发展起着至关重要的作用，文化产业驱动力指数用来反映文化产业发展的外部环境和态度。

1. 驱动力指数数值变动特征

（1）总体变动情况。

由图 3－22 可知，2011—2020 年中国省市文化产业驱动力指数平均得分大幅降低。从总体来看，2011—2019 年中国省市文化产业驱动力指数稳步上升，从 2011 年的 70.10 分上升到 2019 年的 78.49 分，但是 2020 年文化产业驱动力指数急剧下降到 66.82 分，为十年间最低值。同时，2020 年我国各省市文化产业驱动力指数也低于生产力指数以及影响力指数，说明 2020 年各省市文化产业发展的外部环境较差。

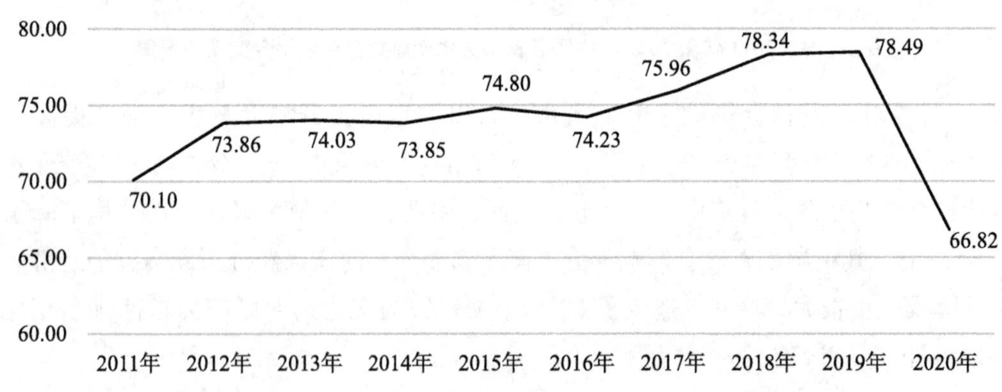

图 3－22　2011—2020 年中国省市文化产业驱动力指数平均值对比图

（2）具体变动情况。

由表 3－13 及图 3－23 可知，相比于 2011 年，2020 年 29 个省市中有 21 个省市的文化产业驱动力指数下降，即 72.4%的省市文化产业驱动力指数下降，仅有 8 个省市的驱动力指数上升。从具体变动情况来看，天津、吉林、内蒙古、山西、宁夏、江西 6 个省市的得分下降幅度较大，下降值均在 10 分以上，其中天津市下降了 14.72 分，降幅达 18.85%。驱动力指数上升的 8 个省市中以浙江、北京、广东、甘肃 4 个省市最为显著，均提升了 10 分以上，其中浙江省提升了 18.46 分，北京市提升了 15.45 分，分别位居全国第一、第二。

表 3－13　2011—2020 年中国部分省市文化产业驱动力指数数值变动情况

省市	2011 年	2012 年	2013 年	2014 年	2015 年	2016 年	2017 年	2018 年	2019 年	2020 年	十年变动值
浙江	69.13	73.95	74.89	77.11	77.25	79.96	82.69	85.92	84.70	87.59	18.46
北京	70.45	77.71	78.85	83.46	82.47	87.51	83.85	85.96	85.69	85.90	15.45
天津	78.09	80.60	81.52	72.87	71.35	77.13	77.99	81.05	79.72	63.38	－14.72
吉林	75.53	76.93	75.54	69.75	77.11	71.73	72.75	81.69	82.26	62.22	－13.32
广东	69.57	71.97	72.33	75.04	76.08	76.59	74.46	78.02	78.36	82.69	13.11
内蒙古	73.60	77.25	74.76	71.19	71.83	73.13	75.65	80.66	76.42	61.45	－12.15
山西	76.26	76.88	76.55	76.53	71.11	74.66	74.05	74.45	76.48	64.19	－12.06
宁夏	72.66	76.78	75.73	80.13	75.05	69.71	70.57	76.46	77.25	60.84	－11.83
江西	76.18	74.03	74.74	74.08	71.20	75.63	73.26	78.71	78.97	64.76	－11.42
甘肃	51.73	63.02	69.67	69.07	70.98	70.01	73.00	74.83	74.43	61.80	10.06

注：本表只显示 2011—2020 年文化产业驱动力指数变动值绝对值排名前 10 位的省市指数结果及变化情况。

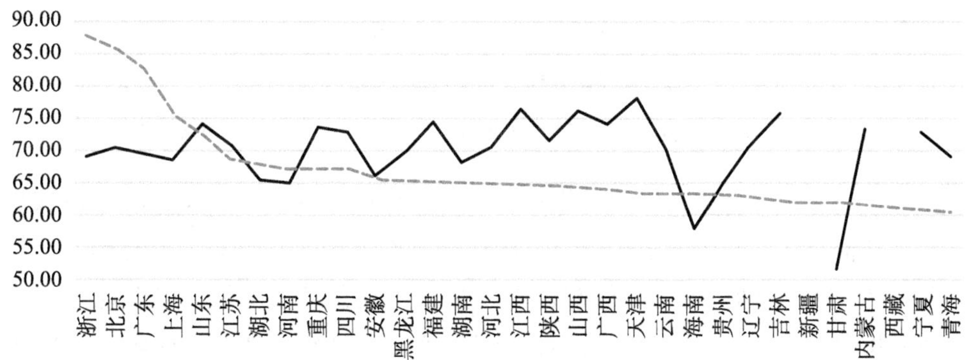

图 3－23　2011 年和 2020 年中国各省市文化产业驱动力指数变动图

（3）区域变动情况。

2011—2020 年驱动力指数数值增长前 10 名的省市为河南、黑龙江、贵州、浙江、吉林、河北、重庆、湖北、青海、湖南，其中 6 个省市来自中西部地区，驱动力指数数值增长前 15 名的省市中西部地区占 10 个，表明驱动力指数增加较多的省市多为经济不甚发达的地区。可见，中西部地区的文化产业驱动力相对于全国总体情况来说呈现出较为明显的上升状态，增长显著。

相比于 2011 年，2020 年文化产业驱动力指数数值上升的 8 个省市（分别是浙江、北京、广东、甘肃、上海、海南、河南、湖北）其中有 5 个位于东部地区，占比 62.5%，另有 2 个中部地区省市，1 个西部地区省市。而 21 个驱动力指数降低的省市中，有 3 个东北地区省市，9 个西部地区省市，4 个中部地区省市，5 个东部地区省市。

如图 3－24 所示，整体来看，东北地区文化产业驱动力整体下降，西部地区大部分省市的文化产业驱动力也呈现下降状态，中部、东部地区部分省市处于下降状态，仍有部分省市呈现上升状态。

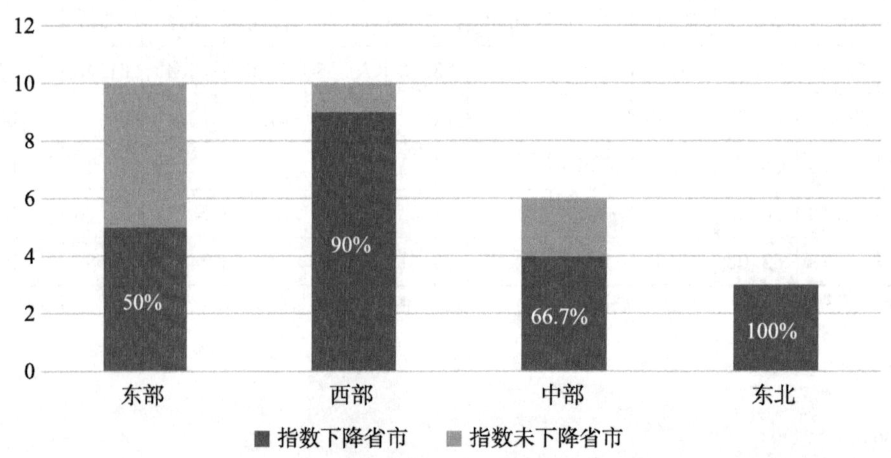

图 3－24　东中西部和东北地区文化产业驱动力指数下降的省市数量及占比

如图 3－25 所示，从十年的变化趋势来看，东部地区文化产业驱动力指数水平整体高于其他地区，其中北京、浙江、广东三省市十年间一直呈现上升趋势，其他省市在 2020 年新冠肺炎疫情等的冲击下，文化产业驱动力降低；中部地区文化产业驱动力指数 2011—2017 年平稳波动，2018 年、2019 年呈现上升趋势，2020 年再次下降；西部地区文化产业驱动力指数 2011—2019 年整体呈现上升趋势，2020 年整体降低；东北地区在波动中略有上升，2020 年大幅度降低。

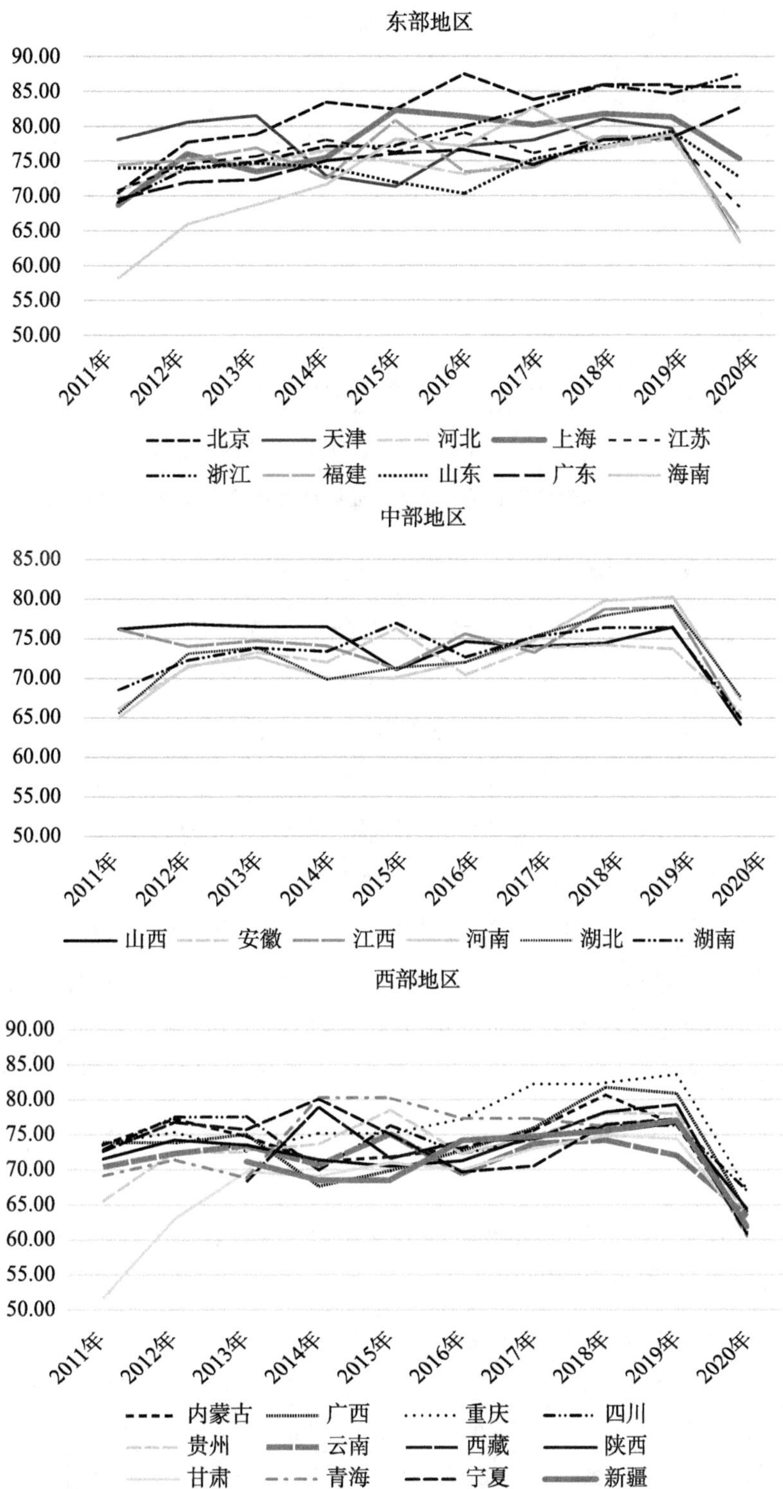

图3-25　东中西部和东北地区文化产业驱动力指数十年变动趋势

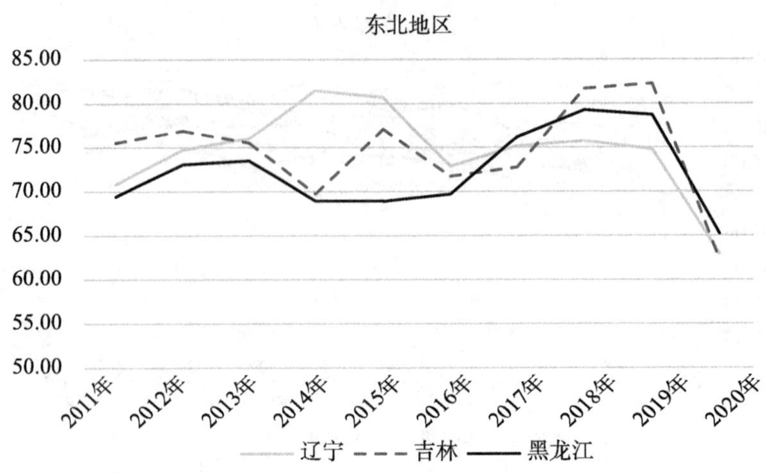

图 3-25　东中西部和东北地区文化产业驱动力指数十年变动趋势（续）

2. 驱动力指数排名变动特征

表 3-14 显示了 2011—2020 年文化产业驱动力指数排名前 15 的省市，由表可知，没有省市连续十年一直位于前 15 名，说明各省市的文化产业驱动力波动较大。其中北京市 2011 年文化产业驱动力指数排名第 16，2012 年、2013 年上升为第 2 名，之后从 2014 年至 2019 年一直处于第 1 名，2020 年降至第 2 名。整体来说，从 2012 年开始，北京市的文化产业驱动力水平一直处于全国领先地位；浙江省 2011 年文化产业驱动力指数排名第 21，2012 年排名第 15，之后一直保持在前 15 名，从 2016 年开始一直位于前 3 名，2020 年排名第 1；而天津市在 2011—2013 年其文化产业驱动力指数一直排在第 1 名，但 2014 年、2015 年、2020 年均未能进入前 15 名，说明天津市的文化产业发展外部环境稳定性较差；同样，山西省 2011 年文化产业驱动力指数排名第 2，但 2015 年、2017—2020 年均未能进入前 15 名；广东省的文化产业驱动力指数也不稳定，仅在 2014—2016 年、2018 年、2020 年进入前 15 名。

表 3-14　2011—2020 年中国文化产业驱动力指数排名前 15 的省市列表

排名	2011 年	2012 年	2013 年	2014 年	2015 年	2016 年	2017 年	2018 年	2019 年	2020 年
1	天津	天津	天津	北京	北京	北京	北京	北京	北京	浙江
2	山西	北京	北京	辽宁	上海	上海	浙江	浙江	浙江	北京
3	江西	四川	四川	青海	福建	浙江	海南	重庆	重庆	广东
4	吉林	内蒙古	福建	宁夏	辽宁	江苏	重庆	上海	吉林	上海
5	福建	吉林	山西	西藏	青海	青海	上海	广西	上海	山东

续表

排名	2011年	2012年	2013年	2014年	2015年	2016年	2017年	2018年	2019年	2020年
6	山东	山西	辽宁	江苏	贵州	重庆	天津	吉林	广西	江苏
7	广西	宁夏	宁夏	浙江	海南	天津	青海	天津	河南	湖北
8	重庆	上海	江苏	山西	浙江	海南	黑龙江	内蒙古	天津	河南
9	内蒙古	重庆	吉林	河北	吉林	广东	江苏	河南	西藏	重庆
10	四川	福建	广西	上海	湖南	江西	广西	黑龙江	山东	四川
11	宁夏	辽宁	浙江	重庆	四川	山西	内蒙古	江西	湖北	安徽
12	陕西	江苏	内蒙古	广东	安徽	新疆	湖北	福建	江西	黑龙江
13	河北	陕西	江西	山东	江苏	西藏	山东	西藏	海南	福建
14	辽宁	江西	山东	江西	广东	福建	湖南	江苏	黑龙江	湖南
15	江苏	浙江	河北	贵州	重庆	内蒙古	河北	广东	福建	河北

与2011年相比，2020年除四川省的文化产业驱动力指数排名第10、未发生变化外，其余28个省市的驱动力指数排名均发生了变化。其中有14个省市的文化产业驱动力指数排名得到了提升，包括浙江、河南、上海、湖北、北京、广东、安徽等省市；另外14个省市的驱动力指数排名降低，包括吉林、天津、内蒙古、宁夏、山西、江西等省市（见表3-15）。

表3-15　2011—2020年中国部分省市文化产业驱动力指数排名变动表

省市	2011年	2012年	2013年	2014年	2015年	2016年	2017年	2018年	2019年	2020年	十年变动值
吉林	4	5	9	27	9	24	30	6	4	25	−21
浙江	21	15	11	7	8	3	2	2	2	1	20
天津	1	1	1	17	22	7	6	7	8	20	−19
内蒙古	9	4	12	22	20	15	11	8	26	28	−19
河南	27	25	25	24	28	22	19	9	7	8	19
宁夏	11	7	7	4	17	30	31	21	21	30	−19
上海	22	8	20	10	2	2	5	4	5	4	18
湖北	25	19	16	26	23	23	12	17	11	7	18
山西	2	6	5	8	25	11	25	29	25	18	−16
广东	18	24	26	12	14	9	21	15	17	3	15
北京	16	2	2	1	1	1	1	1	1	2	14
安徽	24	27	22	19	12	26	26	31	30	11	13
江西	3	14	13	14	24	10	28	11	12	16	−13
广西	7	18	10	31	29	18	10	5	6	19	−12
青海	20	26	29	3	5	5	7	24	20	31	−11

注：本表只显示2011—2020年文化产业驱动力指数排名变动绝对值前15位的省市驱动力指数排名结果及变化情况。

从变动幅度来看，驱动力指数排名变动绝对值前15位的省市指数排名变动均在10位以上。具体来看，吉林、天津、内蒙古、宁夏、山西五个省市的文化产业驱动力指数排名降低幅度较大，降低15位以上，其中吉林省由2011年的第4位降低到2020年的第25位。

浙江、河南、上海、湖北、广东五个省市的驱动力指数排名上升较快，均在15位以上，其中浙江省由2011年的第21位上升到2020年的第1位，说明其文化产业外部环境十年间得到了改善。

3. 驱动力指数增长速度变动特征

2011—2020年中国省市文化产业驱动力指数的增长速度基本上可以分为五个梯队：第一梯队为浙江、北京、甘肃、广东4个省市，这些省市驱动力指数呈增长状态，增长速度非常快，增长幅度超过15%，其中浙江省增幅为26.70%；第二梯队为上海、海南、河南、湖北4个省市，这些省市驱动力指数保持很好的增长势头，增长速度略低于第一梯队，增长幅度在1%～10%之间；第三梯队为安徽、山东、江苏、贵州4个省市，这4个省市的驱动力指数呈现下降趋势，但降速较低，降幅在0～5%之间；第四梯队为湖南、黑龙江、四川、河北、重庆、陕西6个省市，降幅在5%～10%之间；云南、辽宁、福建、青海、广西、江西、山西、宁夏、内蒙古、吉林、天津11个省市的降速较快，均超过10%，其中天津市降幅最大，为18.84%（见表3-16和图3-26）。

表3-16　2011—2020年中国部分省市文化产业驱动力指数增/降速表

省市	2011年	2012年	2013年	2014年	2015年	2016年	2017年	2018年	2019年	2020年	增/降速
浙江	69.13	73.95	74.89	77.11	77.25	79.96	82.69	85.92	84.70	87.59	26.70%
北京	70.45	77.71	78.85	83.46	82.47	87.51	83.85	85.96	85.69	85.90	21.93%
甘肃	51.73	63.02	69.67	69.07	70.98	70.01	73.00	74.83	74.43	61.80	19.46%
广东	69.57	71.97	72.33	75.04	76.08	76.59	74.46	78.02	78.36	82.69	18.85%
天津	78.09	80.60	81.52	72.87	71.35	77.13	77.99	81.05	79.72	63.38	−18.84%
吉林	75.53	76.93	75.54	69.75	77.11	71.73	72.75	81.69	82.26	62.22	−17.63%
内蒙古	73.60	77.25	74.76	71.19	71.83	73.13	75.65	80.66	76.42	61.45	−16.50%
宁夏	72.66	76.78	75.73	80.13	75.05	69.71	70.57	76.46	77.25	60.84	−16.27%
山西	76.26	76.88	76.55	76.53	71.11	74.66	74.05	74.45	76.48	64.19	−15.82%
江西	76.18	74.03	74.74	74.08	71.20	75.63	73.26	78.71	78.97	64.76	−14.99%

注：本表只显示2011—2020年文化产业驱动力指数增/降速绝对值排名前10位的省市指数结果及变化情况。

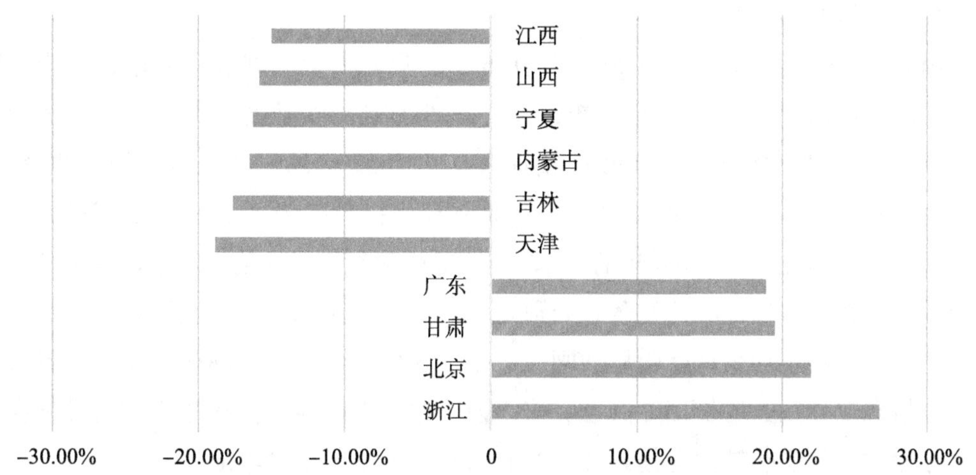

图 3-26　2011—2020 年中国部分省市文化产业驱动力指数增/降速图

注：本图为示意图，只显示 2011—2020 年文化产业驱动力指数增/降速绝对值排名前 10 位的省市指数结果及变化情况。

4. 驱动力指数变异系数变动特征

(1) 总体变动情况。

如图 3-27 所示，从总体上看，与 2011 年相比，2020 年各省市文化产业驱动力指数变异系数变化较大，共有 21 个省市的驱动力指数变异系数增加，呈正增长态势，仅有甘肃、青海、天津等 8 个省市的文化产业驱动力指数变异系数下降。各省市驱动力指数变异系数均值由 2011 年的 0.047 增长到 2020 年的 0.079，增长了 68.1%，可见，伴随着驱动力指数变异系数增大，各省市之间的文化产业驱动力的不均衡程度有所加重。但同时可以发现，2020 年的文化产业驱动力指数变异系数相对于 2017—2019 年有所下降。

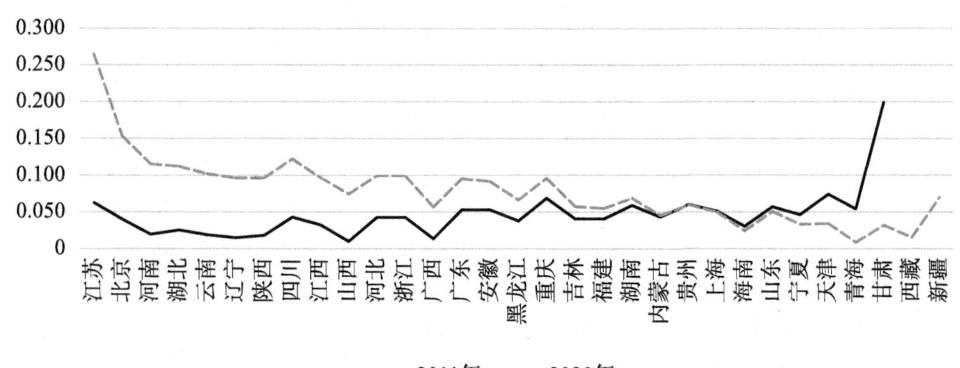

图 3-27　2011 年、2020 年中国各省市文化产业驱动力指数变异系数变动情况图

（2）具体变动情况。

由表3-17可知，2011—2020年江苏、北京、河南、湖北、云南、辽宁、陕西、四川、江西、山西等21个省市的文化产业驱动力指数变异系数有所增大，其中江苏省的驱动力指数变异系数增量最大，从2011年的0.062增加到2020年的0.265，增加了0.202；山西省的文化产业驱动力指数变异系数增加幅度最大，从2011年的0.010增加到2020年的0.064，增加幅度超过了6倍；辽宁、河南的驱动力指数变异系数增幅也非常显著，分别是548.1%、490.1%，可见这些省市的文化产业驱动力发展不均衡程度明显加剧。广东、安徽、内蒙古、湖南、福建等省市的驱动力指数变异系数增长幅度低于一倍，说明这些省市的文化产业驱动力发展在均衡度方面这十年没有较大变化，文化产业的驱动力发展相对均衡。

此外，贵州、上海、海南、山东等8个省市的文化产业驱动力指数变异系数减小，其中甘肃、青海的文化产业驱动力指数变异系数降幅最为明显。甘肃省从2011年的0.200降低到2020年的0.032，降幅为84.01%，青海省从2011年的0.054降低到2020年的0.009，降幅为84.07%，说明这两省的文化产业驱动力发展的均衡度有所提升。

表3-17　2011—2020年中国各省市文化产业驱动力指数变异系数变动情况表

省市	2011年	2012年	2013年	2014年	2015年	2016年	2017年	2018年	2019年	2020年	十年变动值
江苏	0.062	0.054	0.104	0.152	0.058	0.072	0.096	0.097	0.094	0.265	0.202
北京	0.040	0.026	0.045	0.123	0.100	0.060	0.033	0.047	0.044	0.153	0.113
河南	0.020	0.037	0.093	0.088	0.069	0.087	0.109	0.128	0.131	0.115	0.096
湖北	0.025	0.011	0.075	0.079	0.065	0.065	0.095	0.102	0.117	0.112	0.087
云南	0.019	0.022	0.071	0.067	0.059	0.061	0.089	0.095	0.048	0.102	0.083
辽宁	0.015	0.040	0.079	0.113	0.101	0.060	0.066	0.107	0.097	0.096	0.082
陕西	0.018	0.007	0.088	0.076	0.065	0.097	0.117	0.115	0.131	0.098	0.080
四川	0.043	0.040	0.096	0.074	0.054	0.058	0.109	0.077	0.082	0.122	0.079
江西	0.032	0.043	0.087	0.095	0.068	0.101	0.094	0.126	0.136	0.097	0.064
山西	0.010	0.022	0.072	0.092	0.026	0.110	0.094	0.097	0.105	0.074	0.064
河北	0.043	0.047	0.097	0.121	0.100	0.084	0.078	0.129	0.147	0.099	0.057
浙江	0.043	0.037	0.095	0.080	0.011	0.018	0.033	0.047	0.033	0.098	0.055
广西	0.014	0.035	0.076	0.071	0.020	0.098	0.086	0.093	0.079	0.057	0.043
广东	0.053	0.032	0.104	0.143	0.082	0.080	0.102	0.106	0.110	0.095	0.042
安徽	0.053	0.073	0.111	0.097	0.083	0.091	0.082	0.118	0.114	0.091	0.039
黑龙江	0.038	0.017	0.069	0.053	0.042	0.055	0.106	0.119	0.110	0.066	0.028
重庆	0.069	0.061	0.038	0.026	0.029	0.038	0.021	0.039	0.051	0.096	0.027

续表

省市	2011年	2012年	2013年	2014年	2015年	2016年	2017年	2018年	2019年	2020年	十年变动值
吉林	0.041	0.049	0.009	0.064	0.075	0.048	0.107	0.030	0.029	0.057	0.017
福建	0.042	0.026	0.048	0.044	0.115	0.066	0.070	0.088	0.082	0.055	0.013
湖南	0.059	0.076	0.099	0.111	0.089	0.111	0.104	0.111	0.105	0.069	0.010
内蒙古	0.043	0.039	0.065	0.077	0.053	0.073	0.106	0.080	0.081	0.045	0.002
贵州	0.060	0.063	0.115	0.071	0.106	0.100	0.103	0.119	0.116	0.060	−0.001
上海	0.051	0.051	0.067	0.098	0.093	0.082	0.086	0.092	0.092	0.050	−0.001
海南	0.030	0.064	0.098	0.083	0.116	0.012	0.033	0.127	0.143	0.024	−0.006
山东	0.057	0.048	0.088	0.107	0.066	0.066	0.083	0.106	0.135	0.050	−0.007
宁夏	0.046	0.012	0.045	0.091	0.076	0.087	0.092	0.078	0.083	0.033	−0.013
天津	0.074	0.086	0.090	0.086	0.024	0.021	0.010	0.074	0.046	0.035	−0.039
青海	0.054	0.045	0.068	0.146	0.125	0.068	0.080	0.113	0.124	0.009	−0.046
甘肃	0.200	0.082	0.089	0.090	0.082	0.088	0.104	0.089	0.081	0.032	−0.168
西藏	—	—	0.061	0.199	0.084	0.049	0.064	0.124	0.133	0.015	—
新疆	—	—	0.056	0.092	0.049	0.081	0.084	0.078	0.103	0.070	—
均值	0.047	0.043	0.077	0.094	0.070	0.071	0.082	0.095	0.096	0.079	0.032

(二)中国省市文化产业驱动力指数变动原因分析

文化产业驱动力指数反映各地区文化产业发展的外部环境和态度，用其来评价政府在市场体系、公共服务、创新机制几个方面所作的努力，进而为政府后续政策制定提供借鉴与数据支持。产业驱动力指数反映各地区发展文化产业的环境与态度，本部分拟从市场环境、公共环境和创新环境三个指标来分析文化产业驱动力指数。

由表3-18中的数据可以看出，2011—2020年文化产业驱动力指数的三个二级评价指标中，市场环境和创新环境处于下降状态，公共环境处于上升状态，但整体来看三个指标的上升或下降幅度都比较小，三个指标的升降共同导致了驱动力指数在2020年的降低。

表3-18 2011—2020年中国省市文化产业驱动力指数二级指标得分平均值对比表

二级指标	2011年	2012年	2013年	2014年	2015年	2016年	2017年	2018年	2019年	2020年	十年变动值
市场环境	71.30	74.80	78.39	78.20	76.44	78.32	80.81	82.59	84.01	65.31	−5.99
公共环境	69.90	75.02	75.46	76.42	78.19	80.47	83.82	88.58	88.38	73.78	3.88
创新环境	69.20	71.75	68.23	66.93	69.77	70.79	71.73	73.51	73.36	66.23	−2.97

1. 市场环境分析

文化产业市场环境是指文化相关企业生产经营活动所处的市场环境中的不可控制的因素，主要包括文化产业市场中的资本活跃程度、资本青睐程度、双循环外贸状况等。前文已经提到，在驱动力指标的三个分指标中，2020 年市场环境指标得分均值为 65.31，相比 2011 年得分下降了 5.99 分，下降幅度为 8.41%，为十年来的最低值。下面通过几个重要测度变量来分析市场环境指标变动的具体原因。

(1) 各省市文化产业市场环境分析。

2020 年各省市文化产业市场环境状况如图 3－28 所示。可以发现，2020 年我国各省市文化产业市场环境指标得分整体偏低，所有省市得分均低于 80 分，其中，上海市以 79.57 分位居全国第一。同时可以发现排名前五的省市（上海、浙江、广东、山东、重庆）中有 4 个为东部地区省市，1 个为西部地区省市，可见，东部地区文化产业的市场环境更好。

具体到三级指标（资本活跃、投资吸引、文化出口），由图 3－29 可以发现，黑龙江、重庆、江苏、山东 4 个省市的资本活跃度最高，均在 80 分以上，其中黑龙江以 100 分的得分位居第一；浙江、广东、山东、北京 4 个省市的投资吸引得分均在 75 分以上，说明外部投资依然青睐于东部沿海地区；上海、广东、浙江、北京 4 个省市的文化出口得分最高，均在 70 分以上，其中上海市以 93.88 分位居全国第一。整体来看，东部省市在投资吸引、文化出口方面驱动力较强，但是在资本活跃方面有待进一步改善。

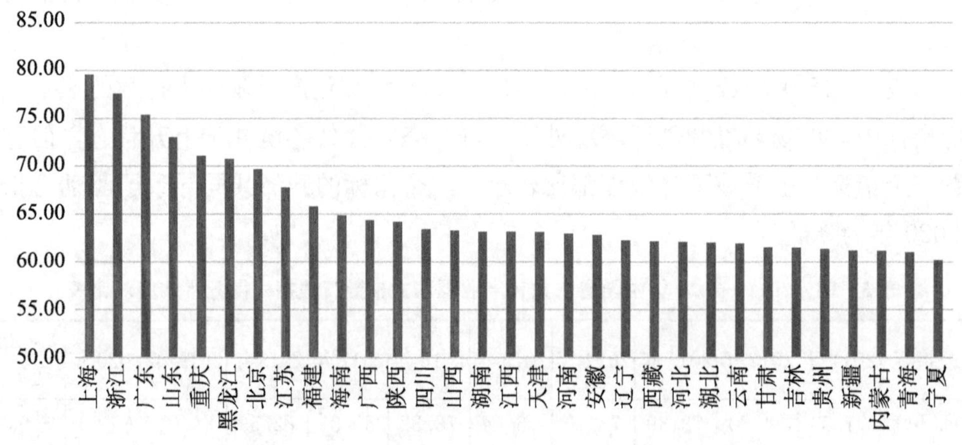

图 3－28　2020 年中国各省市文化产业市场环境状况

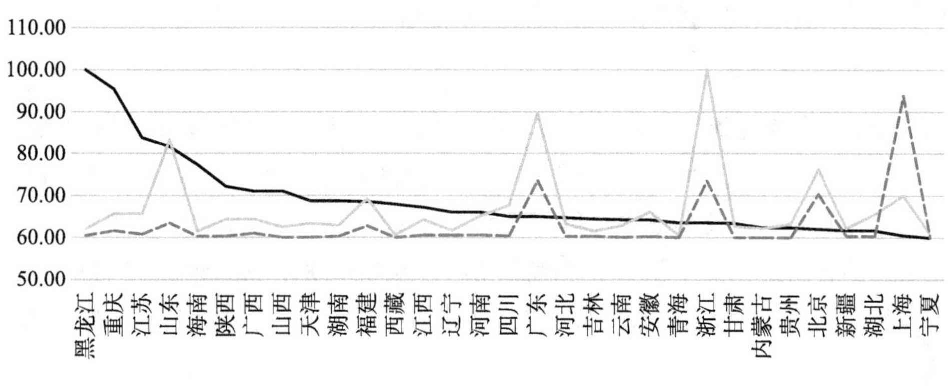

图 3-29　2020 年中国各省市文化产业市场环境三级指标得分情况

（2）市场环境变动分析。

从具体变化来看，2020 年 29 个省市中，除甘肃、浙江、海南、上海、广东 5 个省市的文化产业市场环境得分较 2011 年有所上升外，其余 24 个省市的文化产业市场环境得分均有一定程度的降低（见图 3-30）。

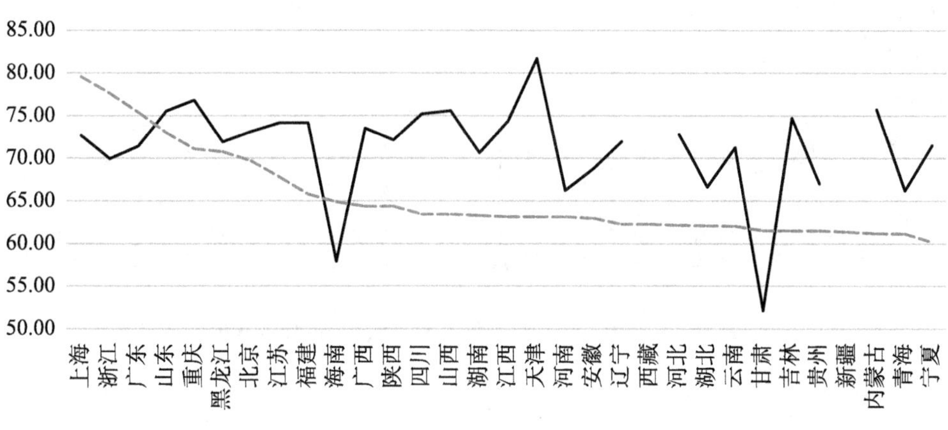

图 3-30　2011 年和 2020 年中国各省市文化产业市场环境变动情况

市场环境改善的 5 个省市中，4 个位于东部地区，只有甘肃是西部省份，但是甘肃省本身的市场环境较差，2011 年得分为 52.14 分，排名全国倒数第一，2020 年提升为 61.52 分，相比 2011 年提升了 9.38 分，增幅 18%。

24 个市场环境得分下降的省市中，以天津、内蒙古、吉林、山西、四川、宁夏、江西、河北 8 个省市下降幅度最大，均下降 10 分以上。其中天津市 2011 年市场环境得分为 81.73 分，位居全国第一，2020 年下降到 63.14 分，位居全国第 17。

这与前文所描述的天津市文化产业驱动力指数降幅较大是一致的。

2. 公共环境分析

公共环境主要是指公共管理部门和公共服务部门为整个产业提供的发展环境，主要从文化产业示范基地、示范园区、旅游度假区等方面进行测度。前文已经提到，2011—2020 年公共环境指标得分上升了 3.88 分，提升幅度为 5.55%，是驱动力指标三个分指标中唯一提升的指标，但 2020 年的公共环境得分相比于 2012—2019 年的公共环境得分仍然处于下降状态。下面分析公共环境指标变动的具体原因。

（1）各省市公共环境分析。

2020 年各省市文化产业公共环境状况如图 3－31 所示。其中江苏、浙江、广东、北京 4 个省市的文化产业公共环境较为突出，得分均在 90～100 分之间，江苏省的公共环境得分为 100 分，位居全国第一。其余省份公共环境得分均在 80 分以下。

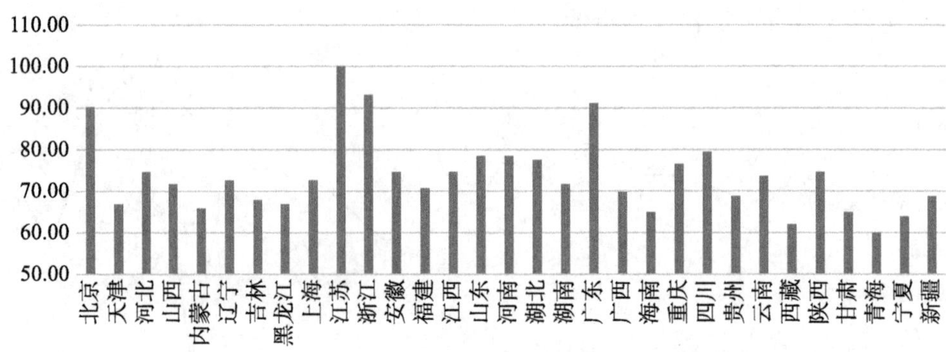

图 3－31　2020 年中国各省市文化产业公共环境状况

（2）公共环境变动分析。

从具体变化来看，2020 年 29 个省市中，除福建、黑龙江、江西、广西、山西、宁夏、青海、内蒙古、吉林、天津 10 个省市的文化产业公共环境与 2011 年相比得分有所降低外，其余 19 个省市的文化产业公共环境得分都有不同程度的提升（见图 3－32）。

其中，天津、吉林两个省市的文化产业公共环境得分降低幅度最大，天津市的公共环境 2011 年位居全国第一，得分为 81.13 分，2020 年下降为 66.83 分，降低了 14.30 分，下降幅度为 17.63%。其余省市公共环境下降分值在 0～10 分之间。

公共环境得分提升的省市中，以江苏、浙江、广东、甘肃、北京 5 个省市提升幅度最大，得分均增加 20 分以上。其中江苏省由 2011 年的 72.40 分上升到 2020 年的100分，位居全国第一；此外，浙江省提升了27.35分，广东省提升了25.89分，甘肃省提升了23.67分，北京市提升了22.71分。说明这些省市的文化产业示范园区/基地、国家级旅游度假区等的数量近几年不断增加。

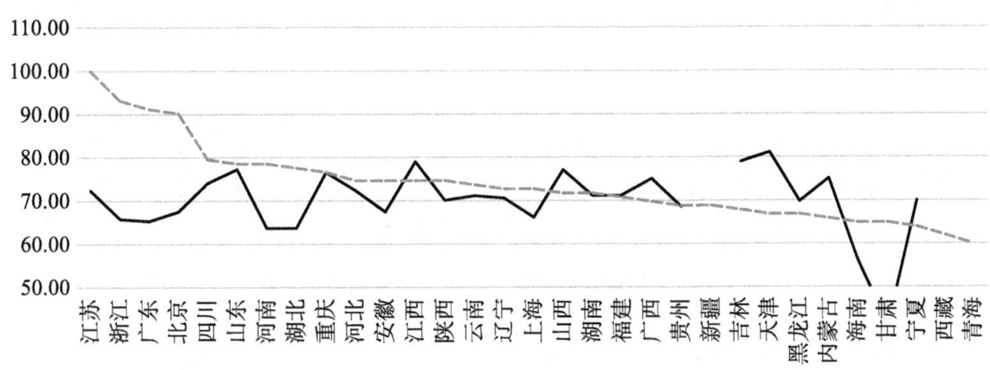

图3-32　2011年和2020年中国各省市文化产业公共环境变动情况

3. 创新环境分析

文化产业的发展速度与传播高度同时也依赖于相关科学技术的发展水平，其中商标品牌、知识产权、资源融合是文化产业持续创新发展的三个重要指标。前文已经提到，在驱动力指标的三个分指标中，2011—2020年创新环境指标平均得分下降2.97分，下降幅度不明显，是三个指标中变动幅度最小的指标。但是同时应该注意，2020年文化产业创新环境指标得分为十年来最低值。下面，通过三个重要测度变量指标来分析创新环境指标变化的具体原因。

（1）各省市创新环境分析。

2020年各省市文化产业创新环境状况如图3-33所示。其中北京、浙江、广东、上海4个省市的文化产业创新环境较好，得分领先于全国其他省市，尤其是北京市得分为93.67分，位居全国第一，浙江省为91.79分，位居全国第二。从区域分布看，排名前四的省市均位于东部地区，但也有部分东部地区省市创新环境相对较差，如海南、江苏、天津的创新环境均低于65分，但整体来看，东部地区省市的创新环境优于全国其他区域。西部地区省市中除四川省得分为66.49分外，其余省市均低于65分，其中青海、西藏、宁夏、内蒙古、新疆5个省市的创新环境全国最低；中部地区各省市得分在65分上下，湖北、河南相对领先；东北地区3个省市创新环境得分均相对较低。

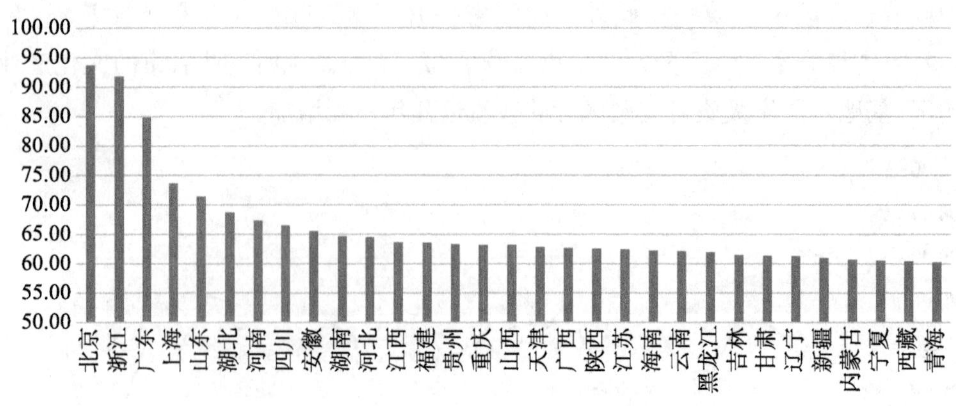

图 3-33　2020 年中国各省市文化产业创新环境状况

（2）创新环境变动情况。

如图 3-34 所示，从总体来看，与 2011 年相比，2020 年 29 个省市中有 11 个省市的文化产业创新环境得分提升，其余 18 个省市的创新环境得分下降。得分提升的省市中以北京、浙江、广东、上海 4 个省市提升最快，其中北京、浙江提升幅度最大，均在 20 分以上，北京市的创新环境得分由 2011 年的 70.67 分提升到 2020 年的 93.67 分，位居全国第一。可见东部地区省市的文化企业在商标品牌、知识产权、资源融合方面更具有优势。

而宁夏、福建、青海、山西、江西、吉林 6 个省市的文化产业创新环境得分下降幅度较大，降幅均在 15%以上，其中宁夏由 2011 年的 76.46 分下降到 2020 年的 60.57 分，排名全国倒数第三，降幅超过 20%。说明这些省市的文化企业在商标品牌、知识产权、资源融合等方面有待进一步提升，以增强文化产业的持续创新动力。

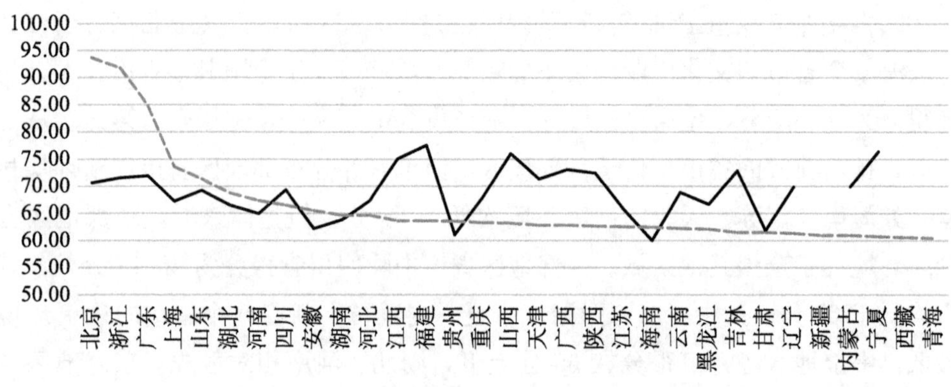

图 3-34　2011 年和 2020 年中国各省市文化产业创新环境变动情况

4. 驱动力指数影响因素分析

前文对驱动力指数的三个分指标——市场环境、公共环境以及创新环境分别进行了详细的分析，由此可以对各省市驱动力指数的变动原因做出解释。2011—2020年，浙江、北京、广东、上海等省市由于政府在文化创意品牌化、“文化商圈”计划、推动文化科技与文化商业融合、推进重大文化产业项目等方面进行了重点布局并给予大力支持，因此这些省市在文化产业市场环境、公共环境、创新环境三方面的得分都显著增长，助推其进入驱动力指数得分前五名的行列；其他省市在政府支持上还需进一步加大力度。

四、中国省市文化产业综合指数变动特征及其原因分析

中国省市文化产业发展指数的变动情况反映了我国文化产业发展的变动状况，以及不同要素对各省市文化产业发展的影响，据此可以发现各省市文化产业发展的优势与短板，为全面了解中国省市文化产业发展特征提供依据。

（一）中国省市文化产业综合指数变动特征

中国省市文化产业综合指数从整体上反映一个省市文化产业发展的综合水平。2011—2019年，我国省市文化产业发展综合指数稳定上升，连续九年持续保持了正增长的态势，但2020年是新冠肺炎疫情引发文化产业变革的特殊之年，疫情给各省市文化产业发展带来巨大冲击，不少文化企业生存面临严峻考验，内容生产与供给受到较大影响，线下聚集型文化消费受到明显抑制，国际文化贸易格局与交流方式发生显著变化，在这种危机与变局中，不少省市文化产业发展受到了影响，因此，2020年中国省市文化产业综合指数呈现出下降趋势。

1. 综合指数数值变动特征

（1）总体变动情况。

由图3-35可知，2011—2019年中国省市文化产业综合指数得分整体保持了持续增长，但上升的幅度不大；2020年各省市文化产业综合指数出现下降，得分均值为69.21分，相比2011年下降了2.61分，相比2019年下降了6.88分，是十年间的最低值，说明各省市文化产业发展的整体水平有小幅下降。

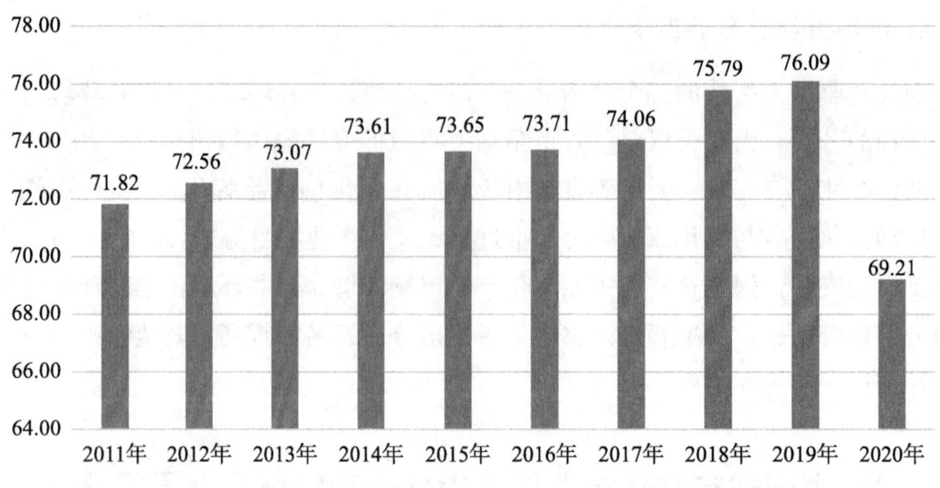

图 3-35　2011—2020 年中国省市文化产业综合指数平均值对比图

（2）具体变动情况。

由图 3-36 以及表 3-19 可知，与 2011 年相比，2020 年浙江、北京、广东、上海、河南、海南、湖北、甘肃、贵州 9 个省市实现了文化产业综合指数正增长，其余 20 个省市的文化产业综合指数降低。其中浙江、北京、广东 3 个省市的综合指数上涨幅度最大，均在 8 分以上。综合指数得分下降的 20 个省市中，天津、辽宁、陕西、内蒙古、吉林、山西、青海、福建、云南、江西、广西、湖南、河北均降低超过 5 分；重庆、四川、宁夏、江苏、黑龙江、山东、安徽下降分值在 0～5 分之间，微弱下降。

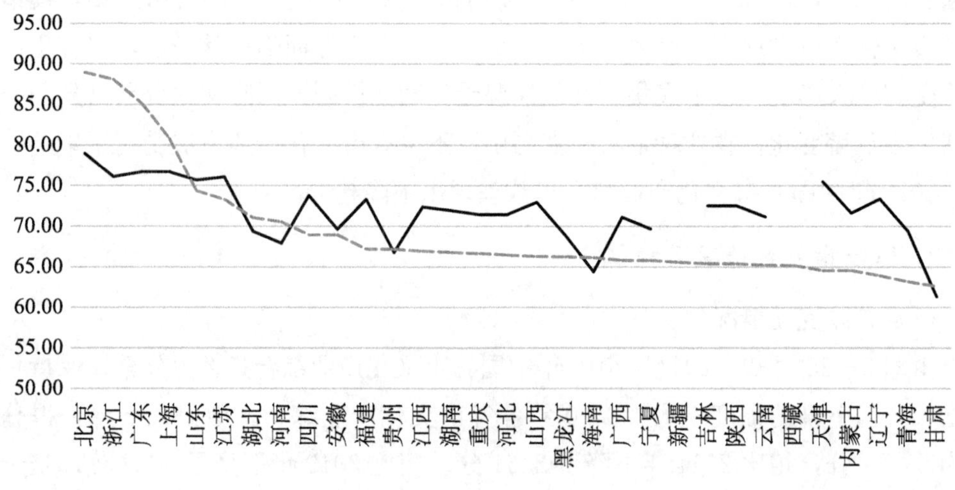

图 3-36　2011 年和 2020 年中国各省市文化产业发展综合指数变动图

表 3-19　2011—2020 年中国部分省市文化产业综合指数数值变动情况

省市	2011 年	2012 年	2013 年	2014 年	2015 年	2016 年	2017 年	2018 年	2019 年	2020 年	十年变动值
浙江	76.11	75.98	77.66	79.66	79.54	79.72	80.28	82.10	82.48	88.08	11.97
天津	75.51	78.89	75.63	72.28	71.43	74.40	74.86	76.21	75.60	64.57	−10.93
北京	78.99	79.80	79.46	82.08	81.41	84.72	84.29	85.47	82.67	88.94	9.95
辽宁	73.39	73.28	74.54	77.24	74.65	73.73	73.72	74.20	72.94	63.93	−9.45
广东	76.70	77.71	78.09	79.55	79.49	79.23	77.37	80.07	80.37	85.11	8.41
陕西	72.51	71.82	73.70	72.29	72.08	72.90	74.04	75.18	76.77	65.23	−7.28
内蒙古	71.65	71.54	71.52	69.86	70.52	72.59	71.68	75.55	75.94	64.42	−7.22
吉林	72.55	73.09	72.05	69.99	72.88	70.75	71.48	74.64	75.97	65.41	−7.14
山西	72.96	72.44	72.40	73.78	70.98	72.20	71.77	72.47	73.47	66.26	−6.71
青海	69.41	71.21	67.95	73.61	72.04	72.04	72.30	72.21	72.91	63.20	−6.21

注：本表只显示我国 2011—2020 年文化产业综合指数变动值绝对值排名前 10 位的省市指数结果及变化情况。

（3）区域变动情况。

图 3-37 显示了 2020 年各地区文化产业综合指数相对于 2011 年的变动情况，其中东北地区 3 个省市的文化产业综合指数均降低，80%的西部地区省市文化产业综合指数降低，67%的中部地区省市综合指数降低，东部地区也有 50%的省市综合指数降低。整体来看，东部地区、中部地区文化产业的抗逆能力更强，在全国文化产业综合指数整体下降的情况下仍有接近一半的省市文化产业综合指数逆势上升。

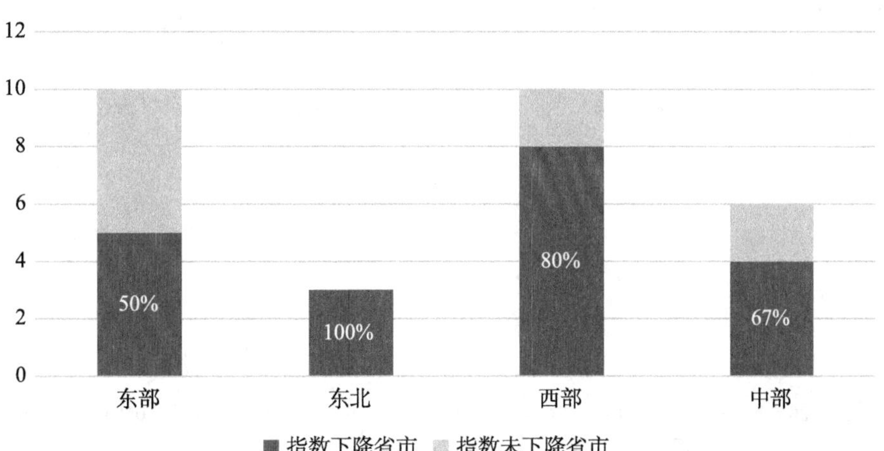

图 3-37　东中西部和东北地区文化产业综合指数下降的省市数量及占比

图 3-38 显示了各地区省市文化产业综合指数 2011—2020 年的变动趋势。可

以发现，整体来看，东部地区文化产业综合指数处于全国领先地位，得分大部分分布在70～85分之间，最高值为北京市，2020年的综合指数得分为88.94分；从变化趋势来看，除2020年部分省市综合指数下降外，东部地区近十年整体呈增长态势。东北地区、中部地区十年来文化产业综合指数得分大部分分布在70～75分之间，中部地区2011—2019年整体呈现上升趋势，但2020年全部呈现下降趋势。西部地区的文化产业综合指数得分整体来看处于全国末端，十年来大部分省市得分分布在70分上下，前九年呈现一定的上涨趋势，2020年全部下降。

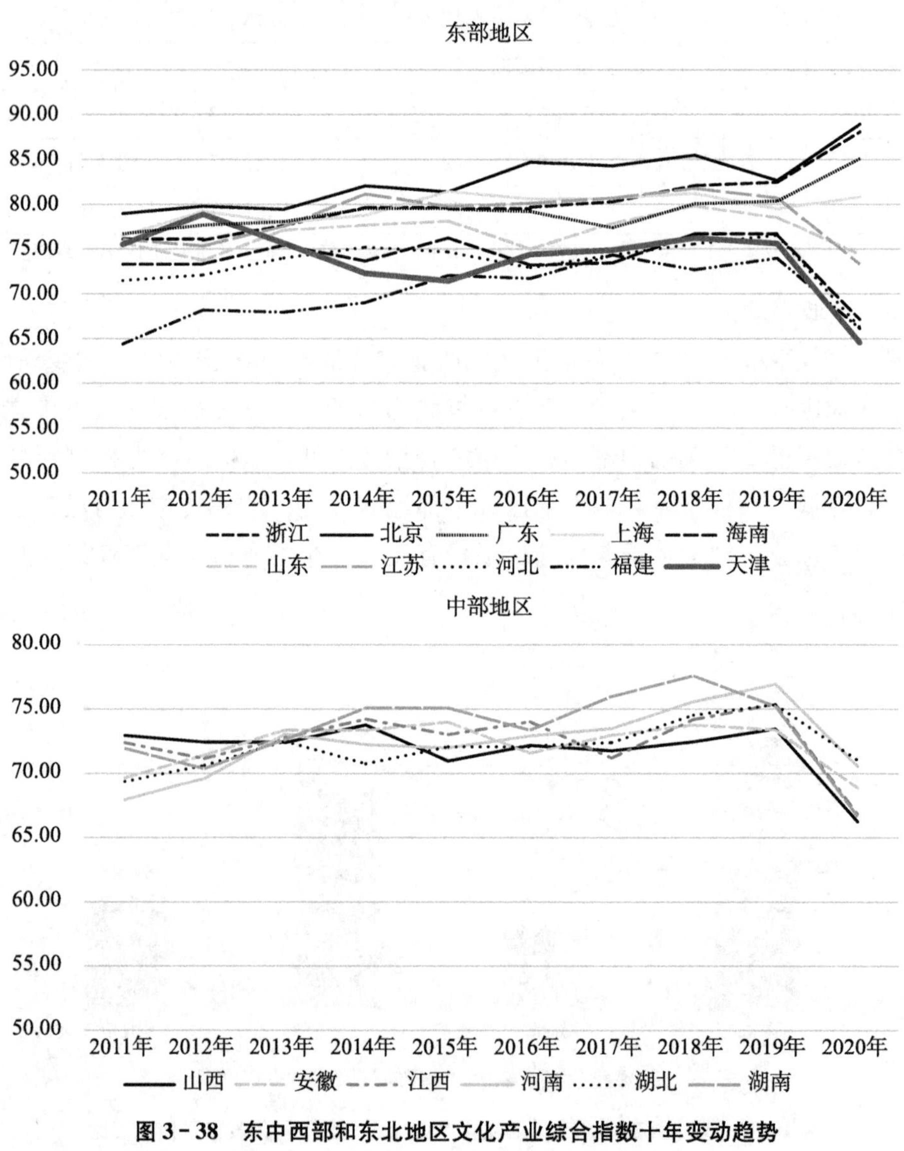

图3-38 东中西部和东北地区文化产业综合指数十年变动趋势

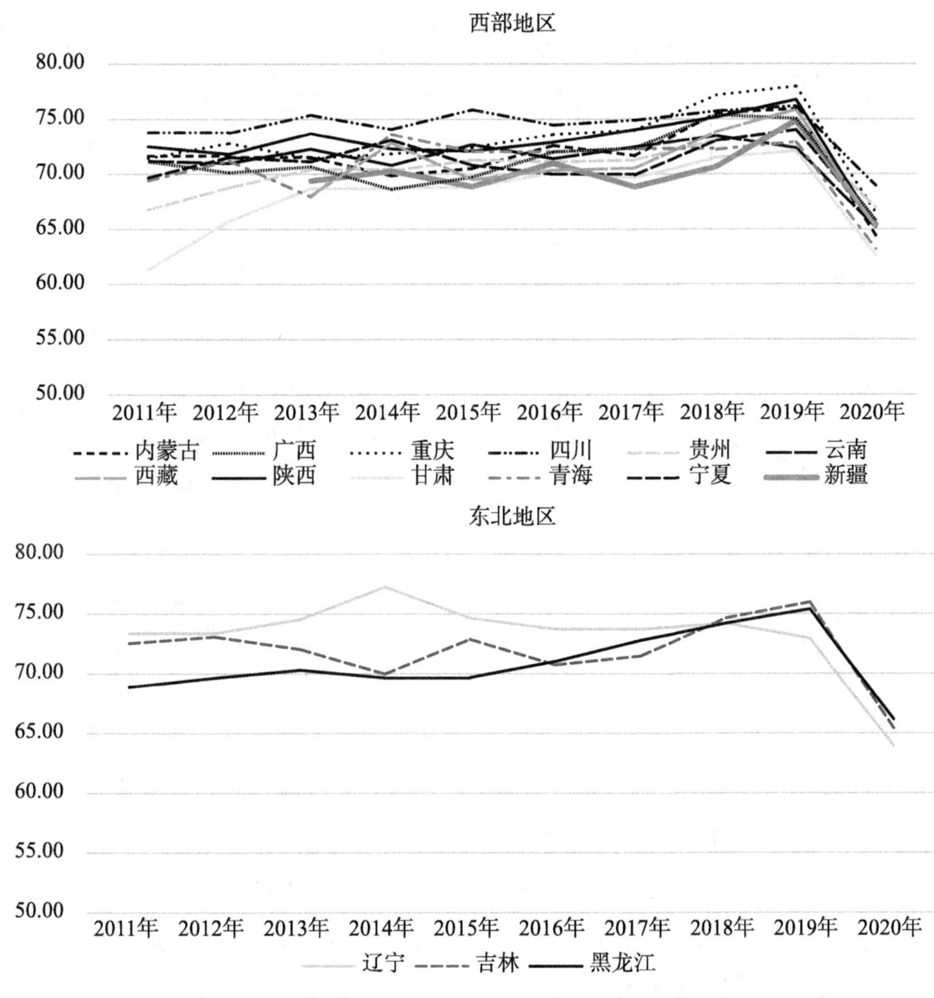

图 3－38　东中西部和东北地区文化产业综合指数十年变动趋势（续）

2. 综合指数排名变动特征

表 3－20 显示了 2011—2020 年文化产业综合指数排名前 15 的省市。其中，北京市除 2015 年排名第二外，连续 9 年稳居全国第一，其作为全国文化中心的地位凸显。除此之外，连续十年排名全国前 15 的省市还有广东、上海、浙江、江苏、山东、四川 6 个省市，其中浙江省 2018—2020 年连续三年排名第二，江苏省 2015—2019 连续五年排名第三，2020 年下降为第六名。

表 3－20　2011—2020 年中国文化产业综合指数排名前 15 的省市列表

排名	2011 年	2012 年	2013 年	2014 年	2015 年	2016 年	2017 年	2018 年	2019 年	2020 年
1	北京	北京	北京	北京	上海	北京	北京	北京	北京	北京

续表

排名	2011年	2012年	2013年	2014年	2015年	2016年	2017年	2018年	2019年	2020年
2	广东	上海	广东	江苏	北京	上海	上海	浙江	浙江	浙江
3	上海	天津	上海	浙江	江苏	江苏	江苏	江苏	江苏	广东
4	浙江	广东	浙江	广东	浙江	浙江	浙江	上海	广东	上海
5	江苏	浙江	江苏	上海	广东	广东	山东	广东	上海	山东
6	山东	江苏	山东	山东	山东	山东	广东	山东	山东	江苏
7	天津	四川	天津	辽宁	福建	四川	湖南	湖南	重庆	湖北
8	四川	山东	福建	河北	四川	天津	四川	重庆	河南	河南
9	辽宁	福建	四川	湖南	湖南	江西	天津	福建	陕西	四川
10	福建	辽宁	辽宁	江西	河北	辽宁	河北	天津	福建	安徽
11	山西	吉林	河北	四川	辽宁	重庆	海南	四川	河北	福建
12	吉林	重庆	陕西	山西	安徽	湖南	陕西	河北	四川	贵州
13	陕西	山西	安徽	福建	江西	福建	重庆	河南	吉林	江西
14	江西	河北	河南	青海	吉林	河北	辽宁	内蒙古	内蒙古	湖南
15	湖南	陕西	江西	安徽	云南	河南	河南	广西	西藏	重庆

从具体变动情况来看，如表3-21所示，2011—2020年间，29个省市中，北京、广西、宁夏3个省市的排名未发生变化，北京稳居全国第一，宁夏排名第21位，广西排名第20位；有14个省市的文化产业综合指数排名下降，包括天津、辽宁、内蒙古、吉林、陕西、青海、山西、云南、甘肃、上海、江苏、福建、广东、四川，其中天津、辽宁两个省市的排名下降幅度最大，下降了20位（辽宁省由2011年的第9位下降到2020年的第29位，天津市由2011年的第7位下降到2020年的第27位）；有12个省市的文化产业综合指数排名上升，包括河南、湖北、贵州、安徽、海南、黑龙江、重庆、浙江、河北、湖南、江西、山东，其中河南、湖北、贵州3个省市的综合指数排名上升最快，均上升了15位以上（河南省由2011年的第26位上升到2020年的第8位，湖北省由2011年的第24位上升至2020年的第7位）。

表3-21　2011—2020年中国部分省市文化产业综合指数排名变动表

省市	2011年	2012年	2013年	2014年	2015年	2016年	2017年	2018年	2019年	2020年	十年变动值
天津	7	3	7	19	22	8	9	10	16	27	−20
辽宁	9	10	10	7	11	10	14	20	28	29	−20

续表

省市	2011 年	2012 年	2013 年	2014 年	2015 年	2016 年	2017 年	2018 年	2019 年	2020 年	十年变动值
河南	26	26	14	20	21	15	15	13	8	8	18
湖北	24	22	17	23	17	19	20	18	19	7	17
贵州	27	27	25	24	23	25	26	25	24	12	15
内蒙古	16	16	21	27	26	17	24	14	14	28	−12
安徽	22	18	13	15	12	23	17	23	27	10	12
吉林	12	11	20	26	14	28	25	17	13	23	−11
陕西	13	15	12	18	18	16	12	16	9	24	−11
海南	28	28	30	29	19	22	11	27	25	19	9
青海	23	19	31	14	20	20	22	29	29	30	−7
黑龙江	25	25	26	28	28	26	18	19	17	18	7
山西	11	13	18	12	24	18	23	28	26	17	−6
云南	19	21	19	22	15	24	19	24	30	25	−6
重庆	18	12	22	21	16	11	13	8	7	15	3

注：本表只显示 2011—2020 年综合指数排名变动绝对值前 15 位的省市综合指数排名结果及变化情况。

3. 综合指数增长速度变动特征

如表 3－22 与图 3－39 所示，2011—2020 年中国各省市的文化产业综合指数有升有降，29 个省市的综合指数增长率基本可以分为五个梯队：第一梯队为浙江、北京、广东，这 3 个省市的文化产业发展水平增长速度非常快，增长幅度均在 10％以上，其中浙江省增长幅度最大，综合指数由 2011 年的 76.11 分上升到 2020 年的 88.08 分，增幅为 15.72％；第二梯队为上海、河南、海南、湖北、甘肃、贵州 6 个省市，这些省市的综合指数增长速度略低于第一梯队，增速在 0～6％之间，文化产业发展有小幅进步；第三梯队包括安徽、山东、江苏、黑龙江 4 个省市，这些省市的文化产业综合指数有小幅度的下降，降幅在 1％～5％之间；第四梯队包括宁夏、四川、重庆、河北、湖南、广西、江西等 12 个省市，这些省市的文化产业综合指数下降幅度在 5％～10％之间，说明这些省市 2020 年文化产业发展受到一定程度的冲击；第五梯队包括陕西、内蒙古、辽宁、天津，这 4 个省市的降速最快，降幅在 10％以上，其文化产业发展值得进一步关注。

表 3-22　2011—2020 年中国部分省市文化产业综合指数增/降速表

省市	2011 年	2012 年	2013 年	2014 年	2015 年	2016 年	2017 年	2018 年	2019 年	2020 年	增/降速
浙江	76.11	75.98	77.66	79.66	79.54	79.72	80.28	82.10	82.48	88.08	15.72%
天津	75.51	78.89	75.63	72.28	71.43	74.40	74.86	76.21	75.60	64.57	−14.48%
辽宁	73.39	73.28	74.54	77.24	74.65	73.73	73.72	74.20	72.94	63.93	−12.88%
北京	78.99	79.80	79.46	82.08	81.41	84.72	84.29	85.47	82.67	88.94	12.60%
广东	76.70	77.71	78.09	79.55	79.49	79.23	77.37	80.07	80.37	85.11	10.97%
内蒙古	71.65	71.54	71.52	69.86	70.52	72.59	71.68	75.55	75.94	64.42	−10.08%
陕西	72.51	71.82	73.70	72.29	72.08	72.90	74.04	75.18	76.77	65.23	−10.04%
吉林	72.55	73.09	72.05	69.99	72.88	70.75	71.48	74.64	75.97	65.41	−9.84%
山西	72.96	72.44	72.40	73.78	70.98	72.20	71.77	72.47	73.47	66.26	−9.20%
青海	69.41	71.21	67.95	73.61	72.04	72.04	72.30	72.21	72.91	63.20	−8.95%

注：本表只显示我国 2011—2020 年文化产业综合指数增/降速绝对值排名前 10 位的省市指数结果及变化情况。

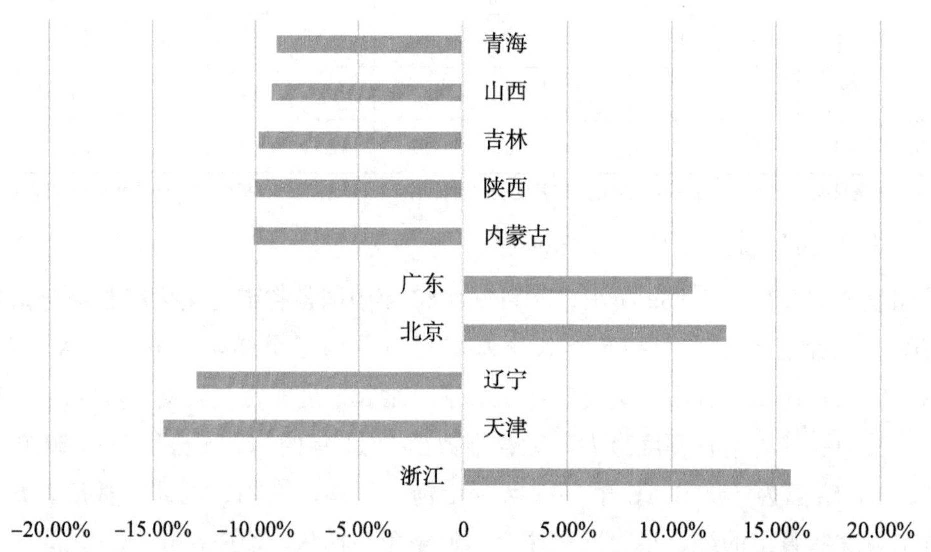

图 3-39　2011—2020 年中国部分省市文化产业综合指数增/降速图

注：本图为示意图，只显示 2011—2020 年文化产业综合指数增/降速绝对值排名前 10 位的省市指数结果及变化情况。

4. 综合指数变异系数变动特征

(1) 总体变动情况。

如图 3-40 所示，从总体来看，2020 年中国各省市文化产业综合指数变异系数均值比 2011 年降低了 0.011，降幅为 19.6%。可见，各省市文化产业发展的均衡度显著提高。

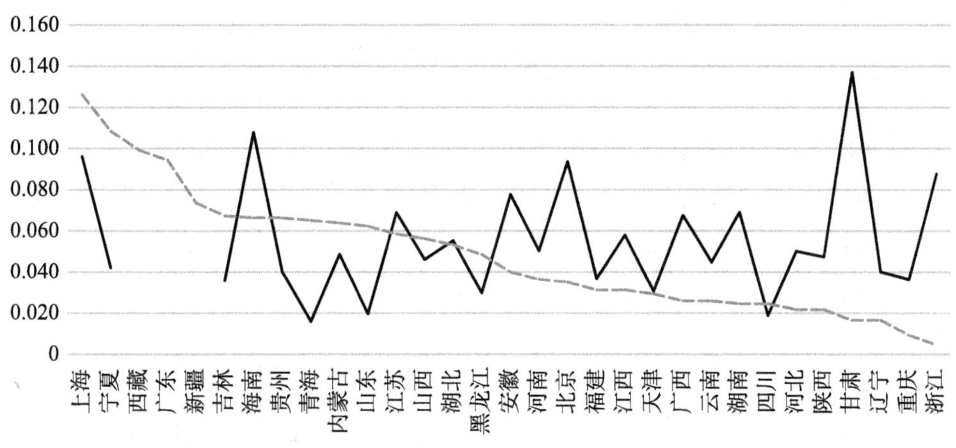

图 3 - 40　2011 年和 2020 年中国各省市文化产业综合指数变异系数变动情况图

(2) 具体变动情况。

由表 3 - 23 可知，2011—2020 年甘肃、浙江、北京、湖南、广西、海南、安徽、河北、重庆、江西、陕西、辽宁等 18 个省市的文化产业综合指数变异系数下降，其中浙江、甘肃、重庆、湖南、北京、广西、辽宁、河北、陕西 9 个省市的综合指数变异系数下降幅度超过 50%，尤其是浙江省下降幅度为 94.7%，说明这些省市十年间文化产业发展均衡度显著提升。另外还有 11 个省市的文化产业综合指数变异系数增大，其中以青海、山东、宁夏 3 个省市的综合指数变异系数增长幅度最大，均超过一倍，其中青海省的综合指数变异系数由 2011 年的 0.016 增长至 2020 年的 0.049，增长幅度超过 3 倍，其次是山东省，变异系数由 2011 年的 0.020 增长至 2020 年的 0.043，增长幅度超过 2 倍，说明这些省市的文化产业发展均衡度问题有所加剧，需要重点改善。

表 3 - 23　2011—2020 年中国各省市文化产业综合指数变异系数变动情况表

省市	2011 年	2012 年	2013 年	2014 年	2015 年	2016 年	2017 年	2018 年	2019 年	2020 年	十年变动值
北京	0.094	0.023	0.012	0.031	0.091	0.094	0.071	0.111	0.069	0.035	−0.059
天津	0.031	0.020	0.073	0.023	0.026	0.051	0.057	0.082	0.055	0.029	−0.001
河北	0.050	0.042	0.016	0.021	0.006	0.017	0.014	0.017	0.040	0.022	−0.028
山西	0.046	0.054	0.050	0.040	0.003	0.033	0.030	0.026	0.050	0.056	0.010
内蒙古	0.049	0.070	0.045	0.021	0.017	0.032	0.053	0.077	0.056	0.064	0.015
辽宁	0.040	0.024	0.018	0.051	0.070	0.023	0.020	0.026	0.039	0.016	−0.025

续表

省市	2011年	2012年	2013年	2014年	2015年	2016年	2017年	2018年	2019年	2020年	十年变动值
吉林	0.036	0.053	0.043	0.007	0.062	0.028	0.032	0.098	0.088	0.067	0.032
黑龙江	0.030	0.043	0.044	0.009	0.013	0.032	0.049	0.073	0.067	0.049	0.019
上海	0.096	0.057	0.064	0.066	0.082	0.052	0.056	0.078	0.065	0.126	0.030
江苏	0.069	0.025	0.021	0.040	0.038	0.018	0.053	0.042	0.028	0.058	−0.011
浙江	0.088	0.036	0.035	0.044	0.044	0.009	0.028	0.047	0.050	0.005	−0.083
安徽	0.078	0.055	0.029	0.034	0.028	0.016	0.015	0.023	0.022	0.040	−0.038
福建	0.037	0.032	0.036	0.028	0.059	0.015	0.014	0.030	0.026	0.031	−0.006
江西	0.058	0.039	0.034	0.045	0.026	0.024	0.032	0.058	0.045	0.031	−0.027
山东	0.020	0.007	0.038	0.043	0.069	0.069	0.036	0.033	0.039	0.062	0.043
河南	0.050	0.037	0.018	0.034	0.035	0.013	0.017	0.053	0.045	0.036	−0.014
湖北	0.055	0.033	0.018	0.012	0.015	0.003	0.041	0.045	0.051	0.053	−0.002
湖南	0.069	0.031	0.018	0.045	0.021	0.020	0.038	0.058	0.015	0.025	−0.045
广东	0.081	0.070	0.074	0.056	0.039	0.032	0.040	0.026	0.031	0.094	0.014
广西	0.068	0.056	0.054	0.014	0.007	0.030	0.052	0.092	0.081	0.026	−0.042
海南	0.108	0.034	0.031	0.044	0.088	0.083	0.120	0.078	0.071	0.066	−0.042
重庆	0.037	0.050	0.028	0.047	0.046	0.059	0.109	0.096	0.070	0.009	−0.027
四川	0.019	0.045	0.050	0.049	0.012	0.028	0.016	0.009	0.024	0.024	0.005
贵州	0.040	0.058	0.046	0.046	0.088	0.037	0.051	0.072	0.059	0.066	0.026
云南	0.045	0.023	0.014	0.011	0.029	0.026	0.017	0.025	0.026	0.026	−0.019
西藏	—	—	0.024	0.087	0.028	0.051	0.053	0.061	0.056	0.099	—
陕西	0.047	0.032	0.017	0.012	0.023	0.026	0.019	0.019	0.010	0.021	−0.026
甘肃	0.137	0.036	0.012	0.005	0.028	0.020	0.046	0.048	0.050	0.017	−0.121
青海	0.016	0.024	0.012	0.088	0.099	0.078	0.075	0.071	0.064	0.065	0.049
宁夏	0.042	0.067	0.068	0.094	0.061	0.041	0.037	0.069	0.050	0.109	0.066
新疆	—	—	0.032	0.058	0.022	0.050	0.083	0.067	0.059	0.074	—
均值	0.056	0.041	0.035	0.037	0.042	0.035	0.043	0.055	0.048	0.046	−0.011

（二）中国省市文化产业综合指数变动原因分析

1. 综合指数变动原因分析

文化产业综合指数是由三个文化产业分指标（产业生产力、产业影响力、产业驱动力）按照一定的权重综合所得，它系统地反映了一个省市文化产业发展的综合水平。文化产业综合指数的变动特征是三个分指标变动综合作用的结果。根据本章前三节对文化产业三个分指标的变动特征描述及其原因分析，也就不难解释本节综合指数的变动特征。

2011—2020 年，天津、辽宁两省市的文化产业综合指数排名下降最严重，由 2011 年的前 10 名分别下降到 2020 年的第 27 名、第 29 名。对比前文分析可以发现，十年间，天津市的文化产业生产力、影响力、驱动力指标均大幅度下降，尤其是产业驱动力指标，数值下降 14.72 分，排名下降 19 位，说明天津市的文化产业发展市场环境、公共环境、创新环境欠佳，有待政府在这些方面进一步进行重点布局并加大支持；而辽宁省的文化产业综合指数排名下降则主要是由生产力指标、影响力指标的降低引起的，其中生产力指标降低了 12.97 分，影响力指标降低了 7.83 分，说明辽宁省的文化资源、文化资本、人力资源以及文化企业收入规模、品牌影响等方面在十年间的发展效能逐渐降低，有待进一步提升。

河南、湖北两省的文化产业综合指数排名上升最快，分别上升了 18 位、17 位，其中河南省 2019 年、2020 年连续两年排名第 8，湖北省 2020 年排名第 7。通过前文分析可以发现，河南省的生产力指数、影响力指数、驱动力指数十年来均有所增长，但增长幅度非常小，三个分指标的增长值分别为 4.53 分、0.08 分、2.30 分，但由于 2020 年大部分省市的文化产业发展受到了新冠肺炎疫情的巨大冲击，产业生产力、驱动力、影响力均大幅下降，这种情况下，河南省的文化产业依然能够保持稳定中有小幅增长，促使其在全国的排名大幅度上升。湖北省与河南省的情况十分类似，十年间生产力指数、影响力指数、驱动力指数三个分指标分别增长 0.18 分、1.6 分、2.07 分，均有小幅度增长。可见，河南省、湖北省的文化产业发展抗逆性和稳定性非常强。

2. 变异系数变动原因分析

文化产业发展不均衡始终是我国文化产业发展面临的一个严峻问题，以 2020 年文化产业综合指数排名前五位的省市——北京、浙江、广东、上海、山东为例，其中浙江省的文化产业发展均衡性最好，2020 年综合指数变异系数为 0.005，是全国最小值；北京市的变异系数为 0.035，为近六年的最低值，说明北京近几年文化产业发展的均衡度有所提升。

然而这 5 个省市中有部分省市的变异系数较大，存在较为严重的短板因素。如上海市，2020 年综合指数变异系数为 0.126，为全国变异系数最大的省市，其影响力指数得分为 91.72 分，而生产力指数与驱动力指数得分分别是 73.26 分与 75.34

分，即上海市在文化企业的收入规模、品牌影响等方面较为突出，但在文化产业生产力、驱动力方面有待进一步提升。具体分析可以发现，上海市文化产业的文化出口得分较高，为 93.88 分，位居全国第一，但是其在文化资源、注册资本、人力资源、资本活跃、投资吸引、知识产权、资源融合等方面相对其他排名靠前的省市而言得分相对较低，有待进一步通过制度安排及产业布局推动以上方面的发展。

广东省 2020 年综合指数变异系数为 0.094，其 2020 年文化产业生产力得分为 93.94 分，排名全国第一，驱动力得分为 82.63 分，排名全国第三，但其影响力得分相对偏低，为 78.41 分。具体来看，其收入规模得分为 78.96 分，相对于北京市的 88.52 分、上海市的 95.69 分、浙江省的 88.52 分来说处于弱势地位，可见广东省文化产业发展的重点是提高文化企业的收入水平。

山东省 2020 年综合指数变异系数为 0.062，数值也较大，其生产力指标在全国各省市中排名第 4，驱动力指标排名第 5，但影响力指标排名第 13，相对靠后。具体来看，2020 年山东省文化产业文化资源、注册资本、人力资源分别排名全国第 4、第 5、第 3，说明其文化产业生产力相对较好；而其资本活跃度、投资吸引力也较好，分别排名全国第 4 与第 3，文化出口、知识产权、资源融合方面发展也相对较好，均排名全国第 5，说明山东省文化产业发展的驱动力较强；但其收入规模得分较低，排名全国第 17，说明山东省的文化产业企业收入有待进一步提升。

第四章　2019—2020 年中国文化产业发展区域分析

“十三五”时期是全面建成小康社会的决胜阶段，也是促进文化繁荣发展的关键时期。这一时期，我国文化产业的发展取得了辉煌成就。一系列优秀的文化产品喷涌而出，一批规模化、实力强的文化企业逐渐成长，市场结构不断优化，产业发展迎来一个个新增长点。2020 年是“十三五”规划收官之年，文化事业和文化产业繁荣发展，文化软实力显著增强。本章将通过分析 2019—2020 年各省市文化产业发展综合指数以及一级指数和二级指数来阐述我国文化产业发展的区域特征，并对发展强势区域和弱势区域的特征、决定要素和典型省市进行重点分析。

一、中国文化产业发展区域特征

由于不同省市资源禀赋、产业要素、发展环境等的差异，文化产业发展也呈现出不同的区域特征。本节通过深入研究生产力指数、影响力指数和驱动力指数及其细分指标数据，对我国各省市文化产业的特征进行总结分析。

(一) 中国文化产业发展区域现状

从 2019—2020 年文化产业发展综合指数来看（见图 4－1、图 4－2），区域发展指数呈阶梯状分布，其中北京、浙江、广东、上海、山东、江苏连续两年的综合指数值都在 73 分以上，这些省市是我国近两年内文化产业比较发达的区域；辽宁、青海、甘肃等 2020 年的综合指数值在 64 分以下，属于我国文化产业比较落后的区域；而湖北、河南、四川、安徽、福建、贵州、江西、湖南、重庆等是我国文化产业处于中间水平的区域。从图中可以看出，文化产业综合指数排名靠前的省市大多位于经济发展水平比较高的地区，如排名靠前的 10 个省市中，2019 年和 2020 年分别有 7 个和 6 个来自经济相对发达的东部地区。文化产业综合指数排名靠后的省市有相当一部分位于经济发展水平比较低的地区，如排名靠后的 10 个省市中，2019 年和 2020 年分别有 6 个和 7 个来自经济欠发达的西部地区。

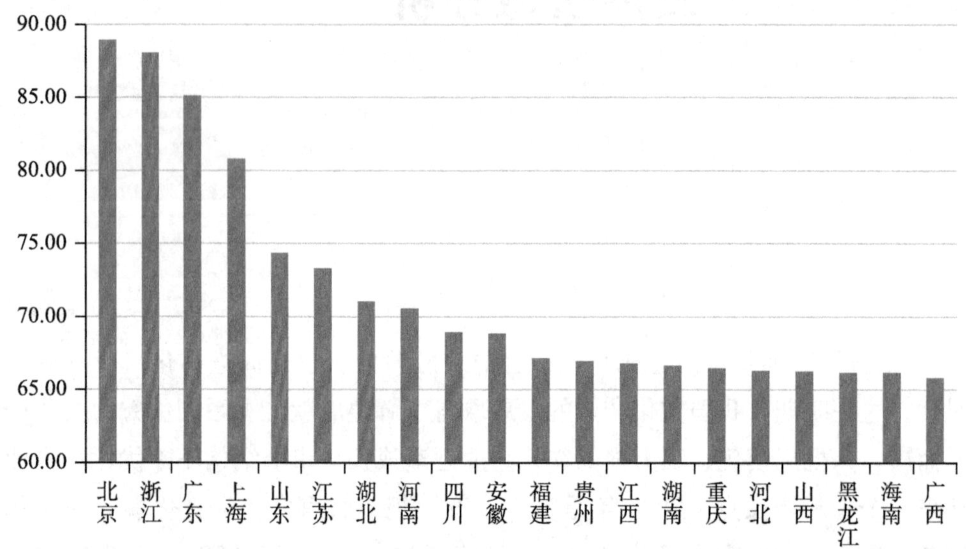

图 4-1　2020 年中国部分省市文化产业综合指数

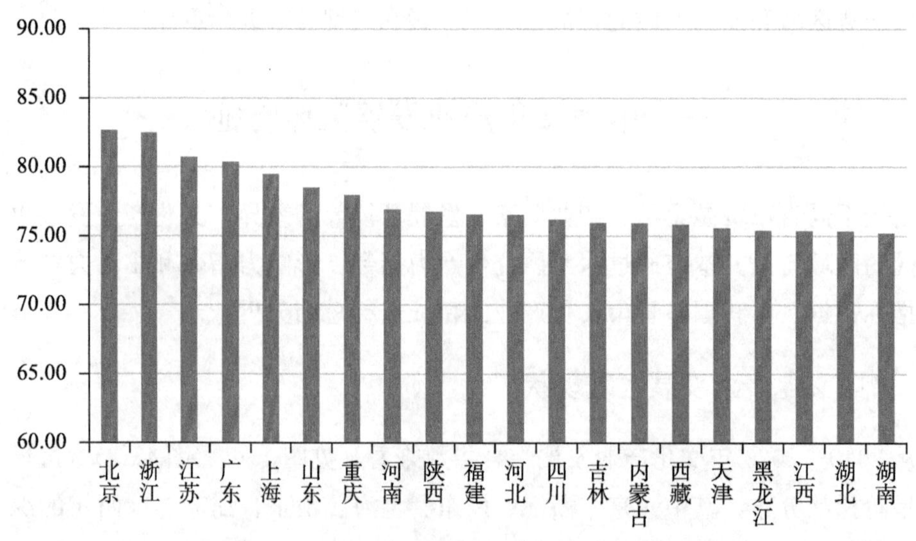

图 4-2　2019 年中国部分省市文化产业综合指数

从第二章第一节阐述的理论模型可知，文化产业综合指数是文化产业生产力指数、影响力指数、驱动力指数三个一级要素指标等权重平均得到的。图 4-3、

图 4－4 分别展示了 2020 年和 2019 年三个一级指标指数的折线图。

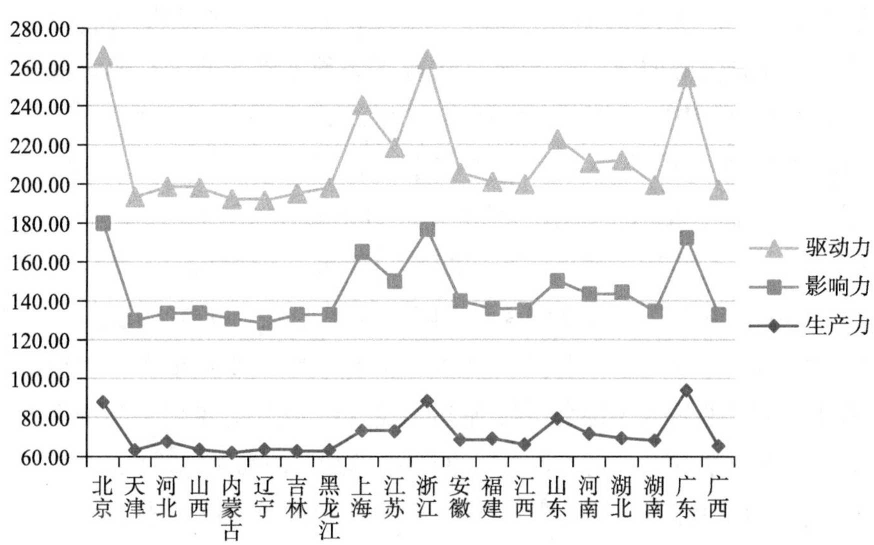

图 4－3　2020 年中国部分省市一级指标指数堆积折线图

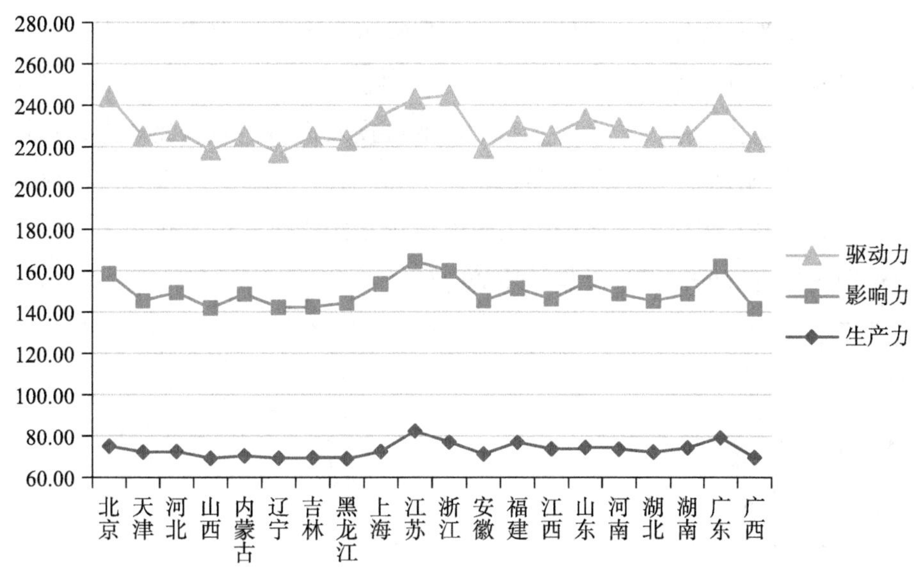

图 4－4　2019 年中国部分省市一级指标指数堆积折线图

从总体上来看，各个一级指标指数和综合指数的变动方向大体一致，但各个指标内部也存在不同程度的波动，且呈现出不同的特征。

1. 生产力指数

生产力指数主要衡量的是文化产业生产要素的投入情况。

如图4-5、图4-6所示，从整体上来看，2020年生产力指数数值区域差异明显，相较于2019年，广东、浙江、北京、山东、上海5个东部地区省市生产力指数有所上升且领先优势明显，其余省市均有不同程度的下降。广东、浙江、北京2020年生产力指数突破80分，较2019年提升了10分以上，说明这三个省市在文化投入方面具有明显的优势，尤其是广东独占鳌头，2020年生产力指数达到93.94。山东、上海、江苏、河南、四川生产力指数居于70～80之间，湖北、福建、安徽、湖南等省市生产力指数居于60～70之间，除山东和上海生产力指数稳中有升外，其余省市生产力指数均有所下降，说明大部分省市文化投入相对不足。生产力指数的排名总体上和综合指数的排名大体一致，2020年生产力指数排名前10位的省市中有9个进入了综合指数前10位之列，这充分说明了生产力投入对文化产业发展的影响作用，文化产业发达的地区大多有雄厚的资源条件。值得注意的是，生产力指数和综合指数在某些省市也存在着较大的不一致，部分省市综合指数排名相对靠前，但生产力指数排名居中甚至靠后。例如2020年贵州省综合指数居于第12位，但生产力指数排在第18位，说明贵州文化产业发展总体较好，但生产力表现不足，需要补齐短板。此外，也有部分省市生产力指数排名居中，但综合指数排名相对靠后，其中差异最大的是辽宁省，其生产力指数排名为第20位，这说明辽宁省在发展文化产业的过程中具有一定的可投入资源，但其综合指数却排在较低的第29位，说明辽宁没有把握好资源优势，不过也可能是影响综合指数的其他指数过低而导致的。下面根据生产力指数的三个二级指标——文化资源、文化资本和人力资源对各省市的特征进行进一步的分析。

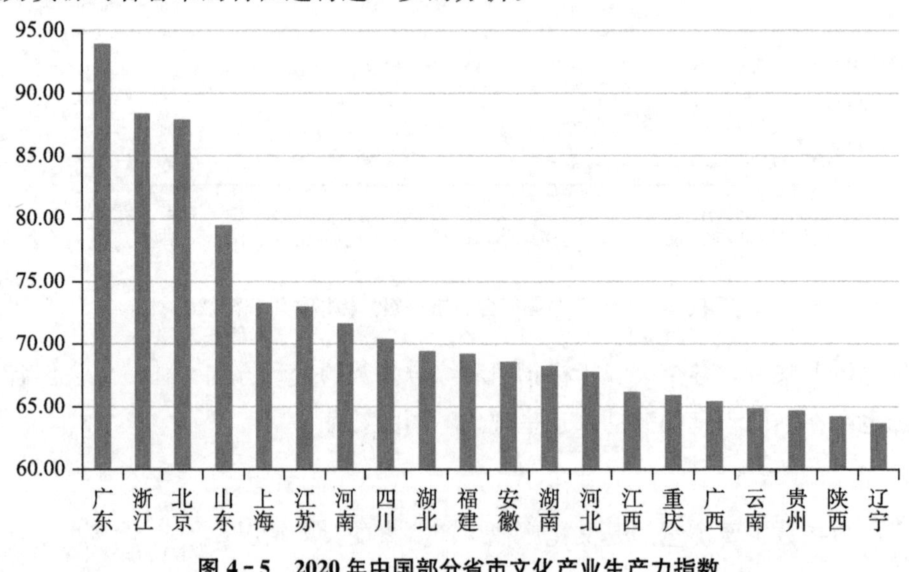

图4-5　2020年中国部分省市文化产业生产力指数

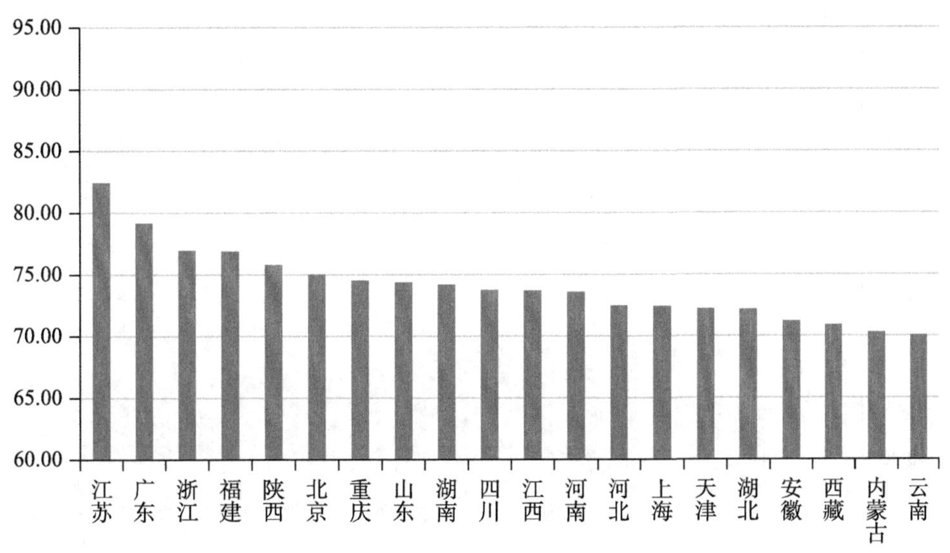

图 4-6　2019 年中国部分省市文化产业生产力指数

（1）文化资源。

文化资源主要是指文化产业企业在新闻信息服务、内容创作生产、创意设计服务、文化传播渠道、文化投资运营、文化娱乐休闲服务等领域的企业资源，文化资源丰富与否的衡量指标是文化产业企业的数量。从图 4-7、图 4-8 中可以看出，浙江、广东、北京 3 个省市的文化资源指数连续两年位于前 10 名，文化资源指数值 2020 年均达到 89 分以上。其中，浙江省和广东省在文化产业存量企业数量上表

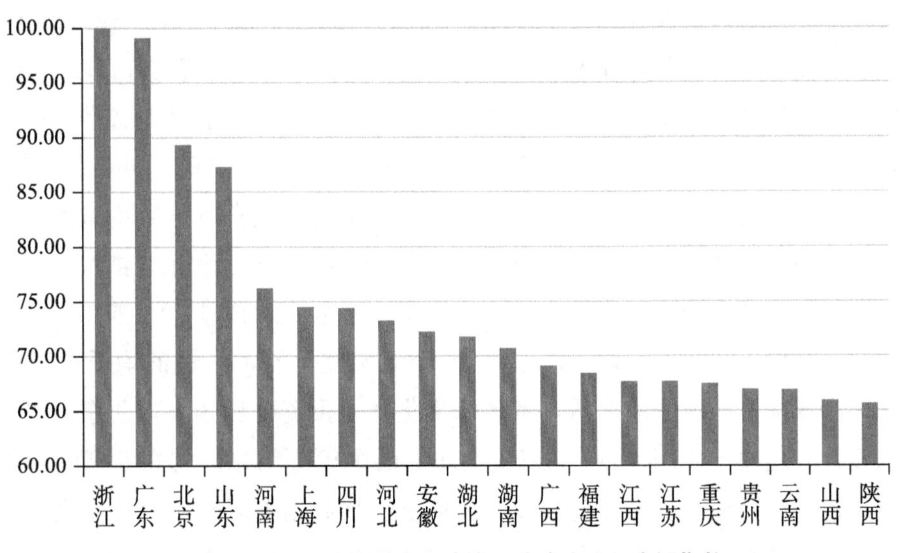

图 4-7　2020 年中国部分省市文化产业文化资源指数

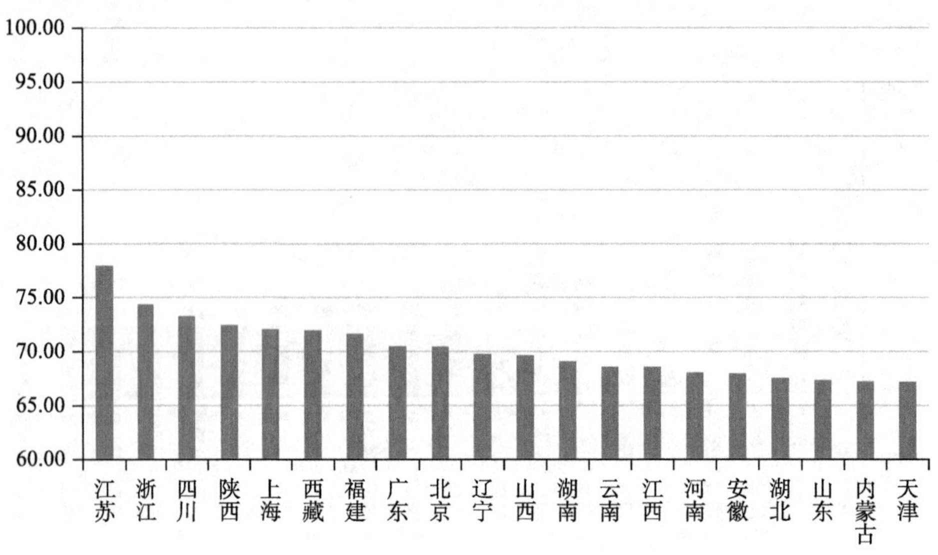

图 4-8　2019 年中国部分省市文化产业文化资源指数

现突出，均突破了 40 万大关，超过了排名后 10 位省市的企业数量总和。2019 年和 2020 年文化资源指数值均在 70 以上的省市有 5 个。北京和山东的文化产业存量企业数量均超过了 20 万家，依然处于头部位置。河南、上海、四川、河北、安徽、湖北、湖南等省市的文化产业存量企业数量也超过了 10 万家，发展基础良好。青海、西藏等区域文化资源依然薄弱，文化产业存量企业数量不足 1 万家，有待进一步提高。

（2）文化资本。

文化资本从各省市文化产业注册资本总额的角度来衡量文化产业生产力水平，进而评价各地文化产业发展水平。从图 4-9、图 4-10 中可以看出，2020 年北京以 100 的文化资本指数值高居榜首，从 2019 年的第 19 名跃升至第 1 名且远高于其他省市，说明北京市文化资本投入力度猛增。从整体上来看，2020 年除北京、浙江、广东、上海文化资本指数有所提升外，其余各省市的文化资本指数均有所下降，80 分以上的省市数量由 2019 年的 19 个下降到 2020 年的 3 个。北京、浙江、广东、上海、山东跃升为文化资本的强势省市，文化资本指数值均超过 70。四川、福建、安徽、湖北、江西、河南、云南、海南等 26 个省市文化资本指数值均低于 70。从实际的文化产业存量企业资本来看，各省市文化产业投资差异较大，北京、浙江处于领先地位，均超过了 10 亿元；广东、上海、山东优势明显，均在 5 亿元以上；其余省市文化产业存量企业资本都在 4 亿元以下。从数据可以看出，我国文化产业的企业投资差异较大，资源相对聚集在东部发达省市，北京、浙江、广东、上海、山东 5 个省市的文化产业存量企业资本总额占到了全国总额的 58%，其他省市投资水平整体较低，在很大程度上制约了我国文化产业的发展。因此，文化产业的固定资产投资力度有待增强。

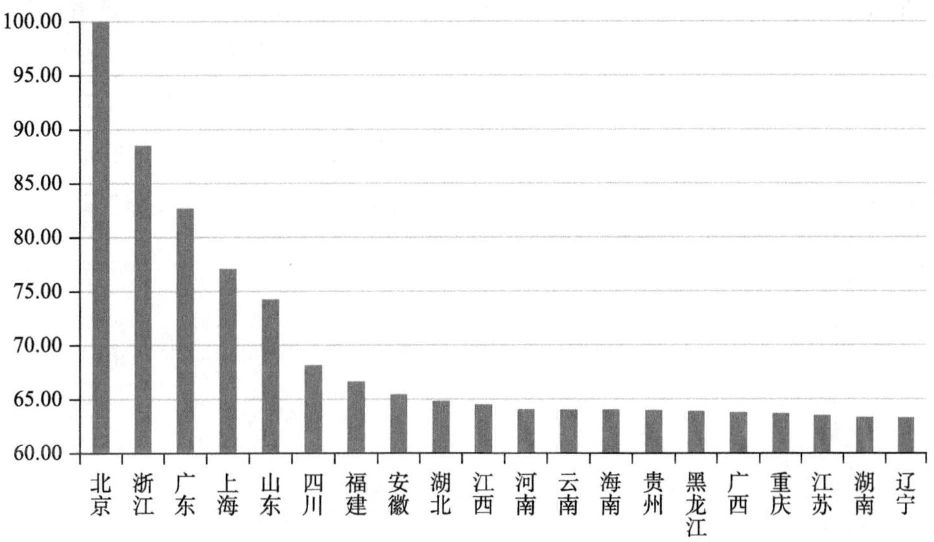

图 4-9 2020 年中国部分省市文化产业文化资本指数

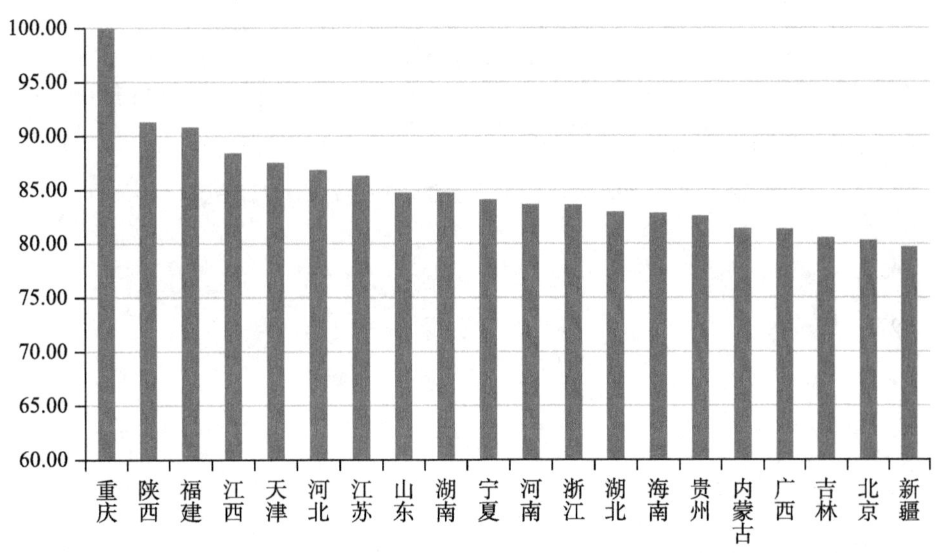

图 4-10 2019 年中国部分省市文化产业文化资本指数

（3）人力资源。

人力资源指数从本地区文化产业就业人员数量方面来衡量产业生产力，由于文化产业属于智力密集型产业，因此相关专业人才的数量对各地区文化产业的发展起着举足轻重的作用。从图 4-11、图 4-12 中可以看出，2019—2020 年广东省在人力资源指数方面表现突出，和其他省市相比优势非常明显。而且从近几年的数据可知，广东省自 2011 年开始已经连续 10 年在这个指标上排名第一，这一方面是因为广东省的文化产业规模比较大，相应地就需要更多的文化产业人才，也可以提供更多的文化产业就业机会；另一方面是因为广东省经济发展水平一直在全国名列前茅，可以为人才提供更好的物质生活条件和职业发展机会，因此对文化产业人才有较大的吸引力，其他省市尤其是周边省市的优秀人才可能会流向广东省。2020 年紧随其后的分别为江苏、山东、浙江，均为东部地区省市，人力资源指数值均超过

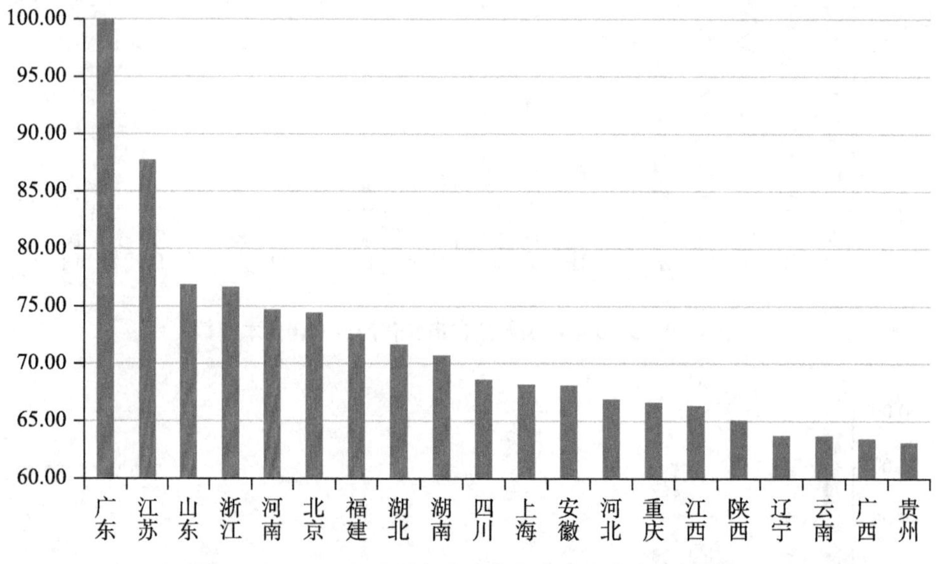

图 4-11　2020 年中国部分省市文化产业人力资源指数

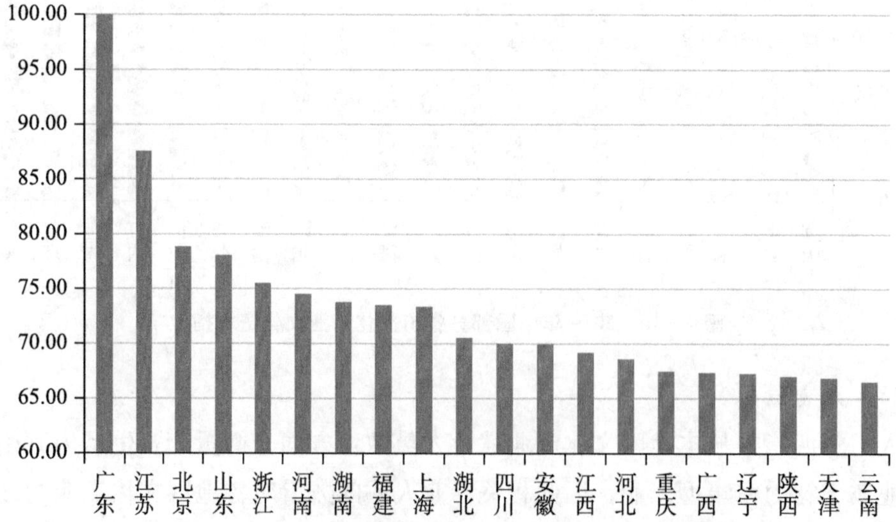

图 4-12　2019 年中国部分省市文化产业人力资源指数

了 75，也都是文化人才大省。河南、北京、福建、湖北、湖南 5 个省市的人力资源指数在 70～75 之间，这些省市既需要保持对当地文化人才的培养与激励，激发文化人才活力，又需要采取措施引进更多的优秀人才，以此促进文化产业发展。除此之外，有 22 个省市的人力资源指数在 60～70 之间，其中宁夏、西藏、青海连续六年位列最后五名，这与它们的经济发展水平和文化产业发展水平有密切关系。

2. 影响力指数

文化产业影响力指数衡量的是文化产业的产出状况，主要包括经济影响和社会影响两个方面。如图 4－13、图 4－14 所示，在文化产业影响力方面，2020 年指数值整体较 2019 年有所下降，北京、上海、浙江、湖北 4 个省市逆势上升，宁夏保持平稳。其中北京和上海越过 90 大关，相对于 2019 年的 83.48 和 81.12 分别上升了 8.51 和 10.61。浙江持续保持上升趋势，由 2019 年的 83.02 稳步上升至 88.12。宁夏在 2019 年 72.85 的基础上略升至 2020 年的 73.15，在全国整体下滑的趋势中保持坚挺，排名由第 24 位上升至第 7 位。同时，这 5 个省市的影响力指数排名与综合指数排名基本一致，这充分体现了产业影响力与文化产业发展的一致性。甘肃、辽宁、河北、湖南、重庆等 15 个省市影响力指数低于 70，甘肃以 63.71 排名最后。虽然影响力指数与综合指数的排名大体相同，但需要指出的是，在某些省市中也存在很大的差异。部分省市综合指数排名靠前，但影响力指数排名居中甚至靠后，例如福建省综合指数排在第 11 位，但影响力指数排在第 25 位，说明影响力是福建省文化产业发展的劣势因素。此外，也有部分省市虽然生产力指数排名靠前，

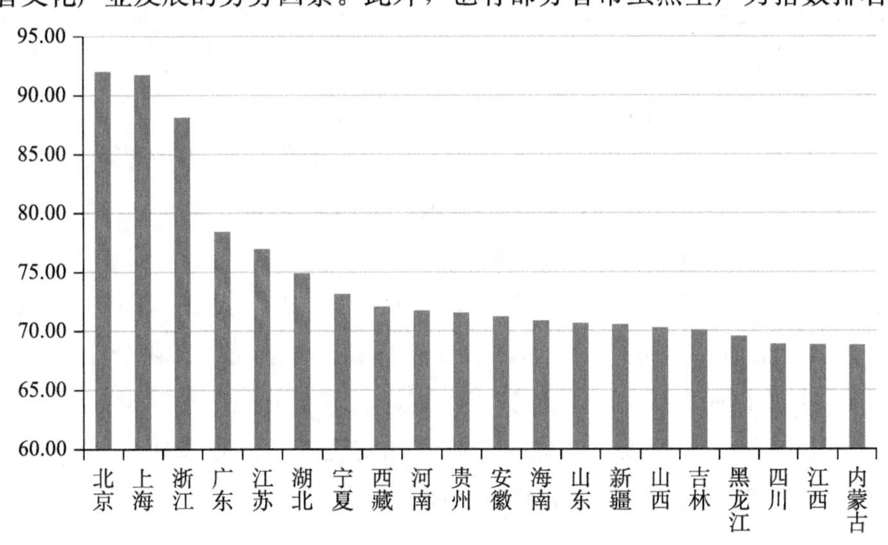

图 4－13　2020 年中国部分省市文化产业影响力指数

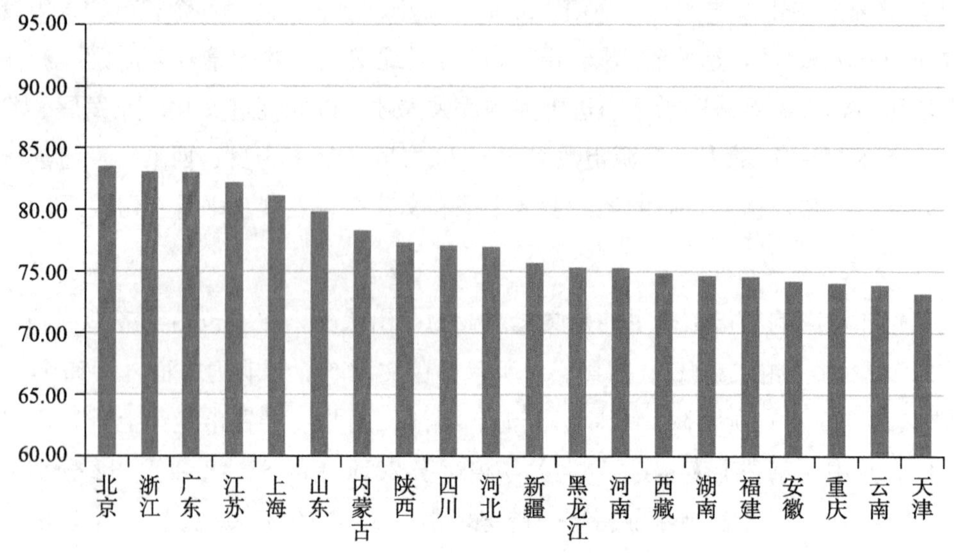

图 4-14　2019 年中国部分省市文化产业影响力指数

但综合指数排名相对靠后，其中差异最大的是西藏，其影响力指数排在第 8 位，但综合指数排在第 26 位，这说明产业影响力是西藏发展文化产业的优势力量。由于产业影响力是通过经济影响和社会影响两个方面来衡量的，下文将针对这两个二级指标进行进一步分析。

(1) 经济影响。

文化产业经济影响指数主要考察规模以上文化企业收入、文化产业企业总收入、文化企业人均收入的情况。如图 4-15、图 4-16 所示，上海、北京、浙江、江苏、广东、湖北、宁夏的经济影响指数值均超过 75，依次位列前 7 名。上海凭借规模以上文化企业收入的领先优势高居影响力榜首，由 2019 年的 75.55 跃升至 2020 年的 95.69；北京、浙江的文化产业收入规模紧随其后，经济影响指数较 2019 年均有显著提升。西藏、贵州、河南、海南、安徽、新疆等 10 个省市的经济影响指数在 70～75 之间，其余 14 个省市均低于 70。值得注意的是，湖北和贵州在规模以上文化企业收入和文化产业企业总收入方面表现突出，分别由 2019 年的第 20 名和第 31 名跃升至 2020 年的前 10 名；宁夏、西藏、海南凭借文化企业人均收入的亮眼表现，实现了前进 15 名以上的突破。甘肃、辽宁的经济影响指数低于 65，分列最后 2 名，主要是规模以上文化企业收入和文化产业企业总收入排名均靠后所致，说明这两省在文化产业经济效益方面处于劣势。

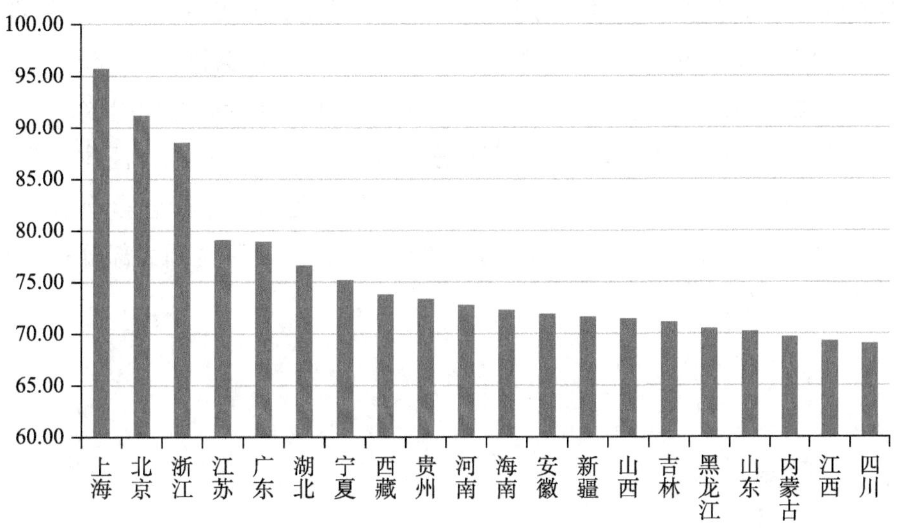

图 4-15　2020 年中国部分省市文化产业经济影响指数

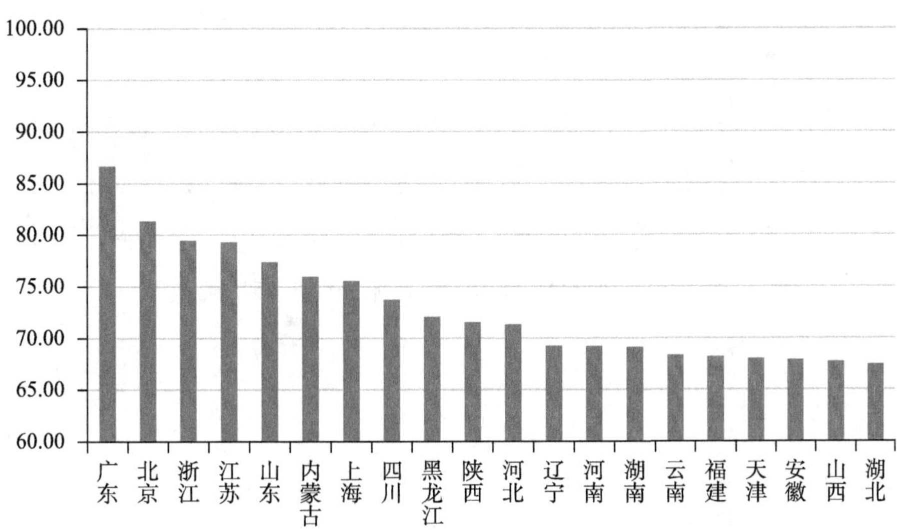

图 4-16　2019 年中国部分省市文化产业经济影响指数

（2）社会影响。

社会影响主要衡量的是文化产品与服务对消费者的影响，主要表现在文化企业的品牌影响力与合法诚信等方面。如图 4-17、图 4-18 所示，2020 年社会影响指数除北京市显著提升、浙江省保持稳定以外，其余省市均呈明显下降趋势，且区域分化明显。北京市以 95.00 分的指数值位居榜首，较 2019 年的 85.62 分上升了 9.38 分，在文化企业品牌影响力上居各省市首位，在全国文化企业 30 强及 20 个提名企业中占据 15 个席位，拥有文化产业上市企业 166 家，约占全国文化产业上市企业总数的20%；但在合法诚信方面排名最后，说明其营商环境有待进一步改善。浙江省2020年文化产业影响力指数与2019年基本持平，保持在86.60，文化产业上市企业数量也高达153家。上海、广东、山东文化产业社会影响指数处于70～80之间，文化产业上市企业数量均超过50家。湖南、江苏、安徽、福建、四川、湖北、河南、陕西、天津、重庆、河北等26个省市的文化产业社会影响指数均低于70，且有14个省市文化产业上市企业数量低于10家，说明全国大部分省市文化产业的社会影响较弱。

95.00
90.00
85.00
80.00
75.00
70.00
65.00
60.00
北京
浙江
上海
广东
山东
湖南
江苏
安徽
福建
四川
湖北
河南
陕西
天津
重庆
河北
江西
辽宁
新疆
吉林

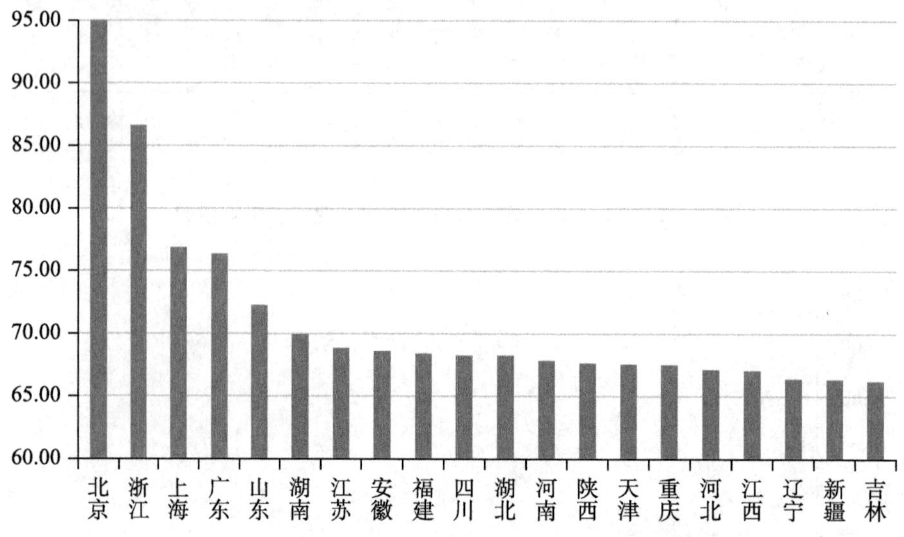

图4-17　2020年中国部分省市文化产业社会影响指数

95.00
90.00
85.00
80.00
75.00
70.00
65.00
60.00
上海
浙江
北京
江苏
新疆
西藏
陕西
河北
重庆
山东
河南
福建
内蒙古
宁夏
四川
安徽
湖南
广西
贵州
云南

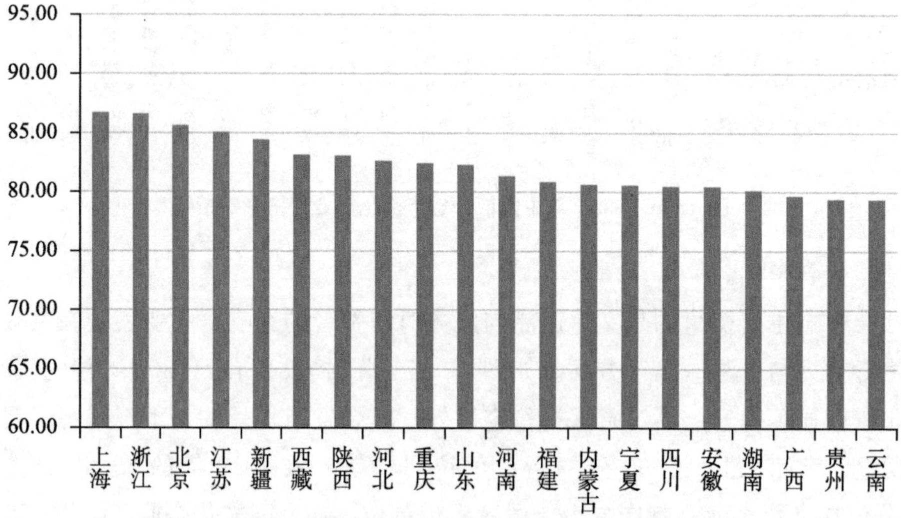

图4-18　2019年中国部分省市文化产业社会影响指数

3. 驱动力指数

驱动力指数主要衡量的是外部环境对文化产业发展所起到的推动作用，主要包括市场环境、公共环境、创新环境三个方面。从图 4－19、图 4－20 中可知，2020 年文化产业驱动力指数数值整体呈下降趋势，除浙江、北京、广东 3 个省市稳中有升、指数值保持在 80 以上之外，其余省市驱动力指数均出现不同程度下滑。上海、山东 2 个省市的驱动力指数在 70～80 之间，江苏、湖北、河南、重庆、四川、安徽、黑龙

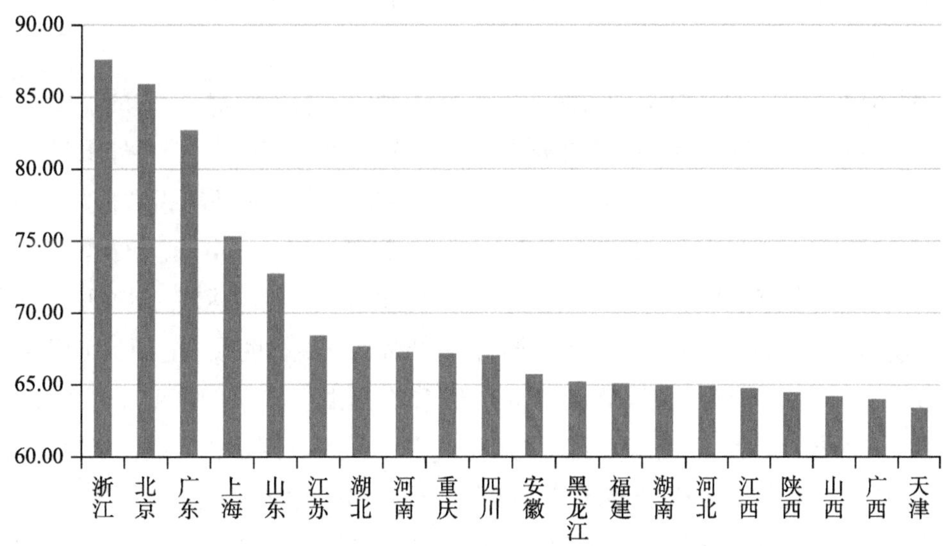

图 4－19　2020 年部分省市文化产业驱动力指数

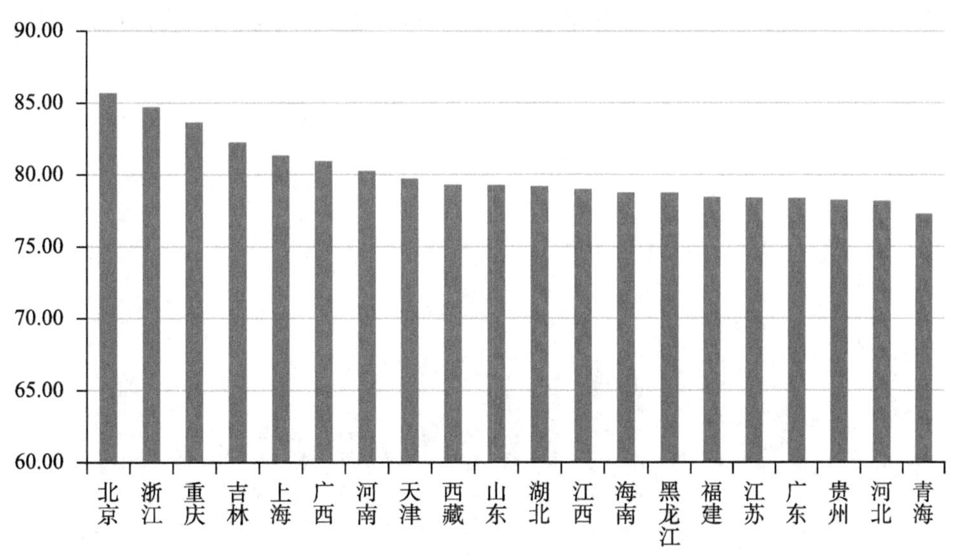

图 4－20　2019 年部分省市文化产业驱动力指数

江等26个省市驱动力指数低于70，说明大部分省市文化产业外部环境有待提升。将驱动力指数和综合指数比较可知，文化产业发达的省市驱动力指数排名和综合指数排名的一致性相对更强。值得一提的是，部分省市虽然文化产业发达程度一般，但其驱动力指数却位居前列，比如重庆市综合指数仅排在第15位，但驱动力指数却排名第9位，从中可以看出这些省市的地方政府为发展文化产业做出的努力。此外，也有部分省市综合指数排名较高，但驱动力指数排名靠后，比如贵州省综合指数居于第12位，但驱动力指数排在第23位，可知这些省市需要在提升文化产业驱动力上加大努力。

（1）市场环境。

市场环境指数反映了文化相关企业生产经营活动所处的市场环境中的不可控制的因素，主要从文化产业市场中的资本活跃程度、资本青睐程度、双循环外贸状况等方面来衡量。如图4－21、图4－22所示，2020年所有省市市场环境指数值均在80以下，整体呈下滑态势，且平均下滑18.71。上海、浙江、广东、山东、重庆、黑龙江6个省市的市场环境指数居于70～80之间，其中上海以79.57位居榜首，以文化出口拉动市场环境指数，由2019年的第12位跃居首位，指数值下滑幅度最小。浙江、广东依靠投资吸引和文化出口领先优势，带动市场环境指数分别由2019年的第13、第17位跃升至第2、第3位。北京、江苏、福建、海南、广西、陕西、四川、山西、湖南、江西、天津、河南、安徽等25个省市市场环境指数均低于70，其中黑龙江、重庆、江苏、山东、海南在资本活跃度方面均有较好的表现。同时需要注意的是，西藏、河北、青海、贵州在市场环境方面表现不佳，分别从2019年的第4位、第5位、第7位、第8位跌落到2020年的第21位、第22位、第30位、第27位，亟须在市场环境方面蓄力转变。

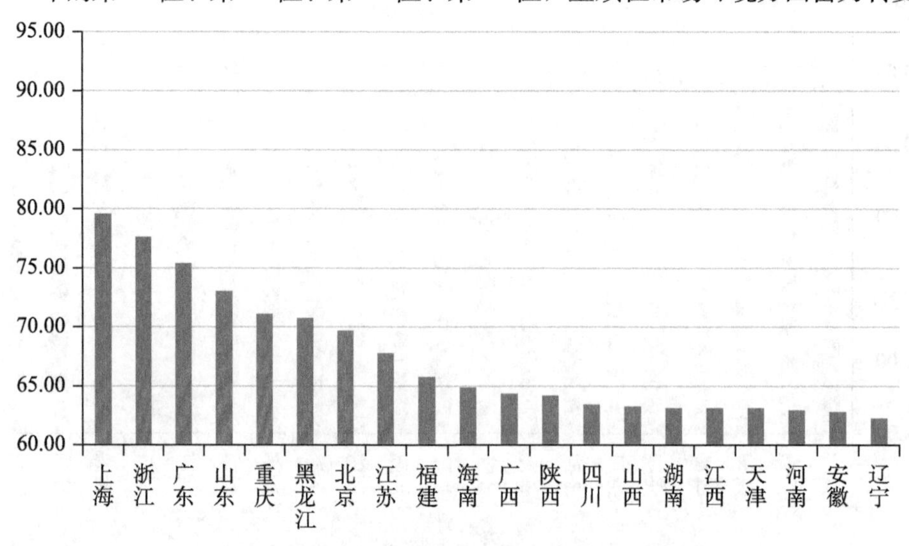

图4－21　2020年中国部分省市文化产业市场环境指数

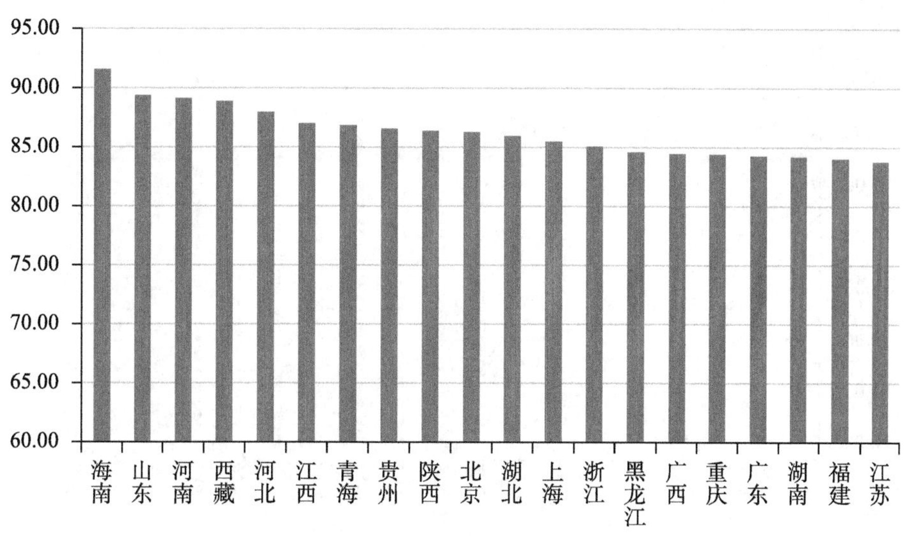

图 4-22　2019 年中国部分省市市场环境指数

(2) 公共环境。

公共环境主要反映的是公共管理部门和公共服务部门为整个产业提供的发展环境，主要从文化产业示范基地、示范园区、旅游度假区等方面来衡量。从图 4-23、图 4-24 可知，2020 年江苏、浙江、广东、北京 4 个省市的公共环境指数值超过了 90，四川、河南、山东、湖北、重庆等 15 个省市公共环境指数值居于 70～80 之间，其余 12 个省市指数值均低于 70。其中，江苏、浙江、广东分列前三名，在全

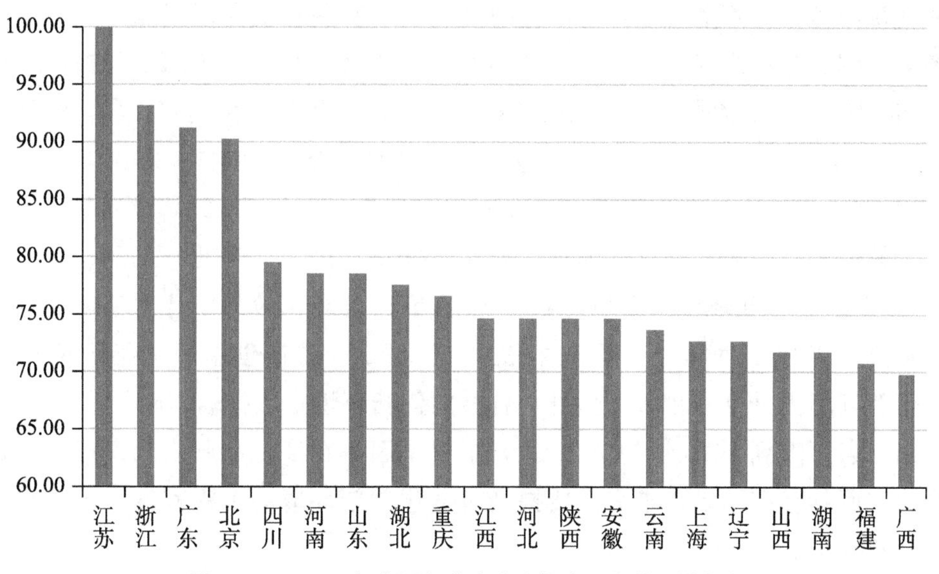

图 4-23　2020 年中国部分省市文化产业公共环境指数

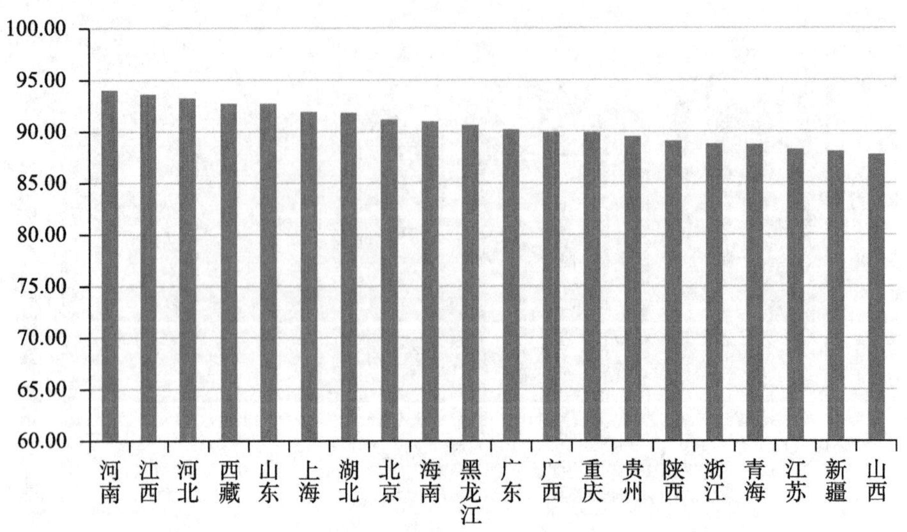

图 4－24　2019 年中国部分省市文化产业公共环境指数

国公共环境指数值整体下降的情况下逆势上扬，江苏省更是由 2019 年的 88.26 分提升到 2020 年的 100 分。值得一提的是，四川和云南凭借在公共环境支持方面的显著改善和均衡发展，分别从 2019 年的第 24 位、第 31 位，上升到 2020 年的第 5 位、第 14 位。青海、西藏、宁夏以 60 分、61.95 分、63.9 分列最后三名，其中青海和西藏分别下滑了 14 和 26 个位次，公共环境支持力度显著下降。

（3）创新环境。

创新环境主要衡量区域文化产业的科学技术发展水平和创新能力，主要表现在商标品牌、知识产权、资源融合等方面。从图 4－25、图 4－26 可知，北京市 2020 年的创新环境指数为 93.67 分，继续保持领先优势，位列第 1 名，整体得分较 2019 年提升约 10 分。浙江、广东两省创新环境指数值均在 80 以上，分列第 2、第 3 名。上海、山东创新环境指数值分别为 73.61 和 71.39，位列其后，但与前三名数值差距明显。湖北、河南、四川、安徽、湖南、河北、江西、天津、广西等 26 个省市创新环境指数值在 60～70 区间，分布比较集中，创新环境有待进一步提升。青海、西藏、宁夏、内蒙古、新疆 5 个省市创新环境指数值均低于 61，创新环境提升空间较大。另外，吉林的创新环境指数排名下降较多，从 2019 年的第 3 名下降到 2020 年的第 24 名，主要是因其在商标品牌、知识产权、资源融合等方面均存在不足，未来需要提高对文化创新环境的重视程度，进一步激活市场创新动力。

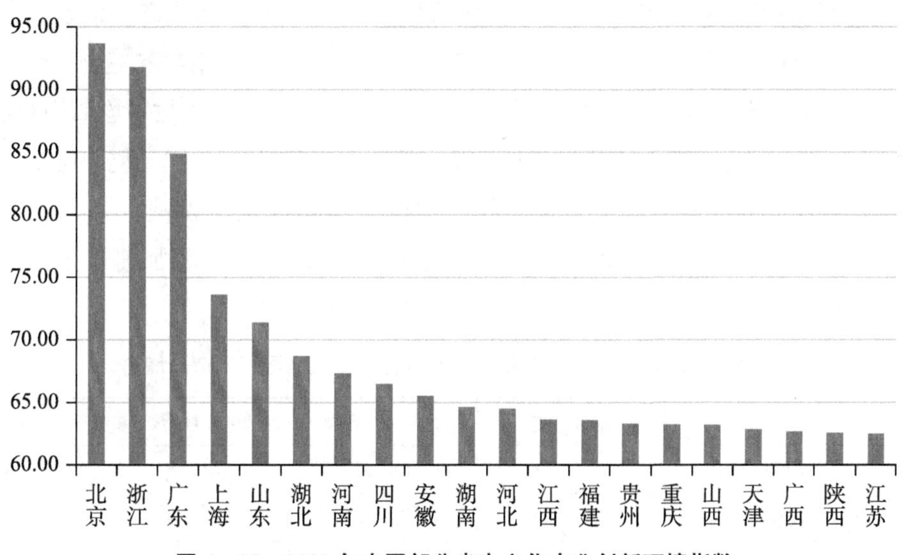

图 4-25　2020 年中国部分省市文化产业创新环境指数

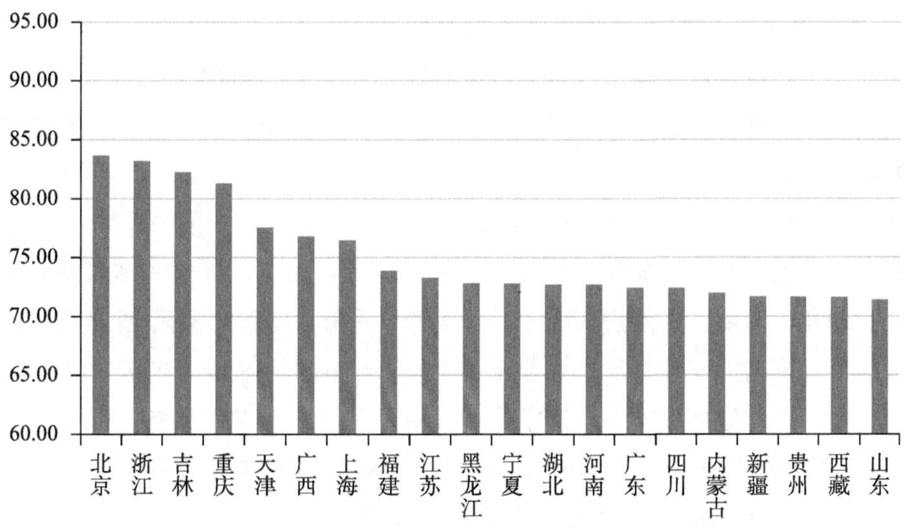

图 4-26　2019 年中国部分省市文化产业创新环境指数

（二）中国文化产业发展区域特征

从前文具体指数的分析中可以看出，中国文化产业发展总体态势不容乐观，驱动力水平下滑明显；区域发展尚不平衡，且分化趋势明显，文化产业进一步向北京、上海、浙江、广东等发达省市集聚，其余省市文化产业发展面临瓶颈和挑战。

1. 文化产业发展面临冲击，驱动力水平下滑明显

从前文文化产业发展指数的情况来看，文化产业发展总体呈下行趋势，发展遭遇

阻力，新发展阶段面临挑战。表 4-1 反映的是 2019—2020 年文化产业发展综合指数和各个一级指标指数的平均值，从中可以看出，2020 年的综合指数和三个一级指标指数平均值均略低于 2019 年，且综合指数、生产力指数和驱动力指数平均值均跌破 70。生产力指数和影响力指数下降幅度超过 5%，驱动力指数降幅最大，达到 14.87%。

2020 年新冠肺炎疫情的发生为文化产业的发展带来新的挑战，人口聚集的文化产业受到冲击，市场活跃度及信心遇冷，加之逆全球化的进程加速，导致文化产业发展的市场环境、公共环境以及持续创新力均大幅下滑。

表 4-1 2019—2020 年中国文化产业发展指数全国平均值及增速

	综合指数	生产力指数	影响力指数	驱动力指数
2020 年全国平均值	69.21	68.43	71.58	66.82
2019 年全国平均值	76.09	72.30	75.59	78.49
2019—2020 年发展增速	−9.05%	−5.35%	−5.30%	−14.87%

2. 各区域发展不平衡，两极分化趋势明显

我国文化产业发展总体呈现出东部地区发展较快、中西部地区偏弱的特征，这一现象与中国的经济发展区域分布特征一致，也说明了经济对文化产业的影响，经济能够从根本上支持文化产业的发展。

从 2020 年文化产业发展综合指数中可以看出，排名前十的省市中有 6 个来自东部地区，分别为北京、浙江、广东、上海、山东、江苏，且包揽排名前 6 位；中部地区的湖北、河南、安徽进入前十，排名第 7、第 8、第 10 位；西部地区只有四川进入前十，排名第 9 位。从排名靠后的 10 个省市的情况看，东部地区中只有天津位列其中；东北地区有吉林、辽宁位列其中；其他 7 个省市都来自西部地区。

表 4-2 反映的是 2019—2020 年东、中、西部和东北地区各省市文化产业综合指数和各个一级指标的平均情况。由数据可以看出，在综合指数方面，东部地区 2020 年的指数为 75.48，较 2019 年下降 4.10%；中部地区 2020 年的指数为 68.36，较 2019 年下降 8.80%；西部地区和东北地区数值差异较小，分别为 65.42 和 65.17，较 2019 年均有显著下降，降幅分别为 12.60%和 12.80%。在生产力指数方面，2020 年东部地区平均值为 75.95，较 2019 年略有上升；其他地区指数值较 2019 年均有所下降，其中中部地区平均值为 67.93，西部地区和东北地区仅为 63.71 和 63.24。在影响力指数方面，东部地区为 76.78，西部和东北地区分别为 68.63 和 68.17，差距较 2019 年进一步拉大；中部地区为 70.54，略高于西部和东北地区。在驱动力指数方面，东部地区排名第一，但与其他地区差异较大。从总体

上看，东部地区得益于其较为丰富的资源禀赋和较好的投入产出效益，在文化产业方面比较发达，且北京、上海、浙江、广东等发达省市集聚优势进一步凸显，在全国各省市指数值总体呈下降的态势下，这些发达城市各项指标逆势上扬。

表 4-2 2019—2020 年各地区文化产业发展综合指数及一级指标指数

地区	年份	综合指数	生产力指数	影响力指数	驱动力指数
东部地区	2020	75.48	75.95	76.78	72.94
	2019	78.69	75.04	78.92	80.28
	2019—2020 年增速	−4.10%	1.20%	−2.70%	−9.10%
中部地区	2020	68.36	67.93	70.54	65.77
	2019	74.95	72.32	73.74	77.49
	2019—2020 年增速	−8.80%	−6.10%	−4.30%	−15.10%
西部地区	2020	65.42	63.71	68.63	63.08
	2019	74.83	70.77	74.21	77.48
	2019—2020 年增速	−12.60%	−10.00%	−7.50%	−18.60%
东北地区	2020	65.17	63.24	68.17	63.45
	2019	74.77	69.19	73.73	78.59
	2019—2020 年增速	−12.80%	−8.60%	−7.50%	−19.30%

二、中国文化产业发展强势区域特征及决定要素

本章第一节以文化产业发展指数为基准，对我国各个省市的文化产业发展特征进行了详细的介绍。由此可知，我国各省市间文化产业发展不平衡，一般来说东部沿海地区文化产业比较发达，西部地区文化产业相对落后。在此后两节中，通过综合分析和对比分析，把 2020 年文化产业综合指数较高的北京、浙江、广东、上海和山东 5 个省市作为文化产业发展的强势区域，把 2020 年文化产业综合指数较低的天津、内蒙古、辽宁、青海、甘肃 5 个省市作为文化产业发展的弱势区域，通过对两区域内部文化产业发展特征的深入分析，揭示其产业发展现状的深层次原因。

（一）中国文化产业发展强势区域特征

作为 2020 年中国文化产业发展的领先地区，北京、浙江、广东、上海和山东在文化产业生产力、影响力和驱动力三方面均呈现出一定的优势，且与 2019 年保持一致。本节将通过分析这 5 个省市文化产业发展的各细分指数、指数增速和指数变异系数来评述强势区域的文化产业发展特征。

1. 强势区域综合指数分析

产业生产力、产业影响力和产业驱动力三个指标指数共同构成了文化产业发展综合指数。表4-3显示了2020年强势区域文化产业综合指数数值、综合指数增速和综合指数变异系数，以及五省市相关数据的均值和全国相关数据的均值。

表4-3 2020年强势区域文化产业综合指数

地区	综合指数数值	综合指数增速	综合指数变异系数
北京	88.94	7.59%	0.035
浙江	88.08	6.79%	0.005
广东	85.11	5.90%	0.094
上海	80.82	1.69%	0.126
山东	74.36	−5.28%	0.062
区域均值	83.46	3.34%	0.065
全国均值	69.21	−9.20%	0.048

（1）数值比较。

由表4-3和图4-27可知，在强势区域中，2020年北京综合指数值最高，为88.94；山东综合指数值最低，为74.36，差距达到14.58，可见强势区域内部五省市综合指数相差较大。强势区域均值为83.46，北京、浙江和广东优势明显，山东与强势区域平均水平略有差距。全国均值为69.21，比强势区域均值低14.25，差值较2019年的5.05明显增大，可见强势区域的文化产业整体发展水平远高出全国平均发展水平，且差距有扩大趋势。

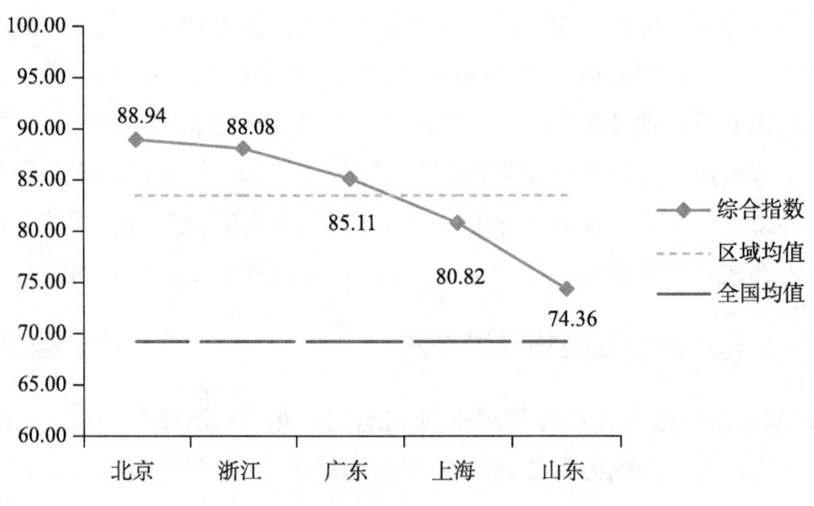

图4-27 2020年强势区域文化产业综合指数

(2)增速比较。

由表 4-3 和图 4-28 可知,2020 年强势区域内部文化产业综合指数增速呈现出较大差异。北京、浙江、广东文化产业综合指数呈现正增长,但上升幅度超过 5%,分别为 7.59%、6.79%和 5.90%。上海综合指数略有增长,增速为 1.69%,山东综合指数增速为负,降幅达到 5.28%。从整体来看,强势区域 2020 年区域增速均值为 3.34%,呈现正增长,保持领先且优势不断凸显。全国增速均值为-9.20%,下滑趋势明显,说明全国文化产业整体形势不容乐观。

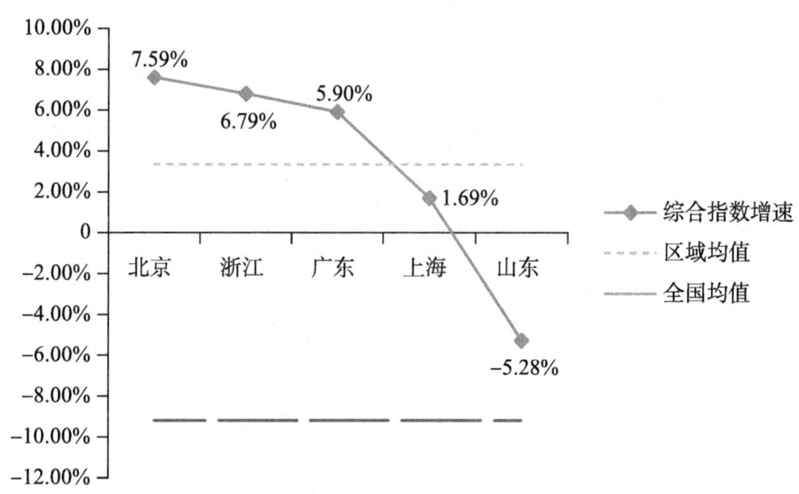

图 4-28 2020 年强势区域文化产业综合指数增速

(3)变异系数比较。

由表 4-3 和图 4-29 可知,2020 年强势区域中,北京、浙江文化产业综合指

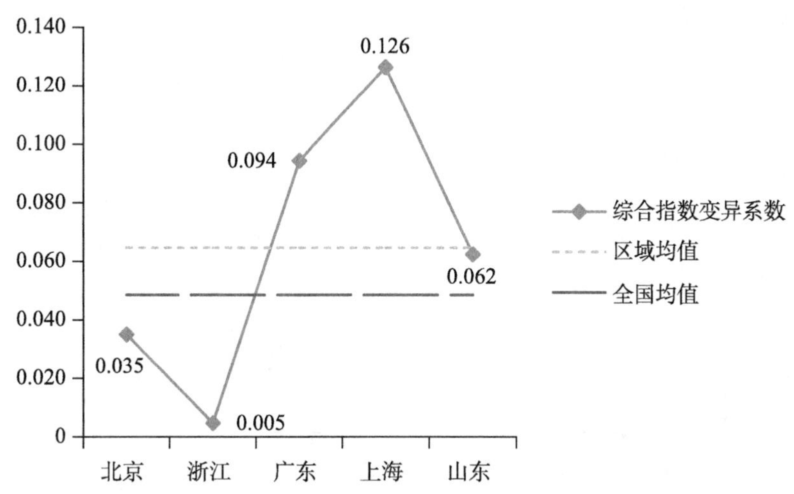

图 4-29 2020 年强势区域文化产业综合指数变异系数

数变异系数低于其他3个省市，可见北京、浙江不但文化产业综合指数很高，而且文化产业发展的均衡性相对较强。整体而言，强势区域2020年的变异系数均值为0.065，略高于全国均值（0.048），两者仍有一定差距，说明我国文化产业发展强势区域不均衡度仍高于全国平均水平。

2. 强势区域一级指标指数分析

本节将通过对2020年强势区域文化产业生产力、影响力、驱动力三个一级指标的指数数值、指数增速和指数变异系数的分析，评述强势区域各省市文化产业发展的特征。

（1）文化产业生产力指数。

表4-4显示的是2020年强势区域文化产业生产力指数的相关数据。

表4-4　2020年强势区域文化产业生产力指数

地区	生产力指数数值	生产力指数增速	生产力指数变异系数
北京	87.92	17.21%	0.146
浙江	88.40	14.86%	0.132
广东	93.94	18.64%	0.104
上海	73.26	1.19%	0.062
山东	79.48	6.87%	0.087
区域均值	84.60	11.75%	0.106
全国均值	68.43	−5.51%	0.050

1）数值比较。

如表4-4和图4-30所示，在生产力指数数值方面，2020年强势区域中广东

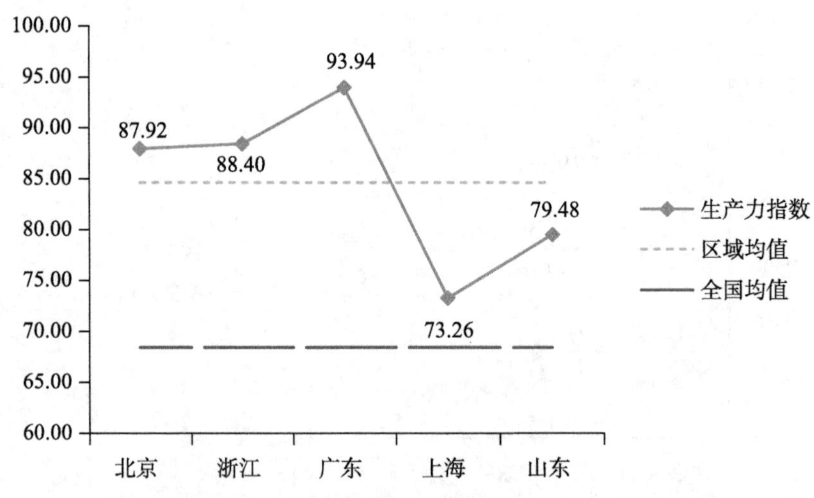

图4-30　2020年强势区域文化产业生产力指数

省指数值最高，达到 93.94；山东省最低，为 79.48；强势区域均值为 84.60，比全国均值高出 16.17，差距比上年显著扩大。这说明强势区域产业生产力状况势头良好，文化产业企业资源比较丰富，这是本区域发展文化产业的优势要素，促进了本区域文化产业的快速发展。

2）增速比较。

如表 4－4 和图 4－31 所示，在生产力指数增速方面，2020 年强势区域文化产业生产力指数呈现正增长，其中北京、浙江、广东增速分别达到了 17.21%、14.86% 和 18.64%，上海和山东也略有提升。总体来看，2020 年强势区域文化产业生产力指数增速均值高达 11.75%，扭转了 2019 年的下降势头，说明强势区域文化产业生产力总体呈上扬趋势。2020 年全国文化产业生产力指数增速均值为 −5.51%，整体呈下降趋势，说明全国文化产业活跃主体有所减少。

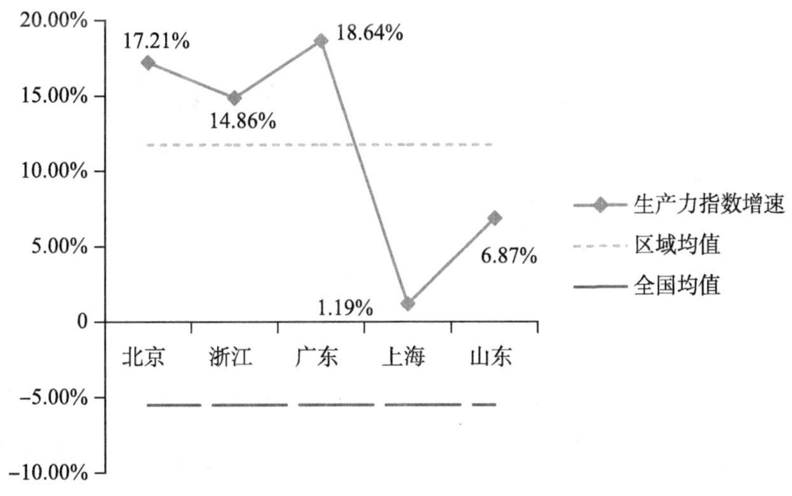

图 4－31　2020 年强势区域文化产业生产力指数增速

3）变异系数比较。

由表 4－4 和图 4－32 可知，在生产力指数变异系数方面，2020 年强势区域产业生产力指数变异系数相差较大。其中北京市产业生产力指数变异系数最大，显著高于其他省市，达到 0.146，高于 2019 年变异系数，且大幅高于强势区域均值（0.106），说明北京市文化产业生产力发展不均衡程度较高，也持续加大；而上海市产业生产力指数变异系数最小，为 0.062，但仍高于 2019 年变异系数，说明上海市文化产业生产力发展均衡度有所降低。从整体来看，强势区域产业生产力指数变异系数均值为 0.106，远高于全国均值（0.050），可见强势区域产业生产力发展均衡度有所下降。

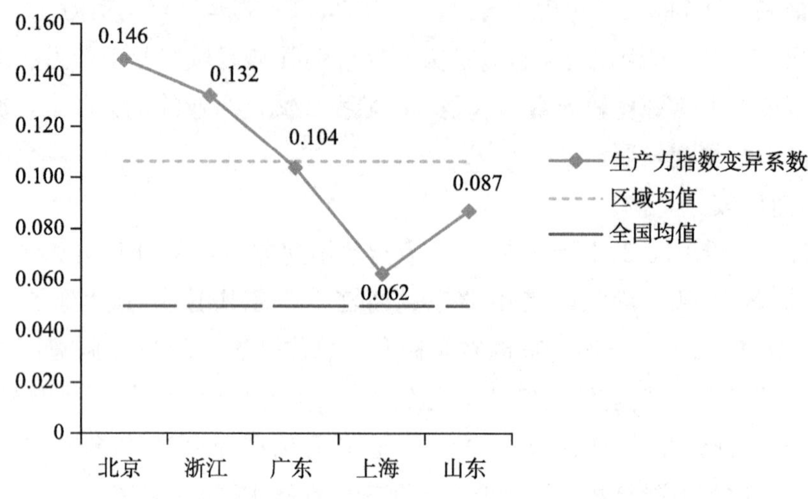

图 4-32 2020 年强势区域文化产业生产力指数变异系数

（2）文化产业影响力指数。

表 4-5 显示的是 2020 年强势区域文化产业影响力指数的相关数据。

表 4-5 2020 年强势区域文化产业影响力指数

地区	影响力指数数值	影响力指数增速	影响力指数变异系数
北京	91.99	10.20%	0.029
浙江	88.12	6.14%	0.015
广东	78.41	−5.50%	0.024
上海	91.72	13.07%	0.155
山东	70.63	−11.51%	0.020
区域均值	84.17	2.48%	0.049
全国均值	71.58	−5.39%	0.045

1）数值比较。

如表 4-5 和图 4-33 所示，在文化产业影响力方面，2020 年强势区域中，北京的指数值最高，达 91.99；山东的指数值最低，为 70.63。从整体来看，强势区域指数均值较高，达到 84.17，比全国均值（71.58）高出 12.59，说明强势区域文化产业影响力发展状况良好，有很好的投入产出效益，这是其文化产业发展水平较高的关键因素。例如，北京市 2020 年文化产业企业总收入 1.35 亿元，拥有一批发展较好的文化产业园区和基地，如国家文化产业创新实验区、北京数字娱乐产业示范基地、北京琉璃厂历史文化创意产业集聚区等 26 家国家级文化产业园区和基地，以及郎园文化创意产业园区、莱锦文化创意产业园区、“798”艺术区、国家新媒体产业基地、中关村创意产业先导基地等 30 家北京市级文化产业园区。与其他省市相比，北京市的文化产业园区和基地起步较早，数量较多，已经形成了一定的规模效应和集群效应，对带动北京市文化产业整体发展、提高文化产业产出水平起到了积极作用，对其他地区文化产业园区建设发展也具有积极的示范作用。

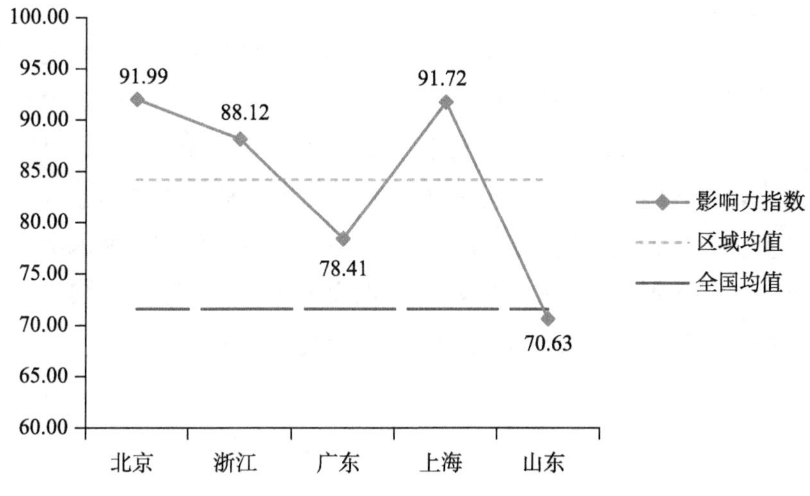

图 4-33　2020 年强势区域文化产业影响力指数

2）增速比较。

如表 4-5 和图 4-34 所示，2020 年强势区域中，北京、浙江、上海的文化产业影响力指数增速为正值，上海影响力指数增幅达到 13.07%，增长势头明显，北京和浙江增速也达到 5%以上。其余两地均为负值，尤其山东文化产业影响力指数

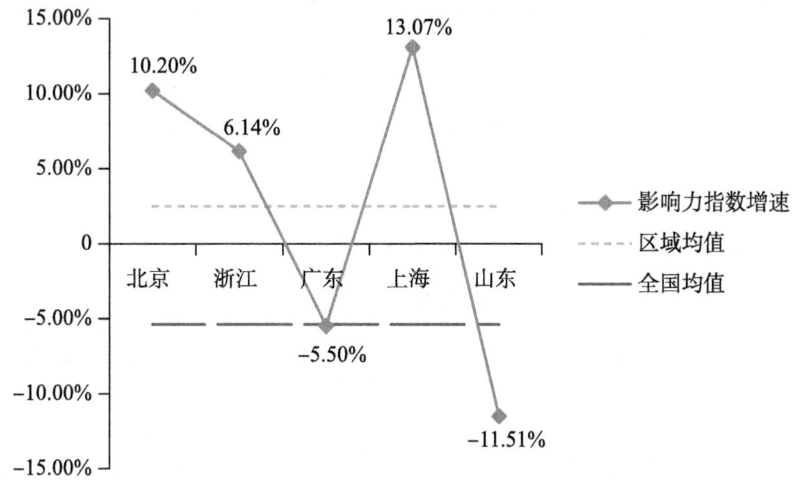

图 4-34　2020 年强势区域文化产业影响力指数增速

降低了11.51%，降幅最为明显，可见山东省文化产业影响力发展波动较大。从整体来看，强势区域文化产业影响力指数增速均值为2.48%，全国均值为−5.39%，说明强势区域文化产业影响力显著上升，而全国范围内的文化产业影响力总体情况略有下降。

3）变异系数比较。

如表4－5和图4－35所示，2020年强势区域各省市文化产业影响力指数变异系数同样存在较大差异。其中，浙江、山东、广东、北京变异系数较小，分别为0.015、0.020、0.024、0.029，上海变异系数较大，为0.155。上海变异系数在强势区域中最高，主要因其经济影响显著高于社会影响，而其他省市影响力指数中的经济影响和社会影响比较均衡。从整体来看，强势区域文化产业影响力指数变异系数均值为0.049，而全国文化产业影响力指数变异系数均值为0.045，可见强势区域文化产业影响力的发展均衡程度与全国的发展均衡程度基本相当。

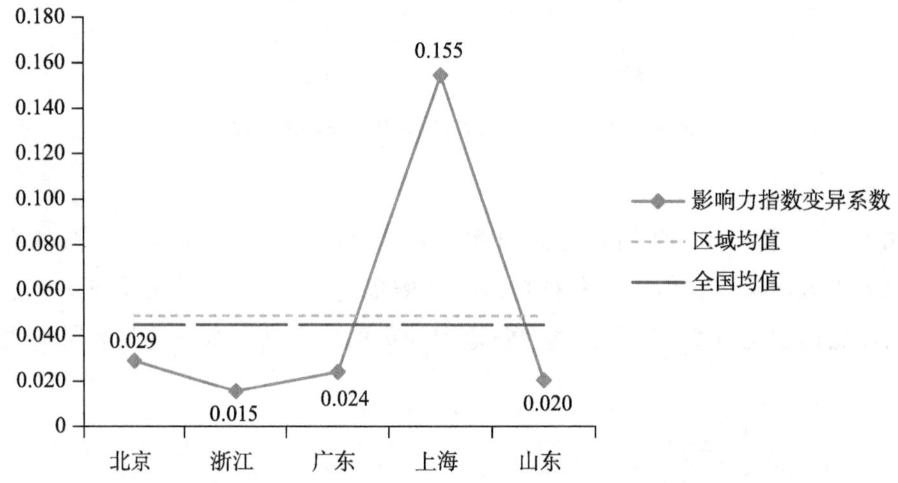

图4－35　2020年强势区域文化产业影响力指数变异系数

（3）文化产业驱动力指数。

表4－6显示的是2020年强势区域文化产业驱动力指数的相关数据。

表4－6　2020年强势区域文化产业驱动力指数

地区	驱动力指数数值	驱动力指数增速	驱动力指数变异系数
北京	85.90	0.24%	0.153
浙江	87.59	3.41%	0.098
广东	82.69	5.52%	0.095
上海	75.34	−7.40%	0.050

续表

地区	驱动力指数数值	驱动力指数增速	驱动力指数变异系数
山东	72.71	−8.27%	0.050
区域均值	80.84	−1.30%	0.089
全国均值	66.82	−14.94%	0.079

1）数值比较。

如表 4－6 和图 4－36 所示，2020 年强势区域各省市文化产业驱动力指数相差较大，浙江驱动力指数值最高，为 87.59，北京、广东紧随其后，为 85.90 和 82.69。上海和山东相差不大，属于同一梯队；山东驱动力指数值最低，为 72.71，与浙江相差 14.88。这表明强势区域各省市在文化产业驱动力方面存在差距。从整体来看，强势区域文化产业驱动力指数均值为 80.84，远高于全国文化产业驱动力指数均值（66.82），说明强势区域在市场环境、公共环境和创新环境方面具有整体比较优势，且优势愈发凸显。

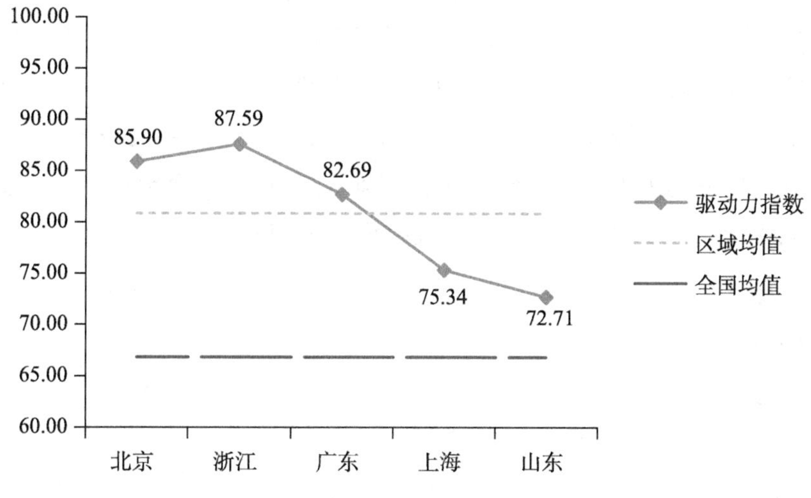

图 4－36　2020 年强势区域文化产业驱动力指数

2）增速比较。

由表 4－6 和图 4－37 可知，2020 年强势区域各省市文化产业驱动力指数增速差异较大，北京、浙江和广东文化产业驱动力指数持续提高，增速分别为 0.24%、3.41%和 5.52%；其他两省市驱动力指数均呈现负增长。山东驱动力指数降幅最大，增速为 −8.27%。从整体来看，强势区域的文化产业驱动力增速均值为 −1.30%，略有下降，而全国增速均值为−14.94%，下降明显，可见强势区域驱动力优势更加明显，与其他区域的差距逐渐增大。

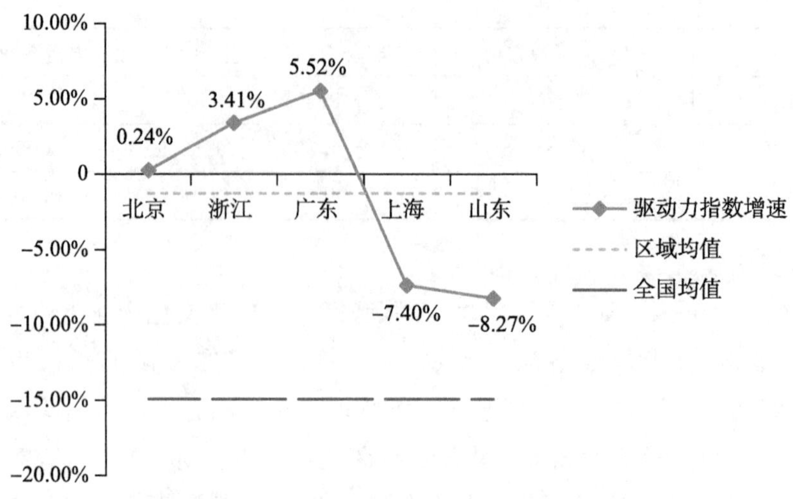

图 4-37　2020 年强势区域文化产业驱动力指数增速

3）变异系数比较。

如表 4-6 和图 4-38 所示，2020 年强势区域中，文化产业驱动力指数变异系数最小的是上海和山东，均仅为 0.050，说明上海和山东的市场环境、公共环境、创新环境发展较为均衡。其次为广东和浙江，分别为 0.095 和 0.098。北京文化产业驱动力指数变异系数最大，达到 0.153。从整体来看，强势区域文化产业驱动力指数变异系数均值为 0.089，而全国文化产业驱动力指数变异系数均值为 0.079，强势区域文化产业驱动力发展的均衡程度略低于全国平均水平。

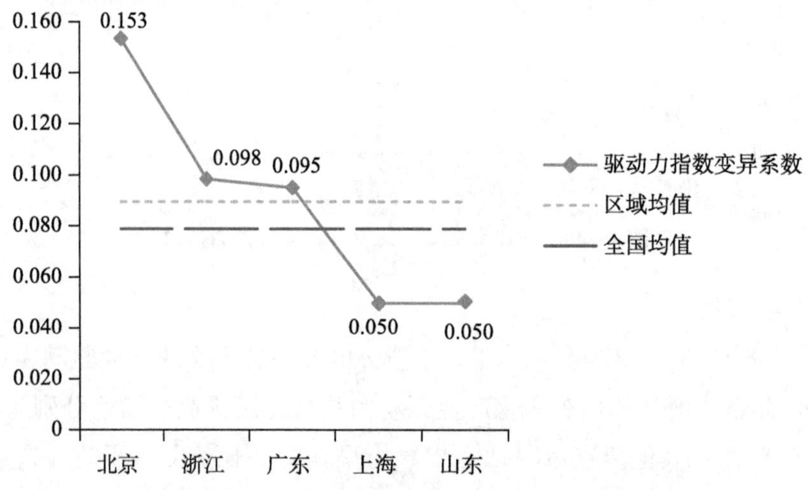

图 4-38　2020 年强势区域文化产业驱动力指数变异系数

3. 强势区域二级指标指数分析

根据本书第二章的介绍，文化产业发展指数体系的二级指标一共有 8 个，分别是文化资源、文化资本、人力资源、经济影响、社会影响、市场环境、公共环境、创新环境。强势区域二级指标指数值及区域均值和全国均值如表 4－7 所示。

表 4－7　2020 年强势区域二级指标指数值及区域均值和全国均值

地区	文化资源	文化资本	人力资源	经济影响	社会影响	市场环境	公共环境	创新环境
北京	89.33	100.00	74.44	91.19	95.00	69.69	90.24	93.67
浙江	100.00	88.52	76.67	88.52	86.60	77.62	93.17	91.79
广东	99.12	82.69	100.00	78.96	76.33	75.40	91.22	84.87
上海	74.51	77.07	68.19	95.69	76.84	79.57	72.68	73.61
山东	87.31	74.26	76.87	70.20	72.26	73.01	78.54	71.39
区域均值	90.06	84.51	79.23	84.91	81.41	75.06	85.17	83.06
全国均值	70.65	66.76	67.88	72.25	69.08	65.31	73.78	66.23

（1）文化资源。

表 4－8 显示的是 2020 年强势区域文化资源指数的相关数据。

表 4－8　2020 年强势区域文化资源指数

地区	文化资源指数	文化资源指数增速
北京	89.33	26.82%
浙江	100.00	34.46%
广东	99.12	40.64%
上海	74.51	3.43%
山东	87.31	29.66%
区域均值	90.06	27.00%
全国均值	70.65	3.07%

1）数值比较。

如表 4－8 和图 4－39 所示，2020 年强势区域文化资源指数值较为分散，内部相差较大。浙江最高，为 100.00；上海最低，为 74.51，两者相差较大。从整体来看，强势区域文化资源指数均值为 90.06，远高于全国均值（70.65），且强势区域各省市指数值均在全国平均水平之上。说明强势区域的文化资源要素非常丰富，对本区域的文化产业发展做出了较大贡献，其他省市在文化资源投入方面还需继续努力。

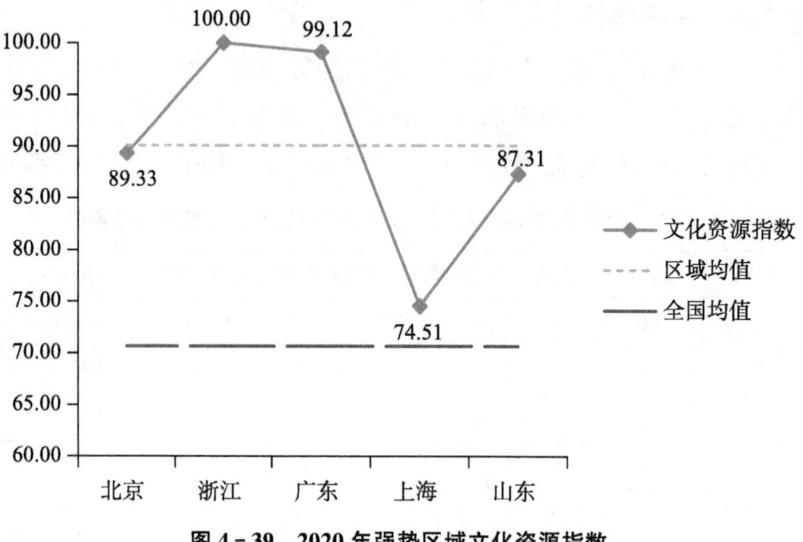

图 4-39 2020 年强势区域文化资源指数

2）增速比较。

由表 4-8 和图 4-40 可知，2020 年强势区域中，北京、浙江、广东和山东的文化资源指数值显著增长，增速均达到了 25%以上；上海稳中有升，增速为 3.43%。从整体来看，强势区域的文化资源指数增速均值为 27.00%，较全国均值（3.07%）增长势能明显，可以看出强势区域文化资源优势更加突出，全国范围内两极分化苗头初显。

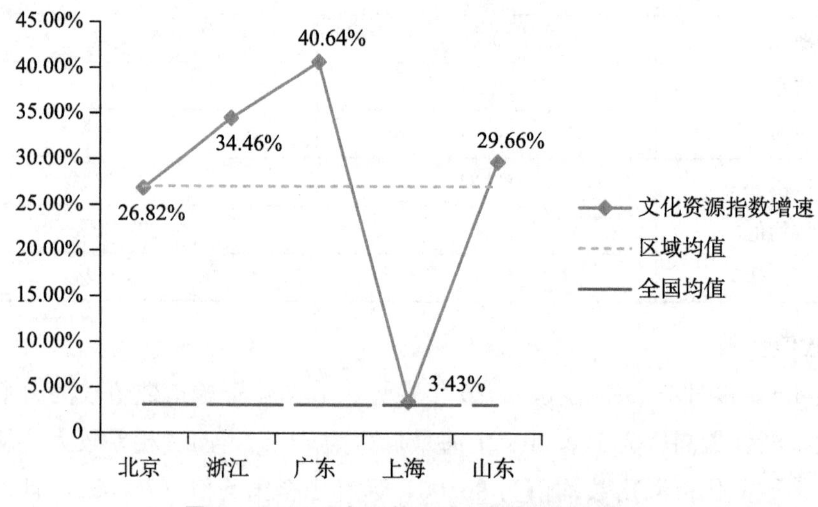

图 4-40 2020 年强势区域文化资源指数增速

（2）文化资本。

表 4-9 显示的是 2020 年强势区域文化资本指数的相关数据。

表 4-9 2020 年强势区域文化资本指数

地区	文化资本指数	文化资本指数增速
北京	100.00	24.49%
浙江	88.52	5.88%
广东	82.69	9.14%
上海	77.07	6.82%
山东	74.26	-12.36%
区域均值	84.51	6.79%
全国均值	66.76	-17.66%

1）数值比较。

如表 4-9 和图 4-41 所示，2020 年强势区域中，北京文化资本指数值最高，达 100.00，远高于其他 4 个省市；最低的是山东，为 74.26，可见强势区域内部文化资本表现差异明显。从整体来看，强势区域文化资本指数均值为 84.51，远高于全国文化资本指数均值（66.76），可见，强势区域文化资本相对全国平均水平优势愈发明显。

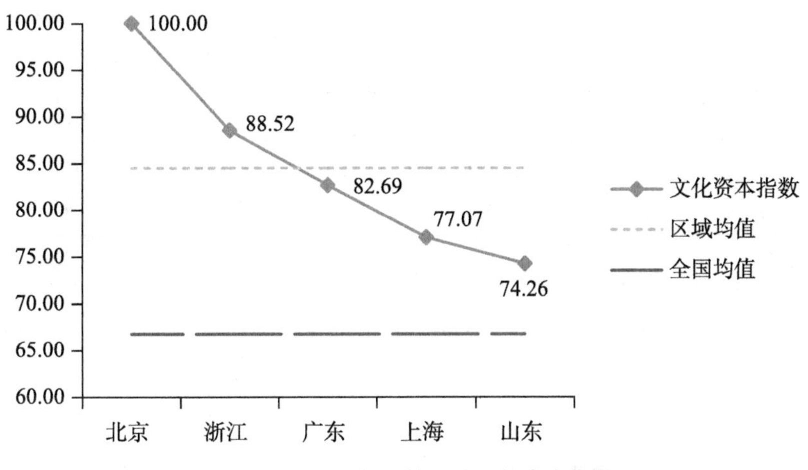

图 4-41 2020 年强势区域文化资本指数

2）增速比较。

由表 4-9 和图 4-42 可知，2020 年强势区域中，北京文化资本指数仍保持较高增速，达到 24.49%；其次是广东、上海和浙江，增速分别为 9.14%、6.82%和 5.88%；山东文化资本指数为负增长，降幅为 12.36%。从整体来看，强势区域文化资源指数增速均值为 6.79%，仍保持较快增长，在全国均值（-17.66%）整体下跌的形势下逆势提升，可见强势区域文化资本投入发展强劲。

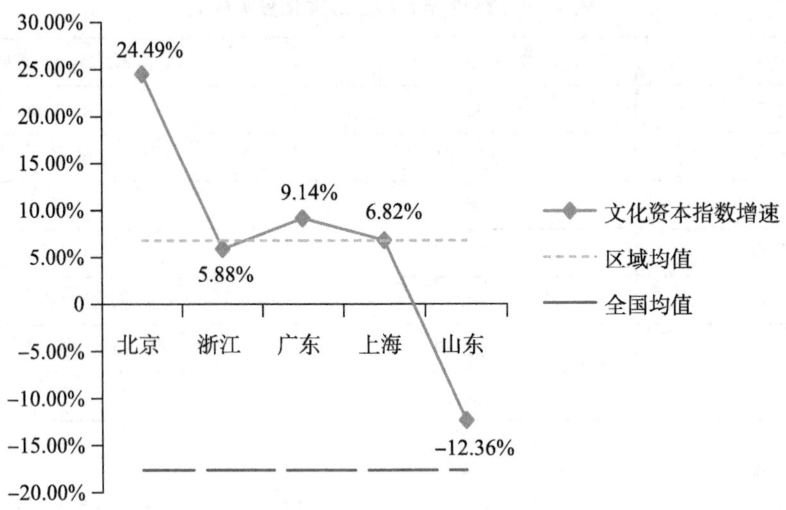

图 4-42　2020 年强势区域文化资本指数增速

（3）人力资源。

表 4-10 显示的是 2020 年强势区域人力资源指数的相关数据。

表 4-10　2020 年强势区域人力资源指数

地区	人力资源指数	人力资源指数增速
北京	74.44	-5.61%
浙江	76.67	1.56%
广东	100.00	0.00%
上海	68.19	-7.04%
山东	76.87	-1.54%
区域均值	79.23	-2.53%
全国均值	67.88	-3.90%

1）数值比较。

如表 4-10 和图 4-43 所示，2020 年强势区域中，广东人力资源指数值最高，为 100.00，上海最低，为 68.19，两者相差较大，可见强势区域内部人力资源指数差异较大。从整体来看，强势区域人力资源指数均值为 79.23，显著高于全国平均水平（67.88），表明强势区域文化产业从业人员众多，人力资源非常丰富，对区域文化产业发展起到很大的促进作用。

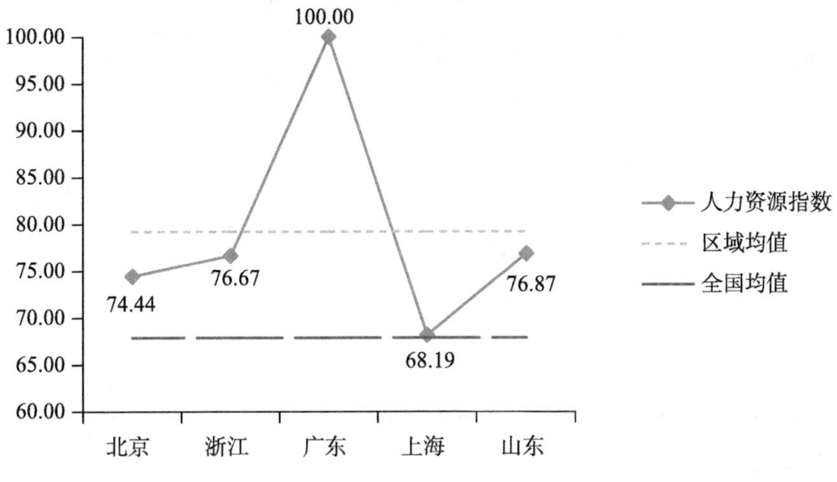

图 4-43　2020 年强势区域人力资源指数

2）增速比较。

由表 4-10 和图 4-44 可知，2020 年强势区域中，浙江和广东人力资源指数与 2019 年基本持平，其他三省市均呈现负增长，其中上海降幅最大，达到 7.04%。从整体来看，强势区域人力资源指数增速均值为−2.53%，在整体呈现负增长态势情况下较全国均值（−3.90%）降幅略小，可见强势区域人力资源除浙江和广东保持坚挺外，整体呈现下降态势，与全国人力资源指数走势一致。

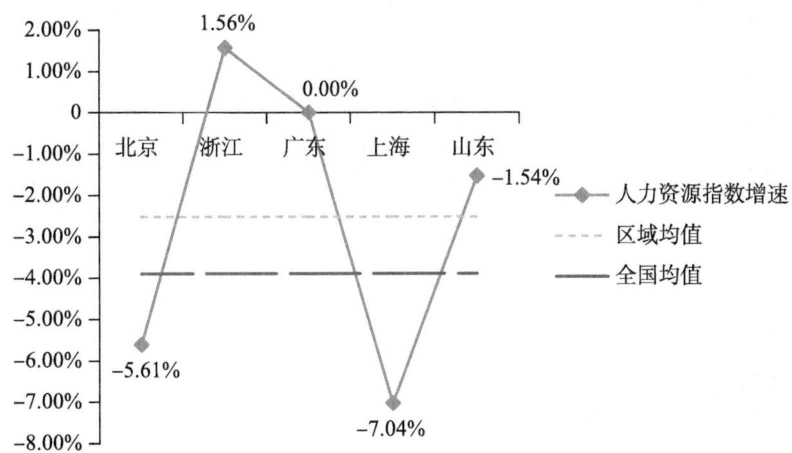

图 4-44　2020 年强势区域人力资源指数增速

（4）经济影响。

表 4-11 显示的是 2020 年强势区域经济影响指数的相关数据。

表 4-11　2020 年强势区域经济影响指数

地区	经济影响指数	经济影响指数增速
北京	91.19	12.12%
浙江	88.52	11.42%
广东	78.96	−8.89%
上海	95.69	26.66%
山东	70.20	−9.26%
区域均值	84.91	6.41%
全国均值	72.25	2.86%

1）数值比较。

如表 4-11 和图 4-45 所示，在经济影响方面，2020 年强势区域中，上海经济影响指数值达 95.69，高居第一位；北京、浙江次之，分别为 91.19、88.52。广东和山东均在 70～80 之间，其中山东最低，仅为 70.20。从整体来看，强势区域经济影响指数均值达 84.91，明显高于全国经济影响指数均值（72.25），高出 12.66，可见强势区域经济影响显著高于全国平均水平，表明强势区域较全国其他地区在文化产业产出和收入方面具有较大优势，是强势区域区别于其他区域的关键因素。

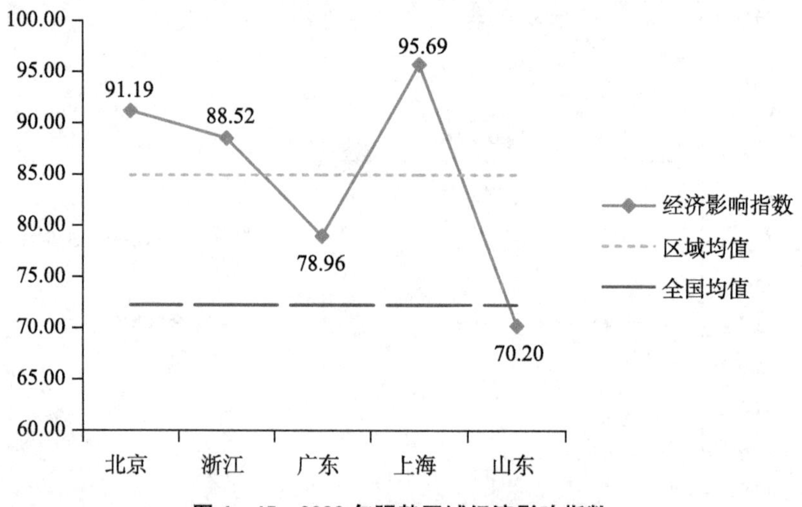

图 4-45　2020 年强势区域经济影响指数

2）增速比较。

由表 4-11 和图 4-46 可知，2020 年强势区域各省市的经济影响指数增速差异较大，上海保持了良好的上升势头，增速为 26.66%，其次是北京和浙江，增速分别达到了 12.12%和 11.42%。广东和山东出现负增长，且降幅接近 10%。从整体来看，强势区域经济影响指数增速均值为 6.41%，而全国均值为 2.86%，可见强势区域文化产业经济影响指数增速均值较高，相较于全国均值更加明显，说明区域差距仍在加大。

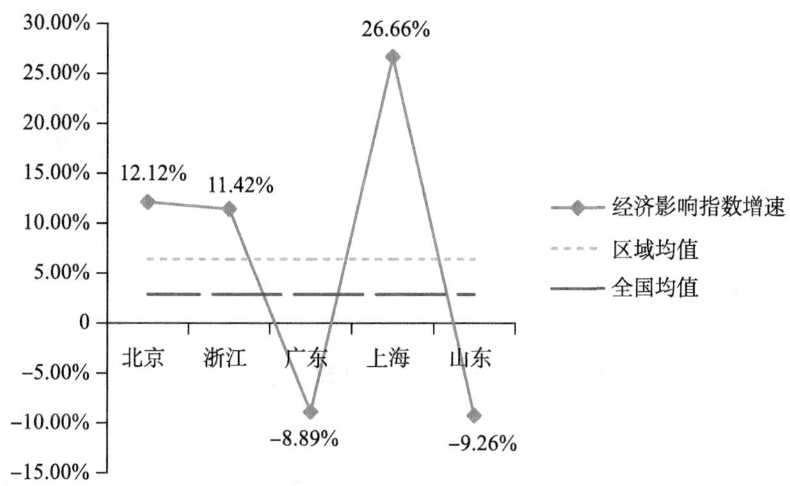

图 4-46　2020 年强势区域经济影响指数增速

(5) 社会影响。

表 4-12 显示的是 2020 年强势区域社会影响指数的相关数据。

表 4-12　2020 年强势区域社会影响指数

地区	社会影响指数	社会影响指数增速
北京	95.00	10.96%
浙江	86.60	0.01%
广东	76.33	−3.72%
上海	76.84	−11.36%
山东	72.26	−12.18%
区域均值	81.41	−3.26%
全国均值	69.08	−14.59%

1) 数值比较。

如表 4-12 和图 4-47 所示，2020 年强势区域中，北京社会影响指数值最高，为 95.00；山东最低，为 72.26，可见强势区域各省市社会影响相差较大。从整体来看，强势区域文化产业社会影响指数均值为 81.41，高于全国均值（69.08），高出 12.33，可见强势区域的文化产业社会影响力与全国平均水平的差距也在拉大。

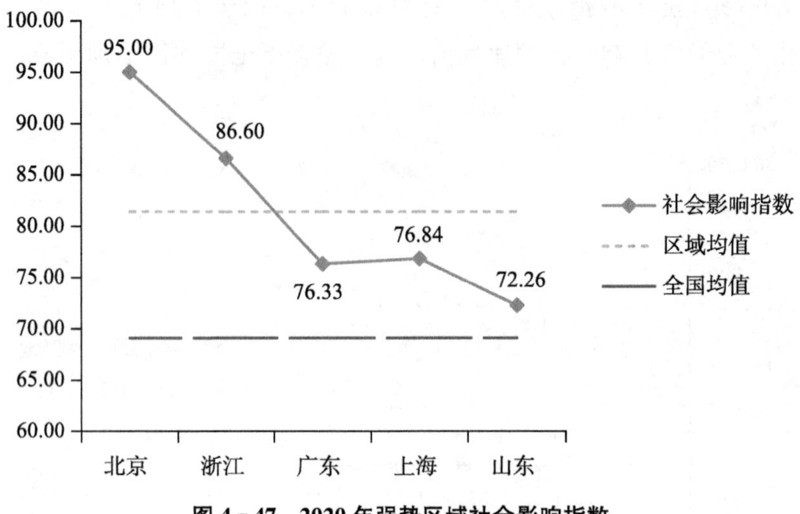

图 4-47　2020 年强势区域社会影响指数

2）增速比较。

由表 4-12 和图 4-48 可知，2020 年强势区域各省市社会影响指数除北京上升 10.69%、浙江基本保持上年水平以外，均呈现负增长，其中上海和山东的社会影响指数降幅最大，分别为 11.36%和 12.18%。从整体来看，强势区域社会影响指数增速均值为−3.26%，较全国均值（−14.59%）为高，主要是由于北京和浙江的增幅拉动。

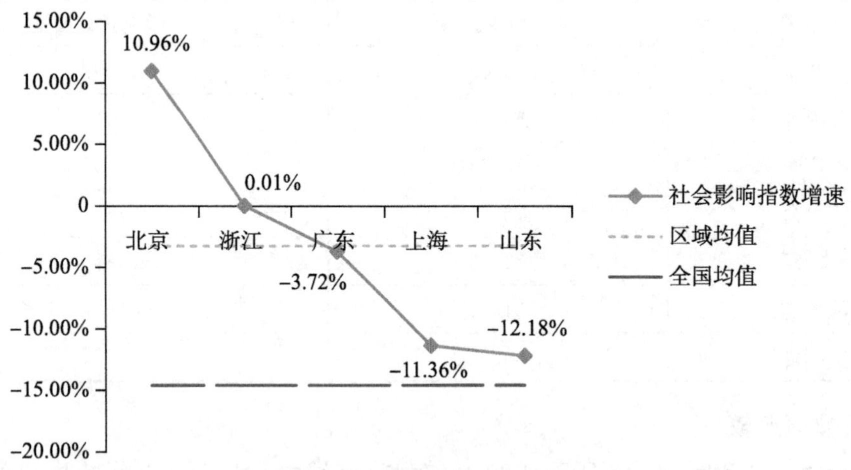

图 4-48　2020 年强势区域社会影响指数增速

（6）市场环境。

表 4-13 显示的是 2020 年强势区域市场环境指数的相关数据。

表 4-13　2020 年强势区域市场环境指数

地区	市场环境指数	市场环境指数增速
北京	69.69	−19.23%
浙江	77.62	−8.80%
广东	75.40	−10.52%
上海	79.57	−6.93%
山东	73.01	−18.30%
区域均值	75.06	−12.76%
全国均值	65.31	−22.18%

1）数值比较。

如表 4-13 和图 4-49 所示，2020 年强势区域各省市的市场环境指数略有差距，上海市场环境指数值最高，为 79.57，浙江次之，为 77.62，北京最低，仅为 69.69。从整体来看，强势区域市场环境指数均值为 75.06，高于全国市场环境指数均值（65.31），且差距较大。

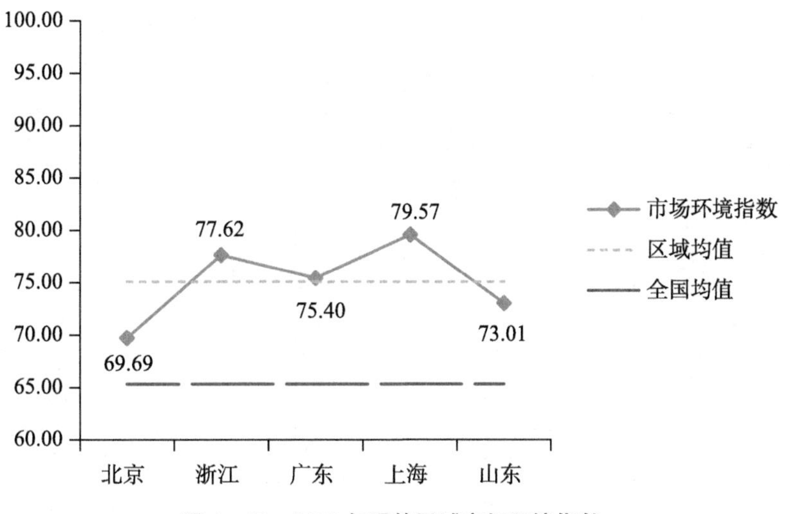

图 4-49　2020 年强势区域市场环境指数

2）增速比较。

由表 4-13 和图 4-50 可知，2020 年强势区域各省市的市场环境指数均呈下降趋势，且降幅相差较大。其中，北京和山东降幅最大，分别为 19.23%和18.30%；广东次之，降幅为 10.52%；此外，浙江和上海市场环境指数降幅也达到了 5%以上。从整体来看，强势区域市场环境指数增速均值为−12.76%，与全国整体态势一致，均呈下降趋势，但与全国均值（−22.18%）相比降幅较小。这说明，强势区域市场环境抗压能力更强。

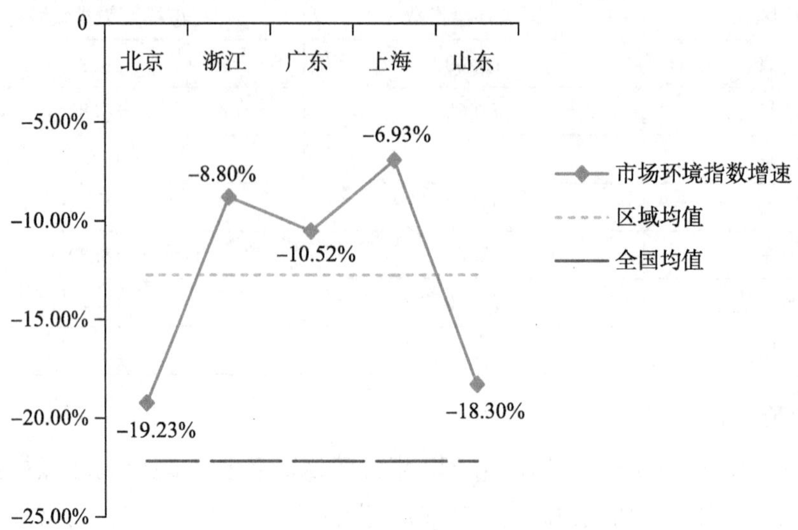

图 4－50　2020 年强势区域市场环境指数增速

（7）公共环境。

表 4－14 显示的是 2020 年强势区域公共环境指数的相关数据。

表 4－14　2020 年强势区域公共环境指数

地区	公共环境指数	公共环境指数增速
北京	90.24	－0.98％
浙江	93.17	4.92％
广东	91.22	1.14％
上海	72.68	－20.90％
山东	78.54	－15.27％
区域均值	85.17	－6.22％
全国均值	73.78	－16.44％

1）数值比较。

如表 4－14 和图 4－51 所示，2020 年强势区域中，浙江公共环境指数值最高，为 93.17；上海最低，仅为 72.68，可见强势区域各省市公共环境差异较大。从整体来看，强势区域公共环境指数均值为 85.17，高于全国公共环境指数均值(73.78)，可见强势区域的公共环境仍领先于全国平均水平。

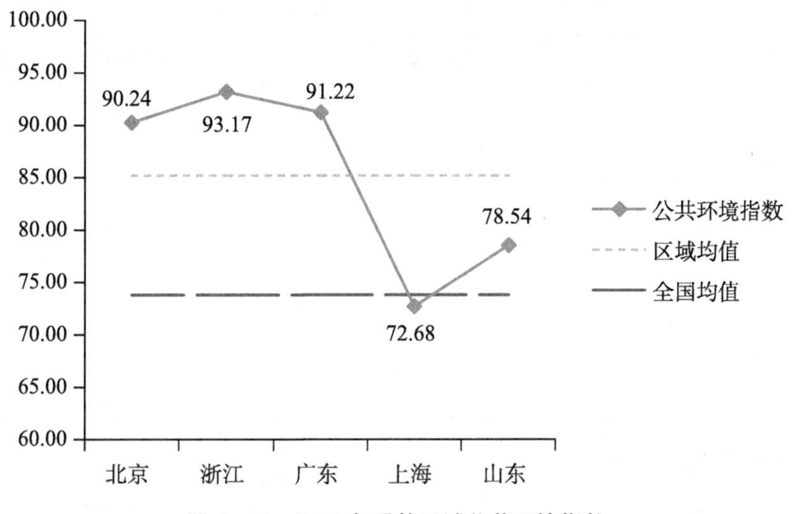

图 4-51　2020 年强势区域公共环境指数

2）增速比较。

由表 4-14 和图 4-52 可知，2020 年强势区域各省市公共环境指数增速相差较大。浙江、广东指数略有增加，北京指数有所下降但基本平稳，上海和山东指数呈现负增长，且降幅较大。从整体来看，强势区域公共环境指数增速均值为 −6.22%，高于全国均值（−16.44%），可见强势区域的公共环境优势仍在。

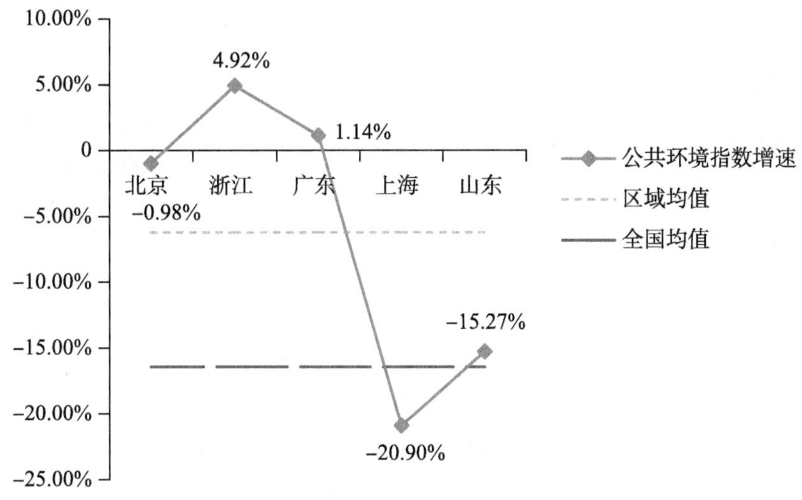

图 4-52　2020 年强势区域公共环境指数增速

（8）创新环境。

表 4-15 显示的是 2020 年强势区域创新环境指数的相关数据。

表 4-15　2020 年强势区域创新环境指数

地区	创新环境指数	创新环境指数增速
北京	93.67	11.95%
浙江	91.79	10.32%
广东	84.87	17.14%
上海	73.61	−3.74%
山东	71.39	−0.05%
区域均值	83.06	7.13%
全国均值	66.23	−9.77%

1）数值比较。

如表 4-15 和图 4-53 所示，2020 年强势区域中，北京创新环境指数值为 93.67，高于其他四省市；山东最低，为 71.39，可见强势区域各省市创新环境相差较大。从整体来看，强势区域创新环境均值为 83.06，高于全国创新环境指数均值（66.23），高出 16.83，可见强势区域的创新环境和全国平均水平相比存在比较明显的优势，这也是强势区域区别于其他区域的关键因素之一。

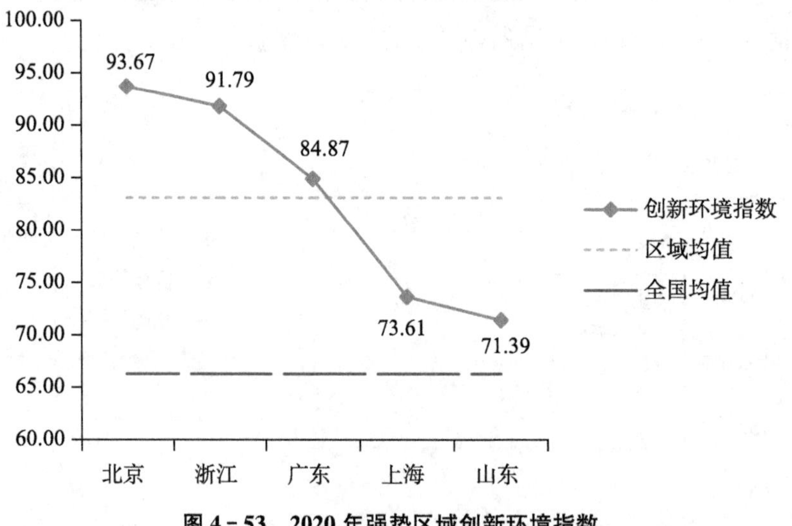

图 4-53　2020 年强势区域创新环境指数

2）增速比较。

由表 4-15 和图 4-54 可知，2020 年强势区域内多数省市创新环境指数呈现正增长，增幅较为明显。增幅最大的为广东，达到了 17.14%；其次为北京和浙江，增幅均超过了 10%。上海和山东增速为负，分别为−3.74%和−0.05%，但降幅较小。从整体来看，强势区域创新环境指数增速均值为 7.13%，呈上升趋势，与全国均值（—9.77%）背向发展，说明强势区域创新环境发展情况与全国平均水平分化程度加大。

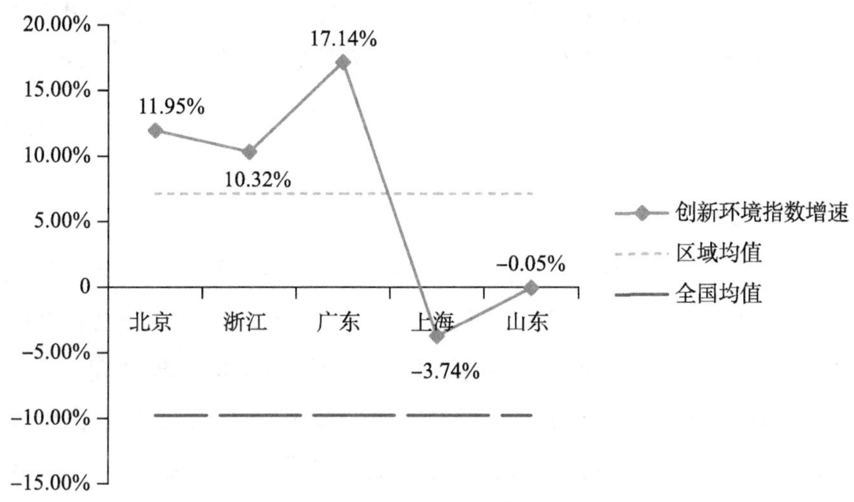

图 4－54　2020 年强势区域创新环境指数增速

(二) 中国文化产业发展强势区域决定要素

通过前文对强势区域文化产业发展二级评价指标的分析，可以看出丰富的文化资源、雄厚的文化资本和不断优化的创新环境是促进强势区域文化产业发展的关键因素。

1. 丰富的文化资源

文化资源代表一个地区发展文化产业可投入的资源量，是发展文化产业的主要根基。我国是文化资源大国，拥有五千年的文明史，历史文化积淀十分深厚，中华文化源远流长且博大精深，文化资源禀赋独特、丰厚，发展文化产业具有得天独厚的资源优势。随着推动文化产业成为国民经济支柱产业目标的确立，社会各界对我国文化资源蕴含的多层次价值的认知逐渐深入，对其需求也显得更为迫切和直接。非物质文化遗产资源方面，强势区域中的浙江省有近 160 个非遗项目，覆盖了民间文学、传统戏剧、传统美术、民俗等多个方面，同时注重非遗项目保护和传承，有文化生态保护区、非遗生产性保护基地、非遗旅游景区、传统节日保护基地等保护载体近 60 个[①]。博物馆文物藏品量方面，强势区域各省市均拥有超过 100 万件藏

① http://www.zj.gov.cn/col/col1229463183/index.html.

品，例如广东省的博物馆拥有多达 243.23 万件/套藏品[①]，北京市的博物馆藏品总数已达 1 625 万件套[②]。高校资源方面，我国许多著名高校坐落于文化产业发达的强势区域，如北京有北京大学、清华大学、中国人民大学等，上海有复旦大学、上海交通大学、同济大学等，广东有中山大学、暨南大学、华南理工大学等，山东有山东大学、中国海洋大学等，浙江有浙江大学等，这些重点高校都是该地区发展文化产业的宝贵资源。

2. 雄厚的文化资本

在发展文化产业的过程中，文化资本要素至关重要。资本作为产业放大器，是配置和优化资源的重要途径，能有力助推文化产业发展。强势区域文化产业的文化资本相对雄厚，覆盖产业各个领域，使得文化产业发展结构比较合理、发展空间比较广阔。以北京市为例，在存量企业资本方面，截至 2020 年底北京市的存量企业资本合计约 15 亿元，遥遥领先于其他省市，文化产业实现融资规模 616.82 亿元[③]，彰显了深厚的资本基础。同时，北京市积极营造良好的文化产业投融资环境，出台一系列文化金融政策措施，进一步激活了文化产业活力，推进北京文化金融环境持续向好发展。例如设立“投贷奖”，积极解决文化企业“融资难、融资贵”问题，自 2017 年实施以来，累积支持资金近 20 亿元，合计近 3 300 家文化企业和 200 余家金融机构受益，拉动社会资本近 2 000 亿元，不断优化“投贷奖”政策，利用资本持续为文化产业赋能。出台了针对小微、初创文化企业补贴房租的“房租通”政策和支持金融机构为小微企业提供融资支持的“风险补偿金”政策。三项政策支持主体不同，互为补充，构成了促进北京市文化金融融合发展的制度体系[④]。

3. 不断优化的创新环境

良好的创新环境是文化产业健康快速发展的土壤。随着我国经济进入新常态发展时期，尤其是十八届五中全会确立的以创新为首的五大发展理念，从要素驱动转向创新驱动，推进文化内容和形式、文化产品和服务、文化业态、载体渠道、体制机制、政策法规、运营模式等各方面创新，激发各方主体参与文化产业发展的积极

① 文化和旅游部. 广东省文化和旅游厅发布《广东省 2020 年度博物馆事业发展报告》.（2021-08-25）. https://www.mct.gov.cn/whzx/qgwhxxlb/gd/202108/t20210825_927328.htm.

② 打造“博物馆之城”!“十四五”期间推进北京 6 处博物馆建设.（2022-03-03）. http://www.bjzx.gov.cn/zxgz/zxyw/202203/t20220304_39697.html.

③ 文旅三方观察｜后疫情时代 文化金融路在何方.（2021-11-19）. http://www.chycci.gov.cn/news.aspx?id=63740.

④ 北京发放 1.95 亿元文化产业“投贷奖”564 家企业获资金支持.（2022-05-08）. https://www.chinanews.com.cn/cj/2022/05-07/9748550.shtml.

性和创造性，成为文化产业发展的重要方向。一方面，要大力发展新兴文化产业，推动文化和科技融合发展，促进新技术和模式不断涌现，使得新兴文化业态尽快成为新的增长点；另一方面，通过高新技术的运用加快传统文化产业转型升级，推动传统文化业态焕发新动力。强势区域凭借高新技术的研发和转化以及浓厚的创新氛围，在文化产业领域的创新方面走在了全国前列。创新投入方面，强势区域的创新投入明显高于其他区域，比如浙江省积极推动文化与科技协作重大项目落地，加强文化科技重点实验室培育建设。创新人才方面，强势区域文化部门科研机构高级职称就业人员每百万人拥有量在全国处于明显的领先位置。此外，强势区域拥有优良的国际交流环境，经常开展各级各类的行业交流会、博览交易会、学术研讨会等活动，有效促进了文化产业的创新发展。

（三）中国文化产业发展强势区域典型省市分析

在整体评述强势区域文化产业发展特征的基础上，下文将依照综合指数的排名详细分析北京、浙江、广东、上海和山东文化产业发展的现状，并找出促进各地区发展的关键因素。

1. 北京市

（1）北京市文化产业发展现状。

2020年，北京市的文化产业发展状况良好，文化资源、文化资本、经济影响、社会影响和创新环境均远超全国平均水平（见图4-55）。2020年，在新冠肺炎疫情及“逆全球化”与国际冲突等形势下，北京市文化产业仍然保持了良好发展态势。2020年北京市规模以上文化产业收入合计15 420.8亿元，同比增长13.9%[①]。文化产业已经成为北京市经济发展的支柱性产业，在推动北京市经济高速高质量发展以及增强全市人民幸福感、获得感方面发挥了重要作用，是打造“高精尖”经济结构的重要组成部分，进一步推进了北京市全国文化中心建设进程。

文化资源方面，根据《北京市2020年国民经济和社会发展统计公报》，2020年末北京市共有公共图书馆24个，总藏量7 208万册；档案馆18个，馆藏案卷977.3万卷件；博物馆197个，其中免费开放90个；群众艺术馆、文化馆20个。北京地区登记在册的报刊总量3 512种，出版社544家，出版物发行单位9 744家；全年引进出版物版权8 212件，版权（著作权）登记100.3万件。年末有线电视注册用户

① 2020年北京市规模以上文化产业收入同比增长13.9%.（2021-12-10）. http://www.bj.xinhuanet.com/2021-12/10/c_1128149165.htm.

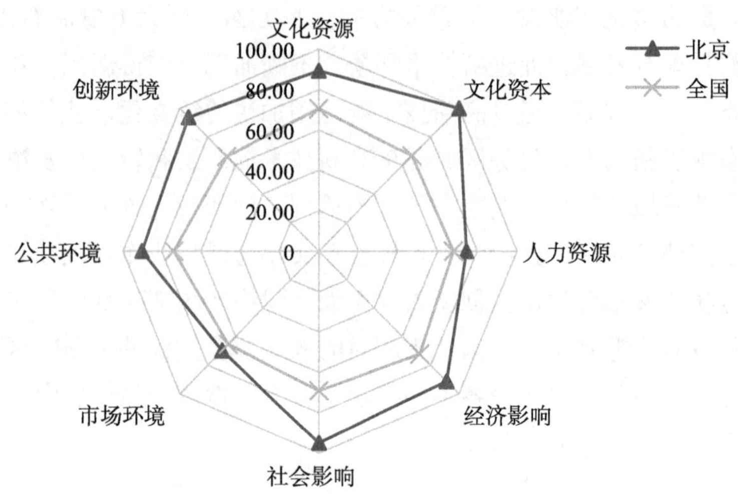

图 4-55　2020 年北京市文化产业二级指标雷达图

为 605 万户，其中高清交互数字电视用户 395.3 万户，4K 超高清用户 166.3 万户①。

文化资本方面，北京市积极培育优质文化企业，打造资本与企业对接平台，充分发挥“文化+金融”的加速器威力，以资本之力推动文化产业转型发展。2020 年举办“第九届中国文化金融创新大会”“2020 首都文化产业投融资峰会暨北京文化企业上市培育基地年会”等，积极推动首都文化产业高质量发展。2020 年新增上市文化企业 14 家，首发融资规模 372.66 亿元，分别同比增长 55.6%、667.7%，创下近 20 年来北京新增上市文化企业数量的新高峰。全年共发生融资事件 378 起，占全国的 21.2%，资金流入规模达 616.82 亿元，占全国的 22.7%。文化产业私募股权融资涉及资金 91.11 亿元，融资规模居全国首位。国有文化企业改革持续深化，“一企一策”推动北京发行集团、北京文投集团等企业改革发展。2020 年全市规模以上“文化+科技”企业实现营业收入 7 725.4 亿元，占全市规模以上文化企业营业收入的 51.7%。数字文娱独角兽企业数量占全国近六成②。

经济影响方面，北京市文化产业经济效益显著。2020 年，北京市规模以上文化产业收入合计 14 209.3 亿元，同比增长 0.9%③。北京地区 29 条院线 266 家影院共放映电影 146 万场，观众 2 117.1 万人次，票房收入 10.3 亿元。全年制作电视剧

① 北京市统计局. 北京市 2020 年国民经济和社会发展统计公报.（2021-03-12）. http://tjj.beijing.gov.cn/tjsj_31433/tjgb_31445/ndgb_31446/202103/t20210311_2304398.html.

② 安庭：线上文化消费正当时.（2022-09-02）. http://www.rmzxb.com.cn/c/2022-09-02/3193691.shtml.

③ 同①.

43部1 802集，电视动画片26部5 548分钟，电影185部，网络剧82部，网络动画片15部，网络电影215部[①]。2020年北京动漫游戏产业总产值约为1 063亿元，约占全国动漫游戏产业产值的19.3%，相比2019年的806亿元增长32%，实现“十三五”期间动漫游戏产业产值翻倍。其中，北京动漫产业总产值为168.71亿元，游戏产业总产值为894.29亿元[②]。

社会影响方面，2020年北京市社会影响指数高达95.00，在全国排名第一。根据北京市文化和旅游局公布数据，2020年，北京演出市场共演出6 984场，观众人数185.1万人次，票房收入约2.8亿元。舞台艺术创作成果显著。河北梆子《人民英雄纪念碑》入选2020年度国家舞台艺术精品创作扶持工程重点扶持剧目；国家大剧院歌剧《青春之歌》入选文化和旅游部2020—2021年度“中国民族歌剧传承发展工程”重点扶持剧目；京剧《锁麟囊》代表北京市参加2020年全国基层戏曲院团网络会演，当日直播观看总量149万；京剧《党的女儿》、歌剧《长征》、河北梆子《人民英雄纪念碑》、话剧《玩家》获第九届北京市文学艺术奖（戏剧类作品）；推出原创京剧《李大钊》《许云峰》，实现线上线下同步与观众见面；推出首部反映京杭大运河北京段的舞台艺术作品——大型原创京剧交响套曲《京城大运河》；挖掘整理传统京剧剧目《朱痕记》《凤鸣关·天水关》，策划创排昆曲《救风尘》和《红娘》等剧目，均已首演[③]。

创新环境方面，北京市创新环境指数高居全国首位，在文化科研人才和文化国际交流方面均有突出表现，创新能力不断提升。文化科研资金投入方面，数据显示，2020年北京的文化、体育和娱乐业固定资产投资实现了1.1%的增长，与2019年基本持平[④]。文化科研人才方面，北京市2020年规模以上文化产业从业人员合计59.3万人[⑤]。文化国际交流方面，成功举办2020中国国际服务贸易交易会旅游服务专题展，吸引864家参展商和216家特邀买家参展，线上线下商洽3 812次。举办服贸会四大高峰论坛之一——世界旅游合作与发展大会，这也是疫情以来全球第一个线下大型国际旅游会议。会议发布《新冠肺炎疫情影响下城市旅游业复苏与振兴行动指南》《新冠肺炎疫情下世界旅游业的恢复与发展报告》，从世界旅游业和城

① 北京市统计局. 北京市2020年国民经济和社会发展统计公报.（2021-03-12）. http://tjj.beijing.gov.cn/tjsj_31433/tjgb_31445/ndgb_31446/202103/t20210311_2304398.html.

② 北京2020年动漫游戏产业总产值较上年增长32%.（2021-01-17）. http://www.xinhuanet.com/fortune/2021-01/17/c_1126992276.htm.

③ 北京市文化和旅游局官网. 2020年北京市文化和旅游局工作总结.（2021-01-08）. http://whlyj.beijing.gov.cn/zfxxgkpt/zdgk/ghjh/202101/t20210108_2209844.html.

④⑤ 同①.

市旅游业两个层面提出全球旅游复苏的“中国方案”。举办康养旅游国际论坛，为国际康养旅游提供新的发展思路①。

(2) 北京市文化产业发展成功的关键因素。

1) 新业态新模式释放新动能。北京市充分利用科技、体育、旅游等方面的资源，在文化与其他领域融合发展方面持续发力，发掘经济发展新动能。在强化科技对文化的支撑作用、加快文化与旅游深度融合、推进文化与体育互融互促、推动文化与其他产业融合发展四个方面重点发力。2020 年，北京数字内容行业发展迅猛，游戏研发技术优势更加明显。北京市全力推动中关村科学城数字文化产业园的精品游戏研发基地建设，目前累计已经有腾讯、网易、完美世界、畅聊天下等 80 多家游戏研发企业入驻，发放在京过审游戏版号 44 个，助力全市动漫游戏产业总产值已经达到 1 063 亿元，约占全国动漫游戏产业产值的 19.3%②。北京以 2022 年冬奥会、冬残奥会为契机，建设国家体育产业示范区。融合滑雪、滑冰等冬季项目与文化表演，研究创新“5G+8K”超高清体育赛事转播，推动国际传播力和影响力持续扩大。同时开展“文化商圈”计划，着力打造时尚之都，连续推出精品项目，推进文化与健康、养老、养生、医疗等多业态融合，全面促进文化产业高质量发展。

2) 着力推动传统文化创新性发展。北京市不断寻求优秀传统文化创造性转化新路径，夯实非遗保护传承基础。京津冀豫四省市联合申报的“太极拳”列入联合国教科文组织人类非物质文化遗产代表作名录。组织开展北京市第五批市级非遗代表性项目申报和评审，北京曲剧等 52 个非遗项目入选。创作首部以北京中轴线为核心讲述老北京城变迁和人文历史故事的《北京中轴线文化游典》。完成创修志书《北京志·非物质文化遗产志》约 100 万字编纂；编辑出版《北京非物质文化遗产传承人口述史》5 册。积极培育非遗消费新业态，率先在全国举办首个非遗老字号电商购物节及主题游活动，70 余家非遗老字号店铺开启“云逛街”模式，电商平台销售额近 4 亿元，与线下 300 多家门店互动，助力复工复产。举办文化和自然遗产日活动——非遗伴您“逛京城，游京郊”启动仪式，推出“非遗+密约之旅”等近 50 条非遗主题游线路。策划组织“中国名片”——北京城市中轴线非遗主题旅游线路，入选首批全国 12 条非遗主题旅游线路③。

---

① 助推精品游戏研发基地建设 北京动漫游戏产业总产值超千亿. (2021-12-02). https://www.sohu.com/a/505030488_120099902.

② 同①.

③ 全国非遗主题旅游线路发布 12 条线路入选. (2020-10-18). https://baijiahao.baidu.com/s?id=1680888948068434187&wfr=spider&for=pc.

2. 浙江省

（1）浙江省文化产业发展现状。

如图 4－56 所示，2020 年浙江省在文化资源、文化资本、人力资源、经济影响、社会影响、市场环境、公共环境、创新环境方面均超过全国平均水平，其中文化资源、创新环境方面表现尤为突出。

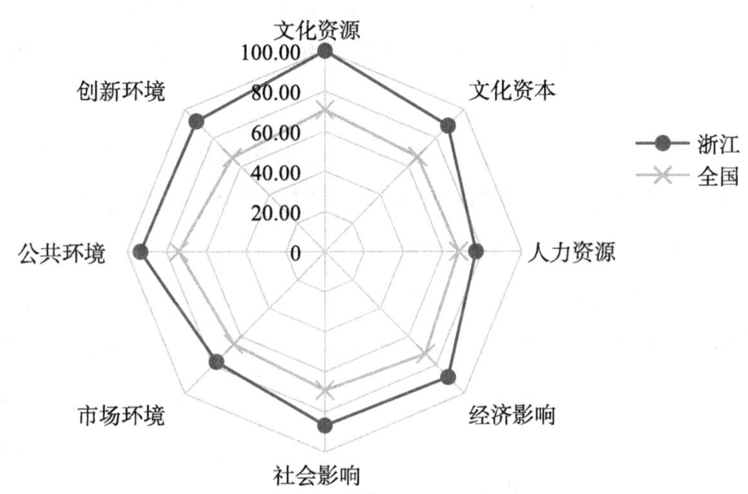

图 4－56　2020 年浙江省文化产业二级指标雷达图

文化资源方面，浙江省是吴越文化的重要发祥地，拥有越剧、丝绸、瓷器、木雕、根雕等一大批特色传统文化资源。根据《浙江省 2020 年国民经济和社会发展统计公报》，年末全省共有文化馆、群众艺术馆 115 个，公共图书馆 117 个，博物馆 345 个，美术馆 42 个。共有广播电台 8 座，中短波广播发射台和转播台 21 座，电视台 8 座，广播综合人口覆盖率和电视综合人口覆盖率均达 100%。全省有线电视用户 1 522.4 万户。全年出版报纸 18.8 亿份，出版杂志 1.1 亿册，出版图书 6.9 亿册。

人力资源方面，2020 年浙江省在全国以指数值 76.67 排名第四。浙江省委启动实施“习近平新时代中国特色社会主义思想溯源工程”，全省上下掀起“跟着总书记学思维”“重温习近平同志在浙江”活动热潮，全网点击阅读量累计超过 31 亿人次；“8090”宣讲团等让更多年轻人成为理论宣讲生力军，凝聚起建设“重要窗口”的青春力量①。“文艺浙军”为浙江文艺繁荣发展提供人才支撑。随着“文化名家打造计划”、“五个一批”人才工程、影视艺术人才“新光计划”等的实施，之江编剧

① 浙江省加快打造新时代文化高地综述：文化之光 闪耀浙江.（2021－08－31）. https://zj.zjol.com.cn/news.html?id=1720616.

村、中国网络作家村等落户杭州，浙江筑巢引凤，不断吸引优秀人才扎根之江大地，“文艺浙军”的影响力和实力日益凸显。持续推进高等教育改革，浙江音乐学院成功获批国家级、省级一流本科专业6个，一流本科专业占比达75%[①]；创设“五大学院”新型表演实践教学平台，探索“人才分类培养”模式创新；联合招收培养博士研究生。浙江旅游职业学院和浙江艺术职业学院双双进入全国、浙江省“双高”建设序列。全面启动浙江省文化和旅游导师工作室培育创建工作和舞台艺术“1111”人才等各类人才培养计划。浙江音乐学院学生再次获得“中国好声音”总冠军。

经济影响方面，“十三五”时期，浙江省文化和旅游产业快速增长，双双迈入万亿产业行列[②]。2020年，全省6 097家规模以上文化及相关特色产业营业收入13 318亿元，比上年增长9.6%，增速分别比一季度、上半年和前三季度提高12.6、5.6和1.1个百分点。其中，文化新业态特征较为明显的16个行业小类营业收入5 897亿元，增长12.7%，增速分别比一季度、上半年和前三季度提高7.0、2.3和0.5个百分点。其中杭州市2020年文化产业增加值实现2 285亿元，同比增长8.2%，占GDP比重为14.2%[③]。围绕“六稳”“六保”工作，浙江用足各项纾困支持政策，建立驻企服务员机制，共派出驻企人员4 813人次，驻企7 726家，走访企业29 537家，解决问题3 868个。妥善做好19.8万名春节出境受阻游客9.6亿元“退团退费”处置工作，全省涉疫旅游达成100%协议改签、100%和解退费，没有发生群体性上访等维稳事件。实施“抗击疫情——文艺轻骑兵‘云’行动”和文艺名家战“疫”行动，推出舞台艺术作品和美术作品近1 400件、主题非遗文艺作品和手工艺作品2 000余件（个）、主题展览10余个。促消费，省市县联动投放总价10亿元文旅消费券和“1亿元大红包”，联合省财政厅在七大网络平台发放总价5亿元的旅游消费券，不断激发消费活力；指导各地实施弹性休假制，进一步落实职工带薪休假和疗休养制度；自9月份开始，全省国内旅游已基本恢复到上一年同期水平，全年累计接待游客5.7亿人次，收入8 275.1亿元，分别达到上年同期78.5%和75.8%。抓投资，全省在建项目2 839个，总投资2.01万亿元，实际完成2 584.7亿元，完成年度计划129%[④]。

---

① 浙江省文化和旅游厅. 浙江省文化和旅游厅2020年工作总结和2021年工作思路. (2021-02-03). http://ct.zj.gov.cn/art/2021/2/3/art_1229678764_4984208.html.

② 浙江省文化和旅游产业快速增长 双双迈入万亿产业.(2021-02-03). https://zj.ifeng.com/c/83WvfSfDMBt.

③ 杭州文旅交出年度“答卷”！文化产业增加值达2 285亿元，全年接待游客1.76亿人次.(2021-02-07). https://baijiahao.baidu.com/s?id=1691029285095220882&wfr=spider&for=pc.

④ 同①.

社会影响方面，2020年浙江省社会影响指数值高达86.60，在强势区域中排名第二。“十三五”时期，浙江省文化建设扎实推进。社会主义核心价值观深入人心，新时代文明实践中心试点扎实开展，农村文化礼堂实现“建管用育”一体化，覆盖率和惠民度进一步提升，11个设区市全部跻身全国文明城市之列、全部创成全国“双拥”模范城。优秀传统文化在传承中发展，大运河国家文化公园加快建设，良渚古城遗址等世界遗产得到有效保护和传承利用，宋韵文化品牌塑造成效初显。文化旅游加快融合，“百县千碗”品牌进一步打响，成功创建省级文旅产业融合试验区25个[①]。文化设施基本实现城乡全覆盖，2020年，有县级及以上公共图书馆105家，文化馆101个，文化站1 378个，博物馆376个，农村文化礼堂17 804家。县级文化馆和图书馆覆盖率均达100%，乡镇文化站和行政村文化活动室覆盖率均达100%，公共图书馆虚拟网络基本全覆盖。文化保护不断加强，2019年良渚古城遗址申遗成功，全省世界遗产增至4处。农业文化遗产挖掘保护进一步强化，拥有中国重要农业文化遗产12个，总量位居全国第一。文艺创作活跃，至2020年末，全省共有图书出版社14家，出版期刊235种，公开发行报纸66种，出版规模和出版物品种居全国前列，人民群众精神生活日益丰富[②]。

（2）浙江省文化产业发展成功的关键因素。

1）长三角文化和旅游一体化为浙江文化产业发展赋能。2019年长三角农旅合作协议签订，为充分发挥长三角农业和旅游资源的集聚功能，共同打造长三角区域农旅一体化发展示范区提供保障。通过政府推动、市场运作、资源整合及互利合作等方式，形成优势互补、共建共享、统一开放的新格局，推进农旅一体化，通过农业产业对接、品种交流和技术共享等方式方法，进一步丰富农旅节庆平台功能，扩大农旅节庆平台发展规模。在产业经济一体化、旅游资源一体化的基础上，进一步实现社会治理一体化、生态环境一体化、交通网络一体化的全面发展。

2）数字赋能浙江文旅产业迈入高质量发展。在疫情防控常态化下的2020年，数字化成为推动浙江文旅产业高质量发展的重要抓手。浙江首推的“文旅绿码”从西湖太子湾公园走向全国，“非遗大脑”运用互联网大数据保护和传承非物质文化遗产……近年来，浙江紧抓数字经济发展机遇，以“管用”和“好用”为导向，促进文旅产业数字化、网络化、智能化发展，力争打造文化和旅游数字化改革的全国

① 2021年浙江省政府工作报告.（2021-02-01）. https://www.zj.gov.cn/art/2021/2/1/art_1229493828_59083401.html.

② 浙江省统计局. “十三五”时期浙江经济社会发展报告.（2021-02-05）. https://www.zj.gov.cn/art/2021/2/5/art_1229463132_59083148.html.

样板、浙江经验。

3. 广东省

(1) 广东省文化产业发展现状。

如图 4-57 所示，2020 年广东省在文化资源、文化资本、人力资源、经济影响、社会影响、市场环境、公共环境和创新环境方面的表现都超过了全国平均水平，其在文化资源、人力资源方面表现尤为突出。

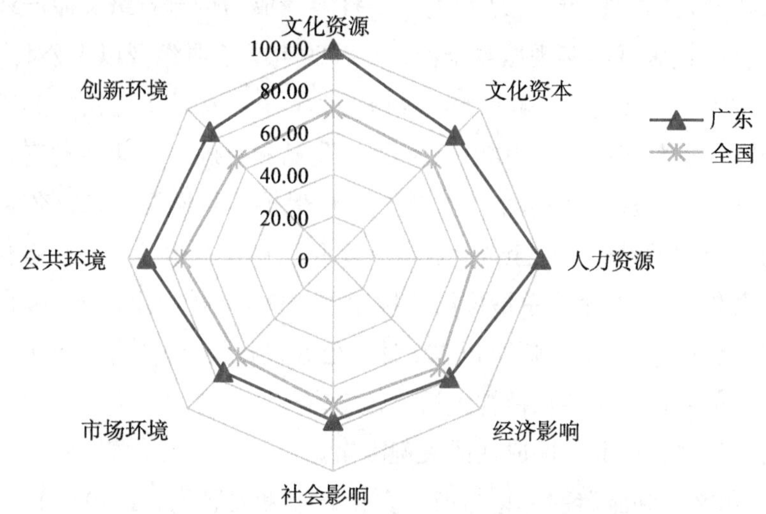

图 4-57　2020 年广东省文化产业二级指标雷达图

文化资源方面，《2020 年广东省国民经济和社会发展统计公告》显示，2020 年末全省共有电影放映单位 2 845 家，艺术表演团体 71 个，文化馆 144 个，公共图书馆 148 个，博物馆 324 个，档案馆 186 个。全省有广播电台 2 座，电视台 3 座，广播电视台 95 座。广播综合人口覆盖率和电视综合人口覆盖率均为 99.98%。年末有线广播电视用户 1 767.05 万户，比上年末下降 4.2%；有线数字电视用户 1 705.31 万户，下降 3.1%；IPTV 用户数 1 920.95 万户，增长 5.4%；OTT 用户数 2 443 万户；全年经审查获发行许可的国产电视剧 20 部。全年出版报纸 15.22 亿份，各类期刊 0.98 亿册，图书（总印数）4.03 亿册。2020 年，文化及相关产业增加值 6 210.60 亿元，占地区生产总值比重 5.6%。

人力资源方面，广东省持续表现突出，连续 10 年位列第一，且达到 100.00 的指数值。作为全国人口大省，广东在人才方面具有得天独厚的优势。根据《广东统计年鉴 2021》，2020 年广东省文化、文物机构数合计 18 607 个，从业人员超过 29 万人。共有 475 个剧团，国内演出场次达 3.38 万场，覆盖观众 1 689.91 万人次。

2020年，全省有文化产业法人单位超30万家，规模以上文化企业9 900余家，从业人员超300万人，均居全国第一①。

经济影响和社会影响方面，广东文化产业增加值连续多年位居全国前列，文化产业法人单位和从业人员数量均居全国第一。带有鲜明地域特色的岭南文化不断“出圈”，同时也成为很多文化产业和产品的根基，带动广东文化产业高质量发展。“十三五”时期，广东文化产业增加值年均增速超过10%，文化产业增加值连续多年占全省GDP比重超过5%，成为全省支柱产业之一。广东文化产业9大类146个行业门类齐全，其中有7大类增加值占全国比重超过10%。2020年，广东文化产业增加值6 210亿元，约占全国总量的13.8%②。2020年，广东省游戏业收入2 132亿元，占全国比例为76.5%。在网络游戏（包括移动游戏、客户端游戏、网页游戏）营收方面，2020年广东省占全球网络游戏比重上升为24.9%，同比增长0.4%。数字创意、网络视听、网络娱乐、电子竞技、线上演播等新兴文化业态异军突起，成为广东文化产业的新引擎。广东对外文化贸易稳定增长，围绕“一带一路”“海上丝绸之路”，以新业态为重点的对外文化贸易新模式逐步形成。2020年，除腾讯、网易外，四三九九等企业在海外也如鱼得水，助力广东网络游戏出海营收规模达317.6亿元，同比增长31.1%③。

公共环境方面，广东着力实施内容精品战略，提升文化创意生产能力，进一步激发产业发展活力。全面推进岭南优秀传统文化创造性转化、创新性发展，培育岭南美术、广东音乐、粤剧戏曲、岭南美食、岭南中医药等品牌，擦亮广东历史文化遗产“金名片”。广东打出系列“组合拳”，着力打通产业链上的堵点难点，完善文化市场体系，培育打造了一大批品牌展会。除了文博会，中国（广州）国际纪录片节、广州文化产业交易会、中国（东莞）国际影视动漫版权贸易博览会、广东国际旅游产业博览会、南国书香节等影响力持续增强，成为广东文化产业、文化创新走向世界的“助推器”。

（2）广东省文化产业发展的关键因素。

1）文化与科技深度融合。近年来，广东省大力推动文化与科技深度融合，实施文化产业数字化战略，出台《广东省促进文化和科技深度融合实施方案（2021—2025年）》，前瞻布局战略性新兴文化产业；加快建设深圳南山区、华强方特、励

① 一图读懂｜广东文化产业有多牛？.（2021-09-23）. https://new.qq.com/rain/a/20210923A038Z700.

② 广东文化产业增加值连续多年位居全国前列.（2022-09-30）. https://baijiahao.baidu.com/s?id=1745348673826158241&wfr=spider&for=pc.

③ 2020广东游戏产业：企业过万，上市公司40+，规模超两千亿元.（2021-01-07）. http://k.sina.com.cn/article_1652484947_627eeb53020013ke4.html.

丰科技等5家国家级文化和科技融合示范基地。作为产业融合发展的新形态，数字创意、网络视听、网络娱乐、电子竞技、线上演播等新兴文化业态异军突起，成为广东文化产业发展的新引擎。大力培育数字创意产业集群，全省有文化产业相关高新技术企业近800家。5家单位获评国家文化和科技融合示范基地，推动4K/8K超高清视频产业迅猛发展，500多家上下游企业投资落地广东，集聚形成穗、深、惠等3个4K产业集群[①]。

2）粤港澳大湾区为广东省文化产业增添新动力。“十三五”期间，广东着力打造“旅游+文化”产业生态圈，加快将粤港澳大湾区打造成世界级旅游目的地。《广东省促进全域旅游发展实施方案》《广东省加快推进文化和旅游融合发展三年行动计划（2020—2022年）》《广东省乡村旅游提质升级行动实施方案（2019—2020年）》等政策措施的落地，带动文旅产品的高质量供给，拉动全省旅游总收入及入境过夜游客等指标居全国第一。在《粤港澳大湾区发展规划纲要》中，文化和旅游发展在多个章节均被提及，将“建设宜居宜业宜游的优质生活圈”确定为五大战略定位之一，提出共建人文湾区、构筑休闲湾区、塑造健康湾区，为新时代粤港澳大湾区文化和旅游发展带来巨大机遇，进一步促进粤港澳大湾区世界级旅游目的地建设。这预示着大湾区旅游发展进入了新一轮黄金期、整合融合期和深度合作期。

4. 上海市

（1）上海市文化产业发展现状。

2020年，上海的文化资源、文化资本、人力资源、经济影响、社会影响、市场环境、创新环境方面均超过了全国平均水平，其中经济影响和市场环境方面优势较为明显（见图4-58）。

文化资源方面，根据《2020年上海市国民经济和社会发展统计公报》，至年末，全市共有公共图书馆23个，总流通人次668.3万人次；备案博物馆149个，接待观众总量982万人次。全年共出版报纸6.94亿份、各类期刊0.62亿册、图书4.95亿册；摄制完成影片80部。2020年上海共认定149家市级园区（含25家示范园区）、16家示范楼宇和28家示范空间。上海锦和商业、上海德必集团先后上市，开启了文创园区运营管理公司上市的先河[②]。

经济影响方面，2020年上海市文化创意产业总体发展平稳，实现总产出

① 广东文化产业增加值约占全国总量1/7.（2021-09-23）. https://www.sohu.com/a/491465307_161795.

② 总产出20 404.48亿元，在线新经济强势发展，上海文创产业2020年成绩单来了.（2021-03-31）. https://wenhui.whb.cn/third/baidu/202103/31/398247.html.

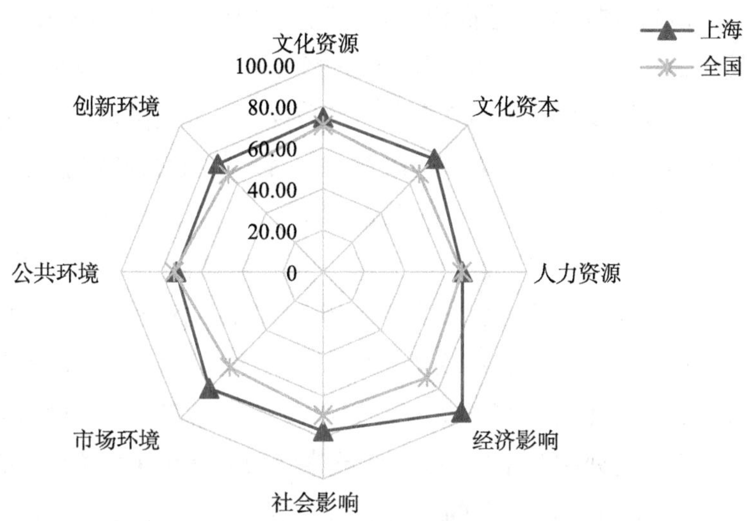

图 4-58　2020 年上海市文化产业二级指标雷达图

20 404.48 亿元。上海作为金融中心，文创产业发展充分发挥了金融杠杆优势。2020 年，通过文创资金，共扶持文创项目 834 个，其中在建类项目 312 个，市区两级扶持资金 3.8 亿元，撬动社会资本投入超过 32 亿元；成果资助类及产业研究类项目 531 个，市级扶持资金超过 1.15 亿元。在建类项目中，扶持民营企业项目数量和金额分别占总数的 88%和 86%①。新元新经济智库发布的《2010—2020 年文化产业投资基金发展状况分析》显示，2010—2020 年，上海设立的文化产业投资基金为 53 支，募资规模超过 1 000 亿元。

社会影响方面，随着上海市通过多维度在文化领域的不断耕耘，其文化产业社会影响力愈发强大，当前已集聚 7 000 多家影视企业。2020 年全年共有 19 部“上海出品”影片（含 2 部重映）上映，总票房约 11.05 亿元。上海科技影都建设初具规模，华策长三角国际影视中心项目开工建设，双创文化产业投资母基金与华策影视达成战略合作。全球影视创制中心建设步履坚实，年内成功举办第二十三届上海国际电影节、第二十六届上海电视节、上海市民文化节等重大文化活动。上海电视节首次推出全线上的国际影视云市场，海外参展商占比首次突破 50%。年内成立“演艺大世界”在线演艺联盟，全市演艺新空间增至 66 家，“演艺大世界”申报国内演出 1.3 万余场②。第二届长三角国际文化产业博览会顺利举办，主会场设在国

① 总产出 20 404.48 亿元，在线新经济强势发展，上海文创产业 2020 年成绩单来了.（2021-03-31）. https://wenhui.whb.cn/third/baidu/202103/31/398247.html.

② 上海市统计局. 2020 年上海市国民经济和社会发展统计公报.（2021-03-19）. https://tjj.sh.gov.cn/tjgb/20210317/234a1637a3974c3db0cc47a37a3c324f.html.

家会展中心（上海），展览场地总面积为5.4万平方米，是首届总规模的两倍以上。

市场环境方面，上海不断完善文创产业服务体系，于2020年成立上海市文化创意产业促进会，首批单位会员250多家；举办投资合作商务洽谈会、长三角直播经济人才训练营等活动。建立文创金融服务工作站，联动文创特色支行、市融资担保基金，推出"文创保""招惠贷"等"见保即贷"贷款产品（其中"文创保"产品贷款授信约4.6亿元）和"申影贷""惠影保"等特色金融产品①。随着"文创50条""电竞20条"等相关政策出台并落实，上海与游戏电竞产业巨头的合作越发紧密，成功举办全球顶级赛事《英雄联盟》S10总决赛以及Chinajoy全球电竞大会、电竞上海大师赛、电竞上海全民锦标赛等重大线下电竞赛事。中国游戏产业研究院、全球移动电竞文化研究院落地浦东，《英雄联盟》赛事主办方拳头游戏亚太总部落户上海。2020全球电竞大会的召开以及一系列的电竞周活动，为上海打造"全球电竞之都"聚集了业内优质资源，营造了良好的发展环境。

创新环境方面，近年来上海市积极推进文化产业创新，逐渐取得成效。文化旅游数字化转型迈出新步伐，年内共组织"云展览""云演出""云游园""云过节""云直播"等3万余场在线公共文化活动，吸引超过2亿人次参与。重大文旅节展赛会探索新模式，《英雄联盟》S10总决赛吸引2亿人次在线观看，5 000场线下活动吸引300余万人次参与②。首届艺术与设计创新未来教育博览会顺利举办，吸引了来自海内外30多家艺术设计知名院校参与本次教博会。上海出版产业聚焦打响"出版文化品牌"，深入推进出版创新驱动、转型发展，破除制约发展的瓶颈问题。自贸区（新片区）建设推动文化市场有序开放，统计显示，截至2020年末，上海自贸区文化贸易额已由最初的5亿元增长至350亿元。

（2）上海市文化产业发展成功的关键因素。

1）产业结构持续优化。近年来，随着以数字技术为载体的新兴文化产业形态的迅猛发展，上海市文化产业向内容化、移动化、智能化、深融合的方向发展，进一步推动了全市文化产业内容创作生产能力的稳步提升，同时产出了非常多优质文化内容，出版、影视、新闻等传统产业进一步转型升级，全球影视创制中心建设同步开展，巩固强化了在网络视听、网络文化等数字化内容生产方面的国内产业高地地位。同时，以创意设计、时尚产业为代表的新兴文化领域呈现出创新、融合、开

---

① 总产出20 404.48亿元，在线新经济强势发展，上海文创产业2020年成绩单来了.（2021-03-31）. https://wenhui.whb.cn/third/baidu/202103/31/398247.html.

② 格物观察｜最新全国电竞城市报告发布，上海凭啥领跑全国？.（2021-08-03）. https://mp.weixin.qq.com/s/3zy61YzI7KLty2FUQ2ju_Q.

放的产业特征，互联网文化娱乐平台等新型传播渠道和文化内容平台成为助推新兴文化产业发展的重要动力。

2）文化产业金融生态建设不断完善。上海市积极推动文化与金融融合，持续拓展文化金融合作渠道，进一步完善多元文化金融服务体系，落实信贷支持政策，银行业金融机构继续加大对中小微文创企业的信贷投放力度。推进文化投融资服务平台建设，提高“上海文创金融服务平台”服务效能。

3）国家战略引领产业高质量发展。一是自贸区（新片区）建设推动文化市场有序开放。在自贸试验区的引领带动下，上海文化产业以自贸试验区临港新片区揭牌为契机，进一步推动文化市场开放，创新文化产业制度，提升发展能级。二是长三角文化产业合作向纵深发展。上海全面落实长三角一体化发展规划纲要，积极推动区域协调发展，以产业合作为抓手，推进长三角文化产业更高质量一体化发展。三是“一带一路”文化出海加快推进。上海积极参与“一带一路”建设，持续推进“一带一路”对外文化合作、交流和贸易。四是主场外交助力中华文化对外传播。借助进博会等主场外交平台渠道，积极传播中国理念、中国声音，打响“上海文化”品牌。

5. 山东省

（1）山东省文化产业发展现状。

2020年，山东省在文化资源、文化资本、人力资源、社会影响、市场环境、公共环境和创新环境方面均超过全国平均水平，在文化资源、人力资源、市场环境等方面表现突出（见图4-59）。

文化资源方面，2020年山东省公共文化服务水平稳步提高，文化场馆类资源优势尤其明显。根据《2020年山东省国民经济和社会发展统计公报》，年末广播人口、电视人口综合覆盖率分别为99.45%和99.59%。城市、县城和乡镇影院580家，票房10.0亿元。公有制艺术表演团体104个，艺术表演场馆93个，博物馆603个，公共图书馆154个，群众艺术馆和文化馆157个，美术馆55个，文化站1 815个。出版各类图书16 182种，报纸83种，期刊杂志265种。国家级、省级文化产业示范园区（基地）分别为17个和171个。国家级、省级非遗代表性项目分别为173项和751项。国家、省级重点文物保护单位分别为226处和1 711处。在全国第四批博物馆定级评估中，99家博物馆成功晋级[①]。

---

① 山东省统计局. 2020年山东省国民经济和社会发展统计公报.（2021-02-28）. http://tjj.shandong.gov.cn/art/2021/2/28/art_6196_10285382.html.

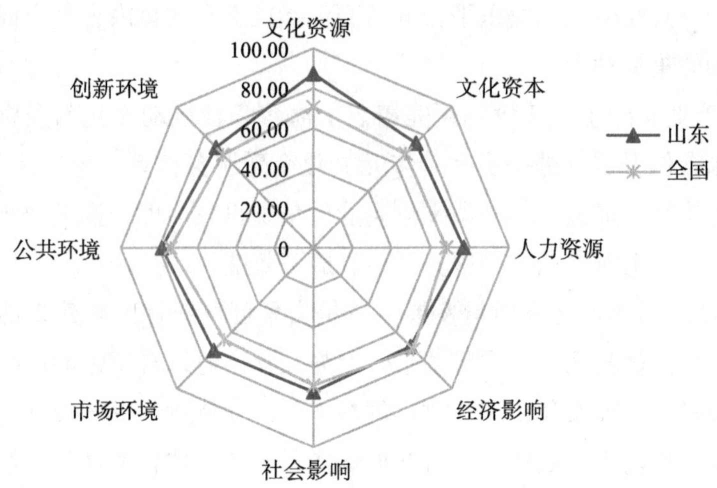

图 4-59　2020 年山东省文化产业二级指标雷达图

人力资源方面，山东省人力资源指数值为 76.87，从 2019 年的全国第 19 跃升至 2020 年的全国第 3。依托泰山学者、齐鲁文化人才工程等有关人才工程，山东积极培养引进一批文化、旅游和文物理论研究方面的领军人才。设立“名家工作室”。选择文化和旅游领域代表性名家，设立涵盖戏剧、曲艺、音乐、文艺理论（评论）、文物、导游、旅游策划、手造等门类的“名家工作室”，充分发挥行业内名家的传帮带作用，推动山东文化和旅游高质量发展。开展多层次文化和旅游人才培训。统筹制定培训计划，每年根据工作需要举办专题培训班。实施“文化和旅游精英人才”培养计划。支持文化和旅游行业申报省级专业技术人才知识更新工程高级研修项目。建设文化和旅游人才培养基地。制定《山东省文化和旅游人才培训基地管理办法》，在省内选择部分文化和旅游学科实力强、教学水平高的高等学校、职业院校、培训机构，建设“山东文化和旅游人才培训基地”，承担全省文化和旅游人才培养培训任务。支持省内具备条件的文化和旅游机构申报博士后科研工作站、博士后创新实践基地。

经济影响和社会影响方面，2020 年山东规模以上文化企业营业收入同比增长 7.8%。文化创意产业是山东省重点发展的新旧动能转换十强产业之一，既是满足人民美好生活需要的重要途径，又是文化强省建设的重要支撑。截至 2020 年底，山东省拥有 2 440 个规模以上文化企业，实现营业收入 4 833.9 亿元，比去年增长 7.8%，比全国高 5.6 个百分点。精品旅游产业不断提质增效。出台《大力推进全域旅游高质量发展实施方案》，印发《山东省全域旅游发展总体规划（2018—2025 年）》《山东省精品旅游发展专项规划（2018—2022 年）》《山东省精品旅游景区建设三年行动方案》，大力发展精品旅游产业，威海华夏城景区、沂蒙山景区、黄河口生态旅游区成功创建 5A 级景区。新旧动能转换重大工程实施以来，全省重点文化旅游项目已竣工 698 个，完成投资 4 648.7 亿元。连续举办四届文化和旅游惠民消费季，成为全国开展范围最大、参与企业最多、平台模式最新的文旅消费促进行动，受到文化和旅游部肯定。2020 年，面对新冠肺炎疫情的严重冲击，坚持统筹推进疫情防控和复工复产，实施文旅消费促进行动，提前启动文化和旅游惠民消费季，省市县三级落实 1.5 亿元资金发放惠民消费券。创新开展“山东人游山东”“六个一百自驾游行动”“好客山东游品荟”“冬游齐鲁·好客山东惠民季”等活动，制定出台全省 81 个国有景区降低门票价格政策措施，促进文旅市场复苏回暖。2020 年，山东省接待游客 5.77 亿人次，实现旅游收入 6 019.7 亿元，分别恢复到上年的 61.5%和 54.3%，走在全国前列。

市场环境方面，成功举办旅游发展大会暨首届中国国际文化旅游博览会、第六届中国非物质文化遗产博览会、第四届文化和旅游惠民消费季。积极优化营商环境，用产业园区积极链接和吸引更多高端资源。2020 年，济南市发布了《关于在新旧动能转换中做大做强文化产业的若干政策措施的通知》，鼓励建设集合文创商店、特色书店等多种业态的消费集聚地。对首次入选国家级、省级、市级夜间文化和旅游消费集聚区的，分别给予一次性补助 100 万元、50 万元、30 万元。中国（山东）自由贸易试验区济南片区国家文化出口基地建设如火如荼，有超过 500 家中小文化企业和非遗传承项目落户于此，成为集文化 IP 挖掘、品牌孵化等为一体的文化出海全链条服务载体①。

（2）山东省文化产业发展成功的关键因素。

1）公共服务体系建设全国领先。积极推进公共文化服务标准化均等化建设，省、市、县、乡、村五级公共文化服务设施网络基本实现全覆盖，全省公共图书馆、文化馆分别达到 154 个、157 个，建成数量和上等级率均居全国前列。2020 年，山东省成功举办旅游发展大会暨首届中国国际文化旅游博览会、第六届中国非物质文化遗产博览会、第四届文化和旅游惠民消费季。在第四届文化和旅游消费季期间，省、市、县三级发放使用文化和旅游惠民消费券 1.5 亿元，直接带动消费 9.84 亿元，间接带动消费达 115.16 亿元。活动共征集各类电商平台 14 家，参与文化和旅游企业 11 358 家，上线文旅产品及服务 34 万余件，撬动企业线上、线下让利 17.04 亿元助力惠民。为帮扶文旅企业共渡难关、促进文旅复苏回暖起到了重要

① 山东济南：探寻文化产业高质量发展的“时代密码”.（2022-05-11）. http://www.xinhuanet.com/culture/20220511/ca978fecf4b94dda9898ce8057d216fa/c.html.

的推动作用。按照“十三五”期间省考核办组织的全省城乡居民满意度考核结果，全省“文化生活”满意度每年均排在第二位。

2)“文旅+”工程，开创文化旅游发展新格局。近年来，山东省制定出台各类规范标准，大力发展康养旅游、工业旅游、体育旅游和研学旅游等新业态，创建国家级和省级示范基地133家，产业融合发展态势不断增强。目前全省文化创意和精品旅游15个集群入选省“十强”产业雁阵形集群库，13家企业入选集群领军企业库①。充分利用移动互联网、VR、在线直播等新技术，聚合省内优秀文旅数字资源，全新推出“好客山东文旅在线服务”专栏，汇聚防控、文化战“疫”、VR看齐鲁、云视听、在线文化馆等十项在线服务，让广大群众足不出户就能聆听名家名角的精彩演出，领略书画文物的魅力。为了帮助文化企业渡过难关，山东还组织开展第六批山东省重点文化产业项目、重点文化企业等认定工作，重点扶持一批5G、互联网、新媒体、数字创意、智能设备等领域涌现出来的新产业、新业态、新商业模式，打造山东文化产业战略性优势集群。通过认定的重点项目、企业、园区，在财政资金、投资融资、土地利用、税收优惠等方面给予优先支持。

三、中国文化产业发展弱势区域特征及决定要素

本书把文化产业发展指数较低的天津、内蒙古、辽宁、青海和甘肃5个省市作为文化产业发展弱势区域。本节从文化产业发展指数体系角度出发，对5个省市的各级指标进行逐一分析，探究其文化发展水平的决定因素，并进行具体分析。

(一) 中国文化产业发展弱势区域特征

1. 弱势区域综合指数分析

表4-16显示了2020年弱势区域文化产业综合指数数值、综合指数增速和综合指数变异系数，以及五省市相关数据的均值和全国相关数据的均值。

表4-16 2020年弱势区域文化产业综合指数

地区	综合指数数值	综合指数增速	综合指数变异系数
天津	64.57	−14.58%	0.029
内蒙古	64.42	−15.17%	0.064

① 创意生金，山东文化产业“活”起来.(2021-09-18). http://w.dzwww.com/p/paK1pPiNC2.html.

续表

地区	综合指数数值	综合指数增速	综合指数变异系数
辽宁	63.93	－12.35％	0.016
青海	63.20	－13.32％	0.065
甘肃	62.63	－13.09％	0.017
区域均值	63.75	－13.70％	0.038
全国均值	69.21	－9.20％	0.048

（1）数值比较。

由表 4－16 和图 4－60 可知，从整体来看，2020 年弱势区域的文化产业综合指数均值为 63.75，低于全国平均水平（69.21）。在弱势区域内部，天津的综合指数值最高，为 64.57，但仍低于全国平均水平。其他四个省市的文化产业综合指数值更低于全国平均水平，其中甘肃最低，仅为 62.63。可见，弱势区域的文化产业整体发展水平和全国平均发展水平仍有一定差距。

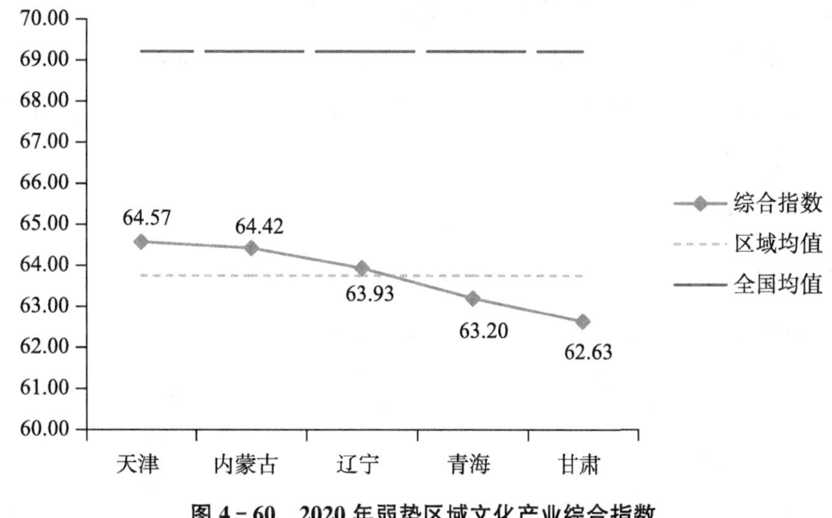

图 4－60　2020 年弱势区域文化产业综合指数

（2）增速比较。

由表 4－16 和图 4－61 可知，2020 年弱势区域各省市文化产业综合指数均呈下降趋势，降幅均超过了 10％，且差异较小。其中，内蒙古的降幅最大，为 15.17％。从整体来看，弱势区域的增速均值为－13.70％，小于全国增速均值（－9.20％）。可见，弱势区域的文化产业发展速度仍低于全国平均水平。

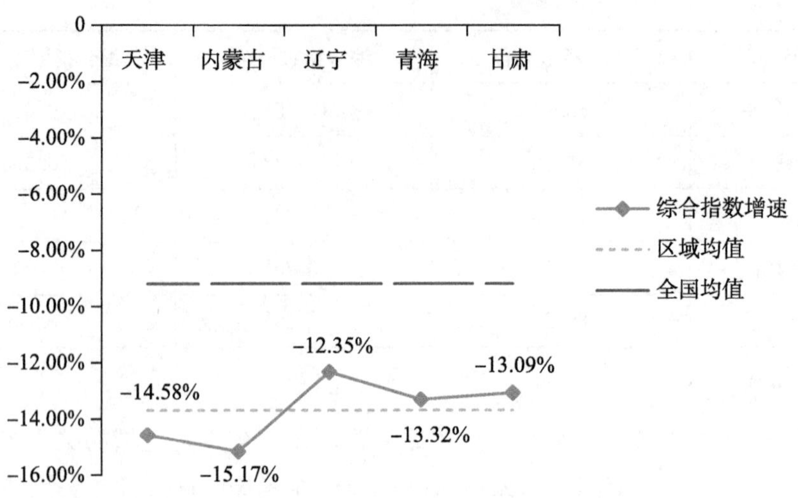

图 4-61　2020 年弱势区域文化产业综合指数增速

(3) 变异系数比较。

由表 4-16 和图 4-62 可知，2020 年弱势区域各省市文化产业综合指数变异系数差异较为明显。其中，青海的综合指数变异系数最高，为 0.065；辽宁的综合指数变异系数最低，为 0.016。从整体来看，弱势区域文化产业综合指数变异系数均值为 0.038，略低于全国均值（0.048），说明弱势区域文化产业发展均衡度和全国平均水平基本一致。

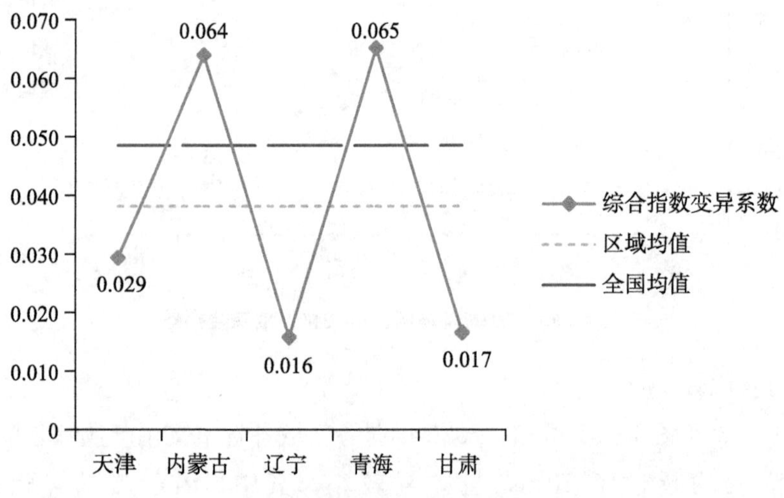

图 4-62　2020 年弱势区域文化产业综合指数变异系数

2. 弱势区域一级指标指数分析

总体来看，弱势区域文化产业发展在生产力、影响力和驱动力方面都与全国平均水平有一定差距。本节将从文化产业生产力、影响力和驱动力三个一级指标的指数数值、指数增速和指数变异系数来全面评价和分析弱势区域文化产业发展特征。

（1）文化产业生产力指数。

表4-17反映的是2020年弱势区域文化产业生产力指数的相关数据。

表4-17　2020年弱势区域文化产业生产力指数

地区	生产力指数数值	生产力指数增速	生产力指数变异系数
天津	63.29	−12.33%	0.019
内蒙古	61.97	−11.84%	0.010
辽宁	63.64	−8.04%	0.005
青海	60.54	−11.41%	0.004
甘肃	62.08	−7.84%	0.021
区域均值	62.30	−10.29%	0.012
全国均值	68.43	−5.51%	0.050

1）数值比较。

如表4-17和图4-63所示，在弱势区域中，2020年辽宁的文化产业生产力指数值最高，为63.64；青海的文化产业生产力指数值最低，为60.54，均低于全国均值（68.43）。从整体来看，弱势区域文化产业生产力指数均值为62.30，低于全国均值，说明弱势区域的文化产业生产力水平比较低，文化产业投入的要素资源相对匮乏，这是弱势区域发展文化产业的一大劣势。

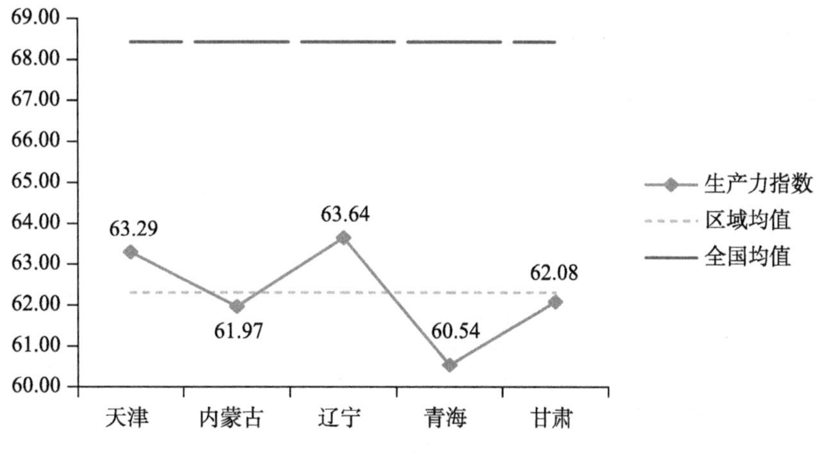

图4-63　2020年弱势区域文化产业生产力指数

2）增速比较。

如表 4－17 和图 4－64 所示，2020 年弱势区域文化产业生产力指数呈下降态势且降幅明显。其中，天津、内蒙古和青海的文化产业生产力指数降幅最大，超过了 10％；辽宁和甘肃的降幅稍小，但也超过了 5％。从整体来看，弱势区域文化产业生产力指数增速均值为－10.29％，低于全国均值（－5.51％）。说明弱势区域文化产业生产力提升情况相对于全国平均水平仍有差距，滑落趋势更明显。

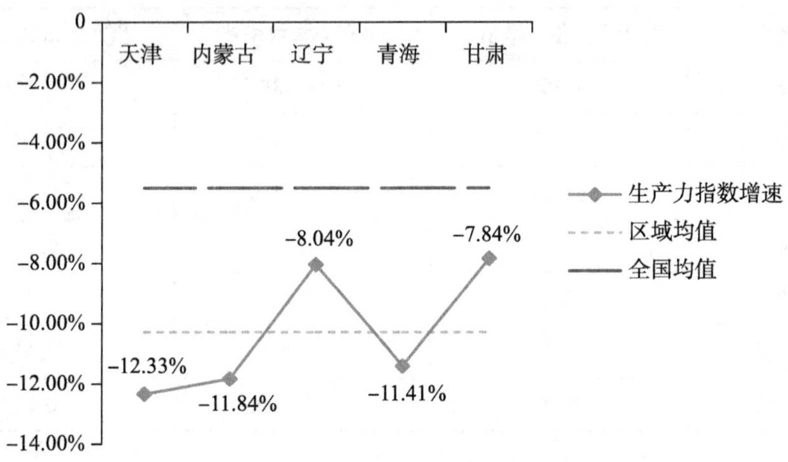

图 4－64　2020 年弱势区域文化产业生产力指数增速

3）变异系数比较。

如表 4－17 和图 4－65 所示，2020 年弱势区域各省市文化产业生产力指数变异系数差异较小。其中，甘肃的生产力指数变异系数最高，为 0.021；青海的生产力

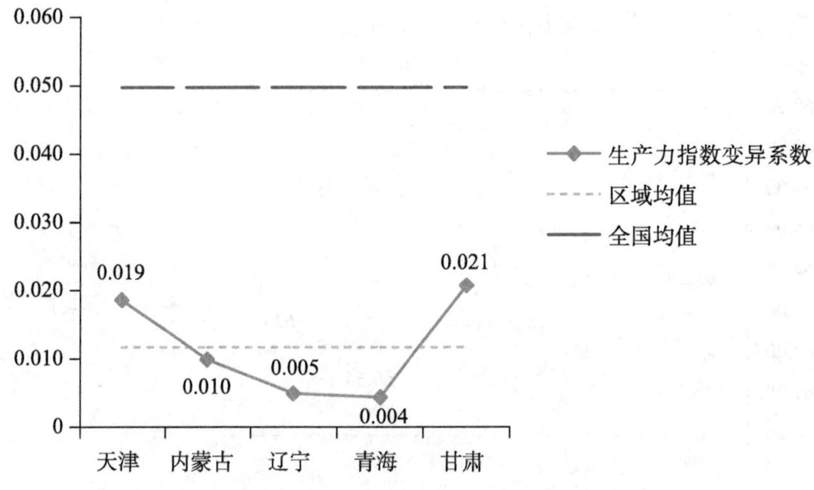

图 4－65　2020 年弱势区域文化产业生产力指数变异系数

指数变异系数最低，仅为0.004。从整体情况来说，2020年弱势区域文化产业生产力指数变异系数均值为0.012，低于全国均值（0.050），说明弱势区域生产力发展均衡程度高于全国平均水平。

（2）文化产业影响力指数。

表4-18反映的是2020年弱势区域文化产业影响力指数的相关数据。

表4-18 2020年弱势区域文化产业影响力指数

地区	影响力指数数值	影响力指数增速	影响力指数变异系数
天津	66.60	−8.98%	0.013
内蒙古	68.78	−12.15%	0.044
辽宁	64.91	−11.04%	0.020
青海	67.59	−4.58%	0.036
甘肃	63.71	−11.55%	0.019
区域均值	66.32	−9.66%	0.026
全国均值	71.58	−5.39%	0.045

1）数值比较。

如表4-18和图4-66所示，2020年弱势区域各省市文化产业影响力指数相差不大。其中，内蒙古的文化产业影响力指数值最大，为68.78；甘肃的文化产业影响力指数值最小，为63.71。从整体来看，2020年弱势区域文化产业影响力指数均值为66.32，低于全国均值（71.58），说明弱势区域文化产业产出效益有待提升。

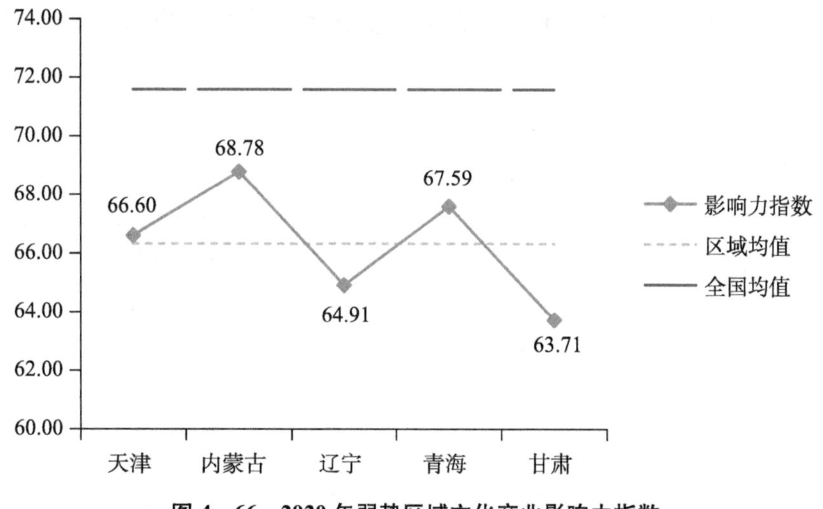

图4-66 2020年弱势区域文化产业影响力指数

2）增速比较。

如表4-18和图4-67所示，2020年弱势区域文化产业影响力指数均呈下降趋势，且存在一定差异。其中，内蒙古、甘肃和辽宁的影响力指数降幅最大，均超过了10%；天津的影响力指数降幅为8.98%，青海的影响力指数降幅最小，为4.58%。从整体来看，弱势区域影响力指数增速均值为-9.66%，仍低于全国增速均值（-5.39%），可见弱势区域文化产业影响力有待进一步提升。

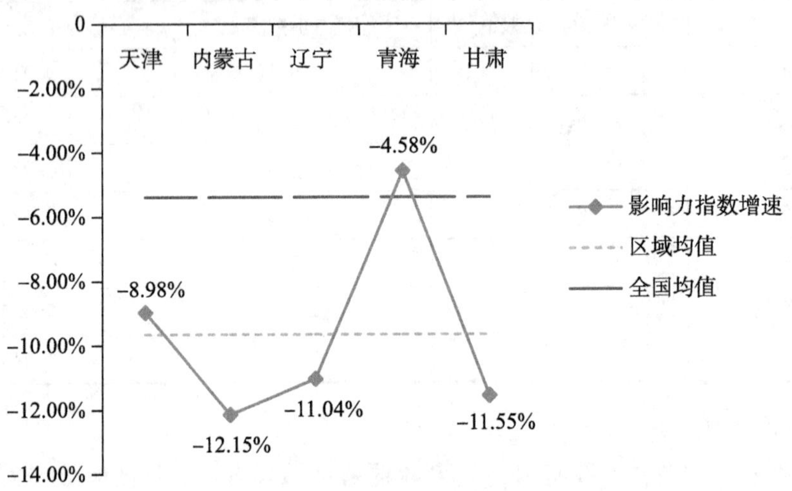

图4-67　2020年弱势区域文化产业影响力指数增速

3）变异系数比较。

如表4-18和图4-68所示，2020年弱势区域各省市文化产业影响力指数变异系数差异较小。其中，内蒙古的影响力指数变异系数最高，为0.044，但仍低于全

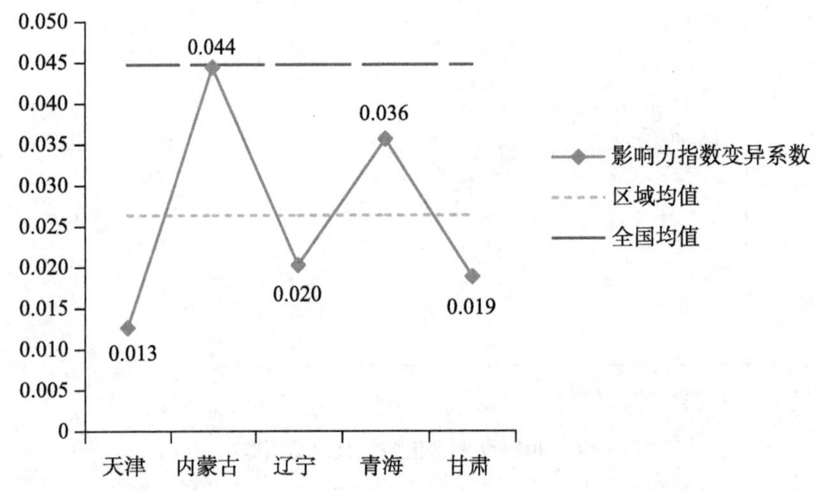

图4-68　2020年弱势区域文化产业影响力指数变异系数

国平均水平（0.045）；天津的影响力指数变异系数最低，为0.013。从整体来看，弱势区域文化产业影响力指数变异系数均值为0.026，低于全国均值，说明弱势区域在文化产业影响力方面的发展均衡度略优于全国平均水平。

（3）文化产业驱动力指数。

表4-19反映的是弱势区域文化产业驱动力指数的相关数据。

表4-19 2020年弱势区域文化产业驱动力指数

地区	驱动力指数数值	驱动力指数增速	驱动力指数变异系数
天津	63.38	－20.50%	0.035
内蒙古	61.45	－19.59%	0.045
辽宁	62.92	－15.87%	0.096
青海	60.46	－21.76%	0.009
甘肃	61.80	－16.97%	0.032
区域均值	62.00	－18.94%	0.043
全国均值	66.82	－14.94%	0.079

1）数值比较。

如表4-19和图4-69所示，2020年弱势区域各省市的文化产业驱动力指数相差不大。其中，天津的驱动力指数值最高，为63.38；青海的驱动力指数值最低，为60.46，均低于全国平均水平。从整体来看，弱势区域的驱动力指数均值为62.00，低于全国均值（66.82）。这说明弱势区域在文化产业驱动力方面与全国的平均水平有一定差距。

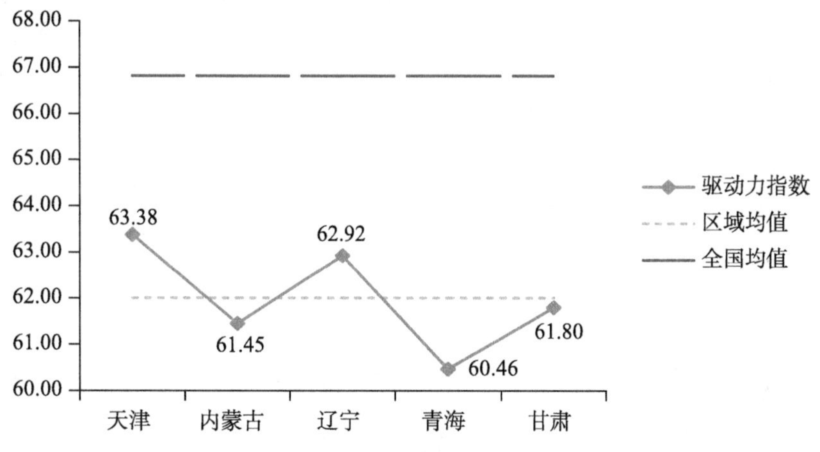

图4-69 2020年弱势区域文化产业驱动力指数

2）增速比较。

如表4-19和图4-70所示，2020年弱势区域各省市文化产业驱动力指数均呈下降趋势，且降幅较大，都超过了15%。其中，青海、天津的驱动力指数增速最低，分别为−21.76%和−20.50%，降幅最大；其他3个省市下降幅度均在15%～20%之间。从整体来看，弱势区域文化产业驱动力指数增速均值为−18.94%，低于全国均值（−14.94%），可见，弱势区域文化产业驱动力的发展与全国平均水平虽有一定差距，但差距不大。

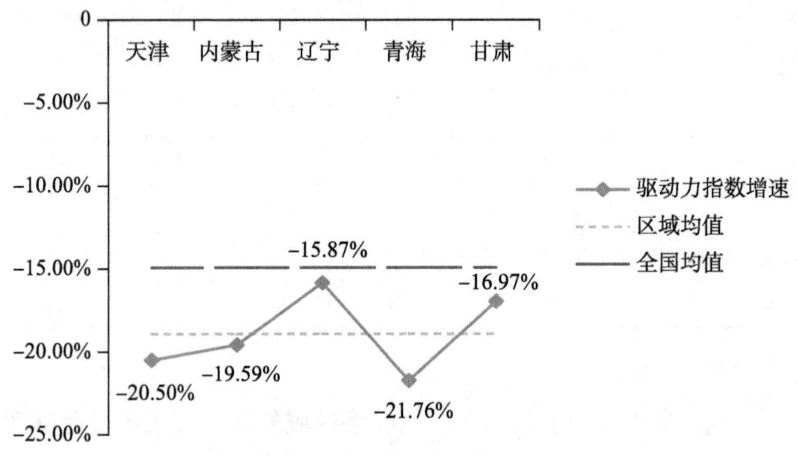

图4-70　2020年弱势区域文化产业驱动力指数增速

3）变异系数比较。

如表4-19和图4-71所示，2020年弱势区域各省市文化产业驱动力指数变异系数差异较为明显。其中，辽宁的驱动力指数变异系数最高，为0.096；青海的驱

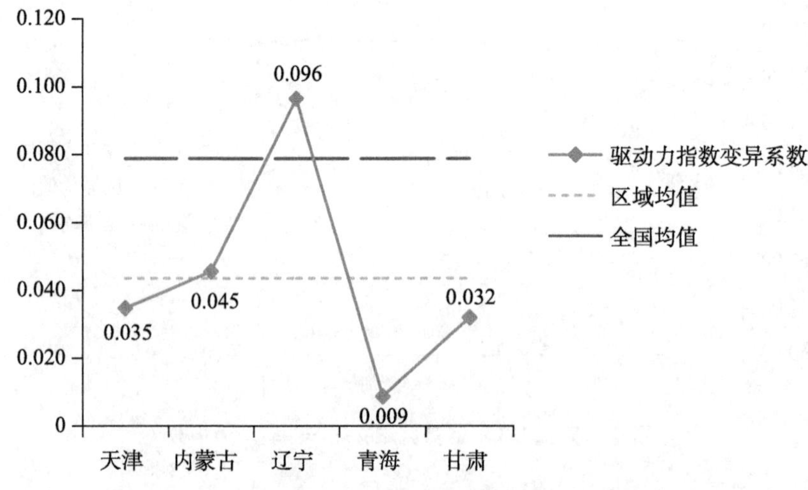

图4-71　2020年弱势区域文化产业驱动力指数变异系数

动力指数变异系数最低，为0.009。从整体来看，弱势区域的驱动力指数变异系数均值为0.043，低于全国均值（0.079），说明弱势区域的文化产业驱动力均衡度略高于全国平均水平。

3. 弱势区域二级指标指数分析

本书中文化产业发展指数体系包括8个二级指标，表4-20反映的是弱势区域二级指标指数值及区域均值和全国均值的相关数据。

表4-20　2020年弱势区域二级指标指数值及区域均值和全国均值

地区	文化资源	文化资本	人力资源	经济影响	社会影响	市场环境	公共环境	创新环境
天津	64.62	62.87	62.39	66.35	67.55	63.14	66.83	62.81
内蒙古	62.66	61.73	61.51	69.67	65.43	61.16	65.85	60.73
辽宁	63.88	63.28	63.76	64.51	66.39	62.26	72.68	61.32
青海	60.81	60.28	60.51	68.30	64.94	61.01	60.00	60.27
甘肃	63.54	61.12	61.59	63.35	65.06	61.52	64.88	61.33
区域均值	63.10	61.86	61.95	66.44	65.87	61.82	66.05	61.29
全国均值	70.65	66.76	67.88	72.25	69.08	65.31	73.78	66.23

由2020年的数据可知，弱势区域二级指标的均值均低于全国均值，而且弱势区域内部所有省市的指数值均低于全国均值。下文将对这8个二级指标依次进行分析。

（1）文化资源。

表4-21显示的是弱势区域文化资源指数的相关数据。

表4-21　2020年弱势区域文化资源指数

地区	文化资源指数	文化资源指数增速
天津	64.62	−3.84%
内蒙古	62.66	−6.78%
辽宁	63.88	−8.44%
青海	60.81	−5.56%
甘肃	63.54	−2.80%
区域均值	63.10	−5.49%
全国均值	70.65	3.07%

1）数值比较。

如表4-21和图4-72所示，2020年弱势区域文化资源指数值分布较为集中。其中，天津最高，为64.62；青海最低，为60.81，二者相差不大。从整体来看，弱势区域文化资源指数均值为63.10，低于全国均值（70.65），说明弱势区域文化资源水平落后于全国平均水平，弱势区域的文化资源匮乏是其发展文化产业的短板因素，是亟待解决的问题。

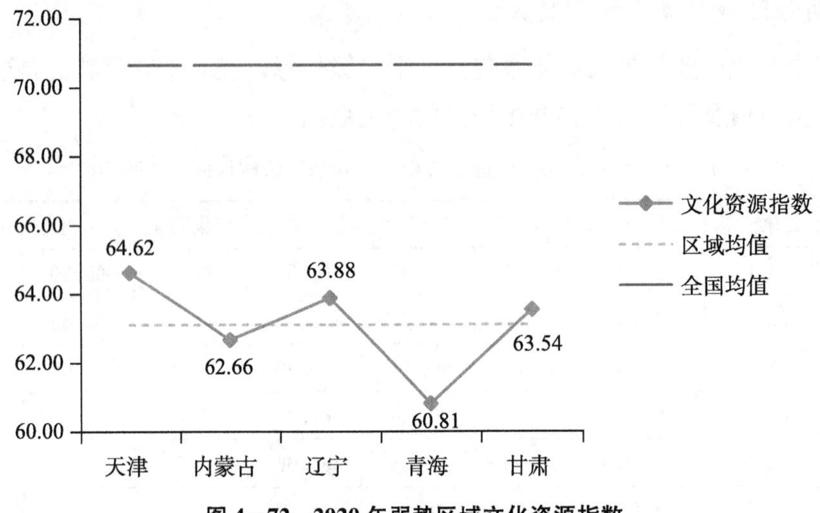

图4-72　2020年弱势区域文化资源指数

2）增速比较。

如表4-21和图4-73所示，2020年弱势区域各省市文化资源指数增速均为负值。其中，辽宁文化资源指数增速最小，为－8.44%，降幅最大；甘肃降幅最小，增速为－2.80%。从整体来看，2020年弱势区域文化资源指数增速均值为－5.49%，低于全国均值（3.07%），说明弱势区域在文化资源方面的发展有退步迹象，与全国平均水平差距渐大。

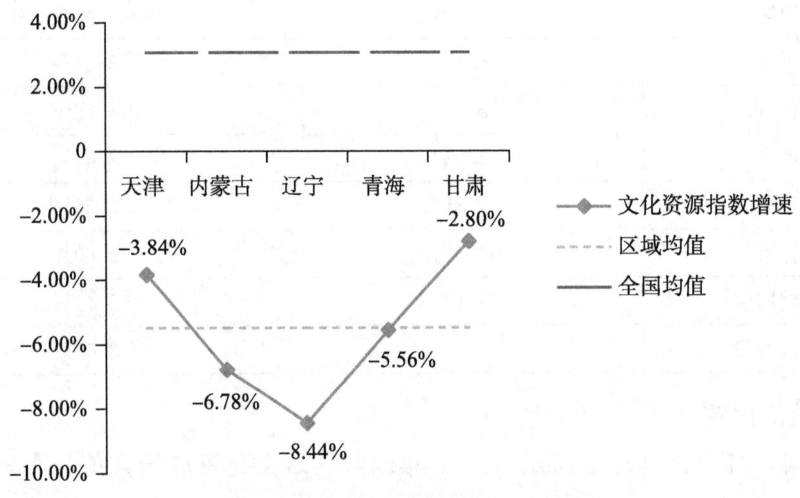

图4-73　2020年弱势区域文化资源指数增速

(2) 文化资本。

表4-22显示的是弱势区域文化资本指数的相关数据。

表4-22　2020年弱势区域文化资本指数

地区	文化资本指数	文化资本指数增速
天津	62.87	−28.16%
内蒙古	61.73	−24.19%
辽宁	63.28	−9.59%
青海	60.28	−24.09%
甘肃	61.12	−16.54%
区域均值	61.86	−20.51%
全国均值	66.76	−17.66%

1) 数值比较。

如表4-22和图4-74所示，2020年弱势区域内部文化资本指数相差不大。其中，辽宁文化资本指数值最高，为63.28，低于全国平均发展水平；青海文化资本指数值最低，为60.28，和辽宁相差3.00，差距不大。从整体来看，2020年弱势区域文化资本指数均值为61.86，低于全国均值（66.76），说明弱势区域文化资本投入力度较小，应增加文化资本的投入，以追赶全国平均水平，更好地发展文化产业。

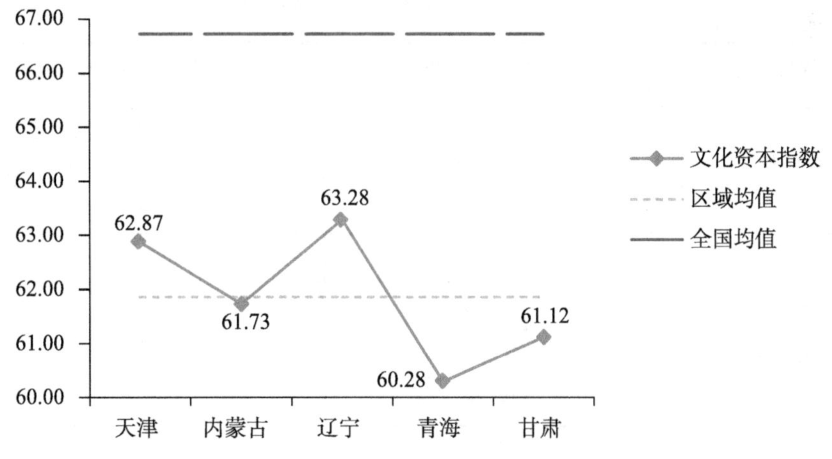

图4-74　2020年弱势区域文化资本指数

2) 增速比较。

如表4-22和图4-75所示，2020年弱势区域各省市文化资本指数均呈下降趋势，且相差较大。其中，天津、内蒙古和青海的文化资本指数降幅最大，超过了20%；辽宁的文化资本指数降幅最小，为9.59%；甘肃的文化资本指数也呈现负增长。从整体来看，2020年弱势区域文化资本指数增速均值为－20.51%，略低于全国均值（－17.66%），说明全国文化资本整体处于下降态势，弱势区域略低于全国整体情况，但差距不大。

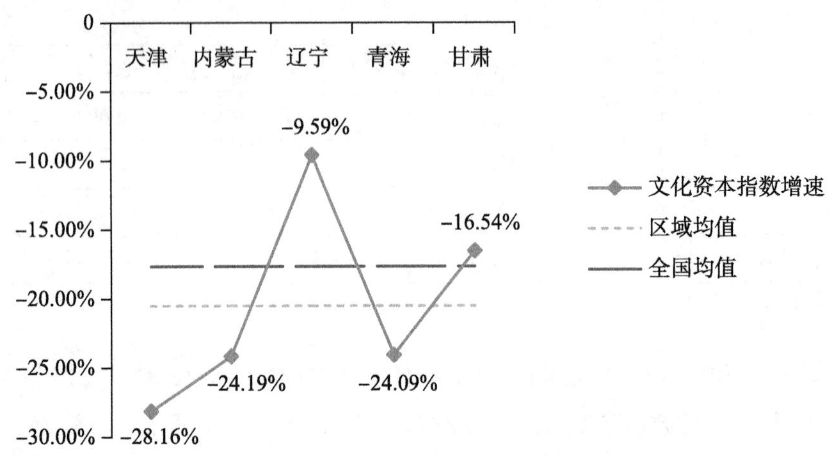

图4－75　2020年弱势区域文化资本指数增速

（3）人力资源。

表4－23显示的是弱势区域人力资源指数的相关数据。

表4－23　2020年弱势区域人力资源指数

地区	人力资源指数	人力资源指数增速
天津	62.39	－6.71%
内蒙古	61.51	－5.78%
辽宁	63.76	－5.24%
青海	60.51	－7.11%
甘肃	61.59	－5.93%
区域均值	61.95	－6.16%
全国均值	67.88	－3.90%

1）数值比较。

如表4－23和图4－76所示，2020年弱势区域人力资源指数值相对较为集中，均比较低。其中，辽宁最高，为63.76；青海最低，为60.51，均低于全国平均水平。从整体来看，2020年弱势区域人力资源指数均值为61.95，明显低于全国均值

(67.88)。这表明，弱势区域的文化产业人力资源水平落后于全国平均水平，该区域内各地区政府应积极采取措施吸引文化产业优秀人才，为发展文化产业打好基础。

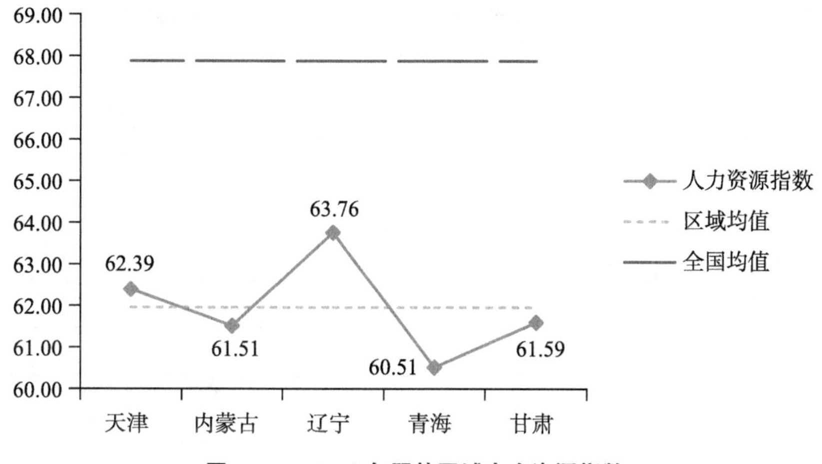

图 4-76　2020 年弱势区域人力资源指数

2）增速比较。

如表 4-23 和图 4-77 所示，除青海以外，2020 年弱势区域人力资源指数增速也较为集中。弱势区域五省市人力资源指数增速均为负值。其中，青海的人力资源指数降幅最大，为 7.11%；其他四省市人力资源指数增速降幅在 5%～7%之间。从整体来看，弱势区域人力资源指数增速均值为－6.16%，低于全国均值(－3.90%)。这说明弱势区域在人力资源增长方面发展与全国平均水平仍有差距。

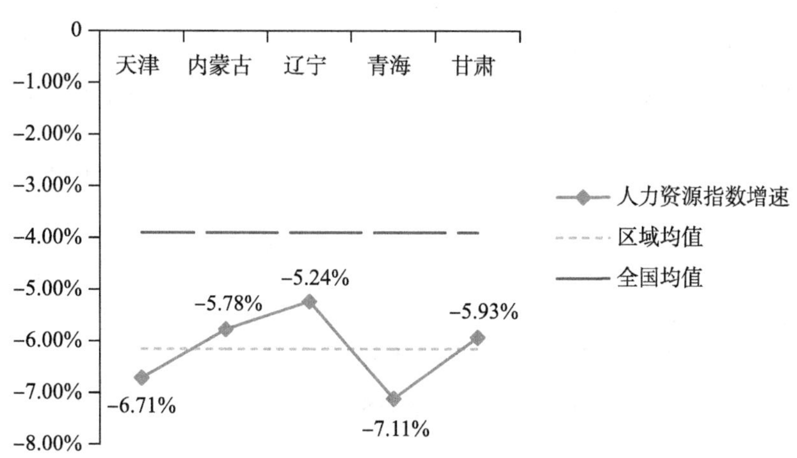

图 4-77　2020 年弱势区域人力资源指数增速

(4) 经济影响。

表 4-24 显示的是弱势区域经济影响指数的相关数据。

表 4-24　2020 年弱势区域经济影响指数

地区	经济影响指数	经济影响指数增速
天津	66.35	−2.45%
内蒙古	69.67	−8.26%
辽宁	64.51	−6.87%
青海	68.30	6.02%
甘肃	63.35	−4.76%
区域均值	66.44	−3.26%
全国均值	72.25	2.86%

1) 数值比较。

如表 4-24 和图 4-78 所示，2020 年弱势区域文化产业经济影响指数值均较低。其中，内蒙古最高，为 69.67；甘肃最低，只有 63.35。从整体来看，2020 年弱势区域文化产业经济影响指数均值为 66.44，低于全国均值（72.25）。可见，弱势区域在文化产业经济影响方面与全国平均水平仍有一定差距，但这种差距逐步缩小。

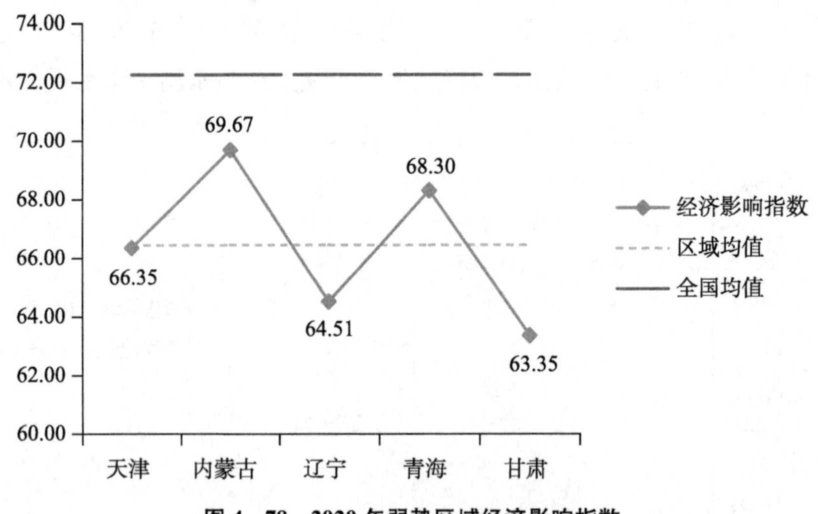

图 4-78　2020 年弱势区域经济影响指数

2) 增速比较。

如表 4-24 和图 4-79 所示，2020 年弱势区域各省市经济影响指数增速差异较大。其中青海的经济影响指数增速最高，是 5 个省市里唯一实现正增长的，增速为

6.02%，内蒙古、辽宁、甘肃、天津都有不同程度下降。从整体来看，2020 年弱势区域经济影响指数增速均值为－3.26%，呈下降趋势，较全国均值（2.86%）有所下滑。可见，弱势区域在经济影响方面的发展仍面临较大阻力。

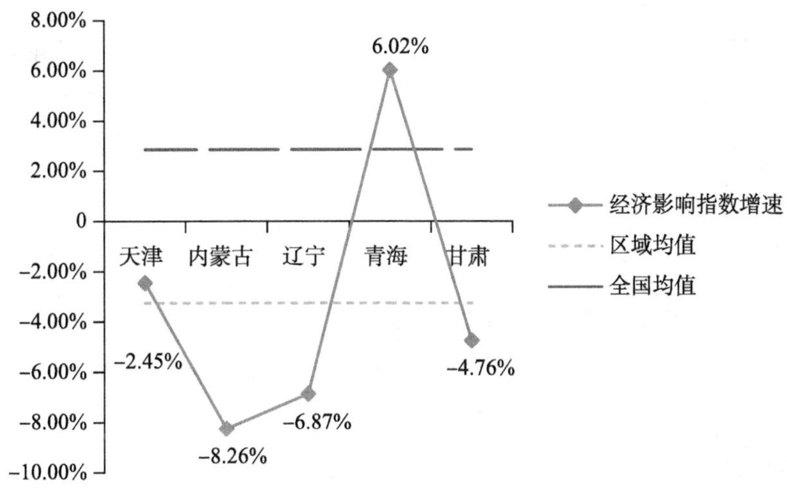

图 4-79 2020 年弱势区域经济影响指数增速

（5）社会影响。

表 4-25 显示的是弱势区域社会影响指数的相关数据。

表 4-25 2020 年弱势区域社会影响指数

地区	社会影响指数	社会影响指数增速
天津	67.55	－13.76%
内蒙古	65.43	－18.85%
辽宁	66.39	－13.39%
青海	64.94	－15.93%
甘肃	65.06	－16.11%
区域均值	65.87	－15.61%
全国均值	69.08	－14.59%

1）数值比较。

如表 4-25 和图 4-80 所示，2020 年弱势区域社会影响指数值较为集中。其中，天津最高，为 67.55；青海最低，为 64.94。从整体来看，2020 年弱势区域社会影响指数均值为 65.87，低于全国均值（69.08）。这说明，弱势区域在社会影响方面虽然仍落后于全国平均水平，但差距有所减小。

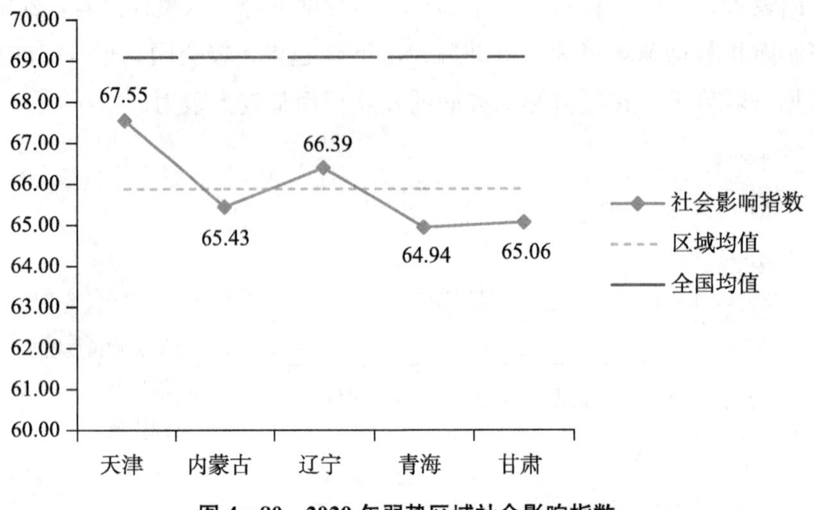

图 4-80 2020 年弱势区域社会影响指数

2）增速比较。

如表 4-25 和图 4-81 所示，2020 年弱势区域各省市社会影响指数下降幅度较大，降幅均在 10%以上。其中，内蒙古的社会影响指数降幅最大，为 18.85%。从整体来看，2020 年弱势区域社会影响指数增速均值为－15.61%，低于全国均值（－14.59%）。可见弱势区域在社会影响方面的发展速度低于全国平均水平，但相差不大。

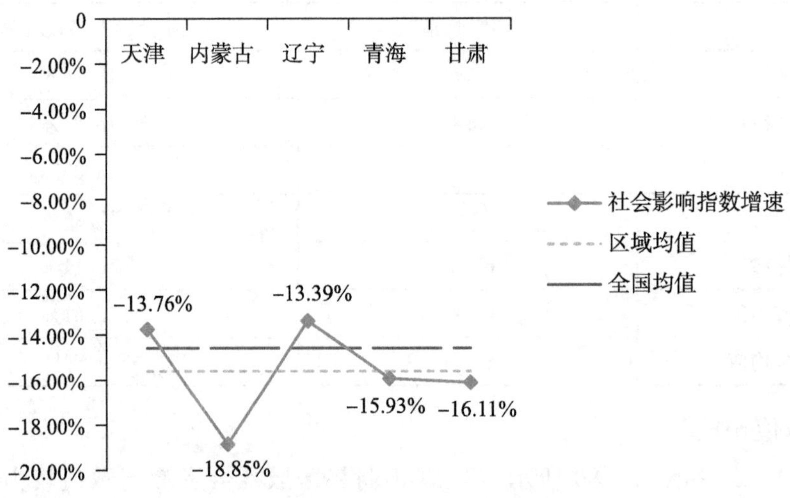

图 4-81 2020 年弱势区域社会影响指数增速

（6）市场环境。

表 4-26 显示的是弱势区域市场环境指数的相关数据。

表 4-26　2020 年弱势区域市场环境指数

地区	市场环境指数	市场环境指数增速
天津	63.14	−22.11%
内蒙古	61.16	−26.12%
辽宁	62.26	−19.71%
青海	61.01	−29.76%
甘肃	61.52	−20.99%
区域均值	61.82	−23.74%
全国均值	65.31	−22.18%

1）数值比较。

如表 4-26 和图 4-82 所示，2020 年弱势区域各省市市场环境指数值差距较小。其中，天津最高，为 63.14；青海最低，为 61.01。从整体来看，2020 年弱势区域市场环境指数均值为 61.82，低于全国均值（65.31）。这说明弱势区域市场环境相对较差，与全国平均水平有一定差距。

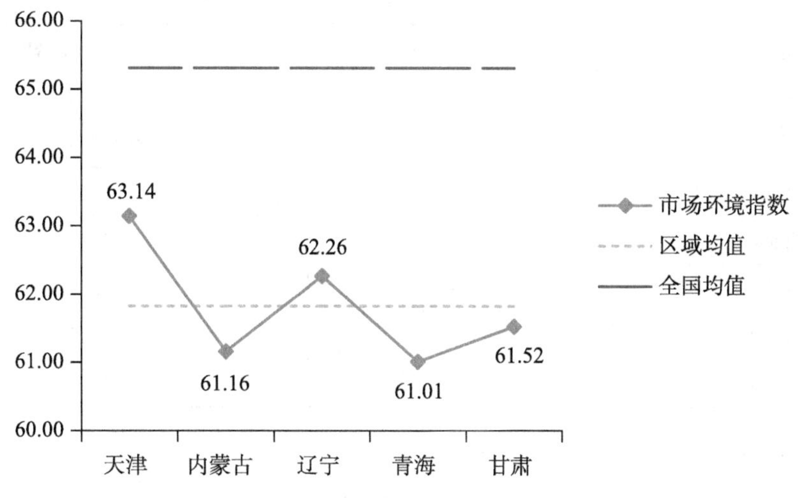

图 4-82　2020 年弱势区域市场环境指数

2）增速比较。

如表 4-26 和图 4-83 所示，2020 年弱势区域市场环境指数降幅较大，降幅最小的辽宁也下降了 19.71%。其中，青海的市场环境指数降幅最大，为 29.76%。从整体来看，2020 年弱势区域市场环境指数增速均值为−23.74%，略低于全国均值（−22.18%），可见弱势区域的市场环境发展与全国平均节奏基本持平。

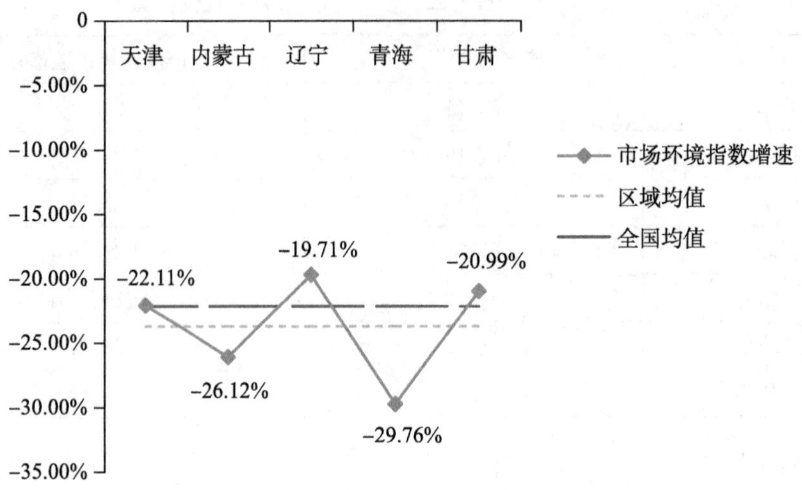

图 4-83　2020 年弱势区域市场环境指数增速

(7) 公共环境。

表 4-27 显示的是弱势区域公共环境指数的相关数据。

表 4-27　2020 年弱势区域公共环境指数

地区	公共环境指数	公共环境指数增速
天津	66.83	-21.33%
内蒙古	65.85	-21.06%
辽宁	72.68	-14.89%
青海	60.00	-32.39%
甘肃	64.88	-21.75%
区域均值	66.05	-22.28%
全国均值	73.78	-16.44%

1) 数值比较。

如表 4-27 和图 4-84 所示，2020 年弱势区域各省市公共环境指数值差异较大。其中，辽宁最高，为 72.68；青海最低，为 60.00。从整体来看，2020 年弱势区域公共环境指数均值为 66.05，低于全国均值（73.78），且弱势区域的公共环境指数均低于全国均值。可见，弱势区域在文化产业的公共环境方面与全国平均水平有一定差距，是制约弱势区域文化产业发展的重要因素之一。该区域各地区政府应加大文化产业专项资金支持力度，增强政策支持的针对性，提高文化产业公共服务满意度，为文化产业发展营造良好的公共环境。

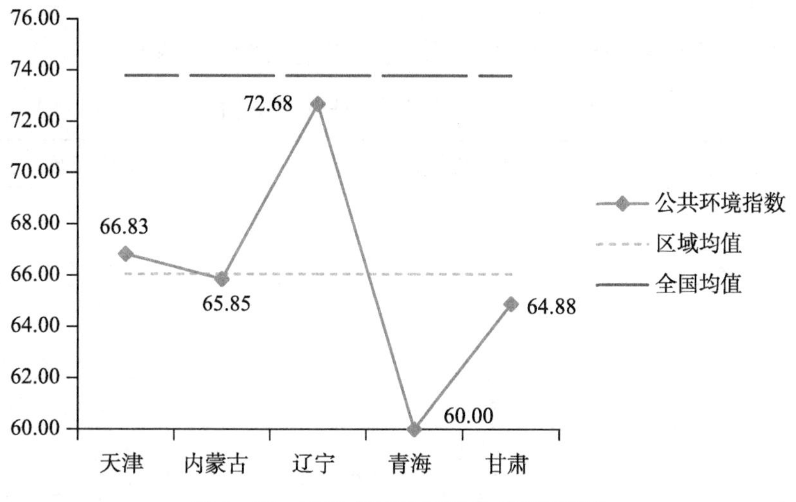

图 4－84　2020 年弱势区域公共环境指数

2）增速比较。

如表 4－27 和图 4－85 所示，2020 年弱势区域各省市公共环境指数增速差异不大，下降趋势明显。其中，青海公共环境指数降幅最大，达到 32.39％。甘肃、天津和内蒙古降幅也达到了 20％以上。从整体来看，2020 年弱势区域公共环境指数增速均值为－22.28％，低于全国均值（－16.44％）。可见，弱势区域公共环境仍有优化空间。弱势区域各地区政府应促进文化产业公共环境不断优化，以具有竞争力的扶持政策和高效的公共服务助推文化产业快速发展。

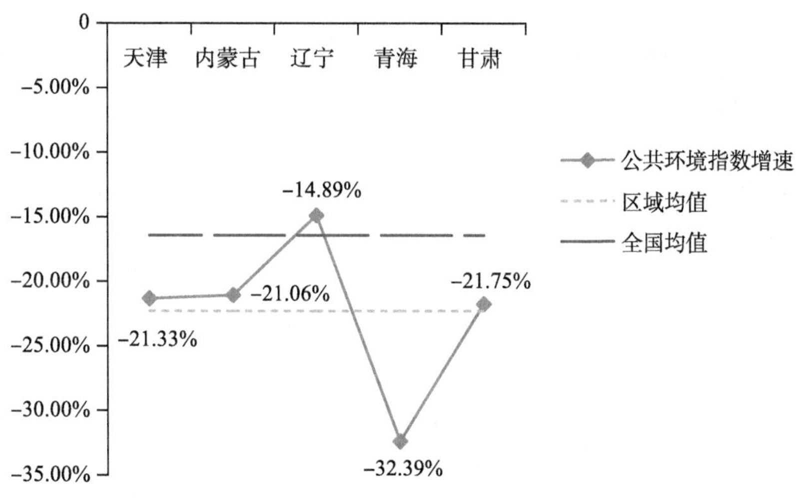

图 4－85　2020 年弱势区域公共环境指数增速

(8) 创新环境。

表 4-28 显示的是弱势区域创新环境指数的相关数据。

表 4-28　2020 年弱势区域创新环境指数

地区	创新环境指数	创新环境指数增速
天津	62.81	−18.98%
内蒙古	60.73	−15.62%
辽宁	61.32	−12.81%
青海	60.27	−14.23%
甘肃	61.33	−12.96%
区域均值	61.29	−14.92%
全国均值	66.23	−9.77%

1) 数值比较。

如表 4-28 和图 4-86 所示，2020 年弱势区域各省市创新环境指数值差异不大。其中，天津最高，为 62.81；青海最低，为 60.27。从整体来看，2020 年弱势区域创新环境指数均值为 61.29，低于全国均值（66.23）。可见，弱势区域文化产业发展的创新环境与全国平均水平有一定差距，是该区域文化产业发展的重要制约因素之一，该区域各地区政府应积极采取措施增加文化领域的科研经费和科研人才投入，优化文化产业发展的创新环境。

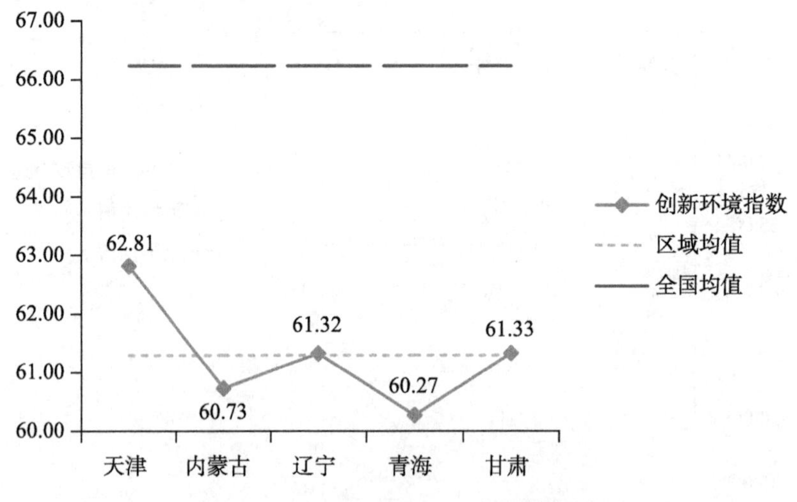

图 4-86　2020 年弱势区域创新环境指数

2) 增速比较。

如表 4-28 和图 4-87 所示，2020 年弱势区域各省市创新环境指数增速差异较小。其中，天津创新环境指数增速最低，为－18.98%；其余四省市增速也为负值，降幅均在 10%以上。从整体来看，2020 年弱势区域创新环境指数增速均值为－14.92%，低于全国均值（－9.77%）。可见，弱势区域创新环境指数较全国平均降幅更大。

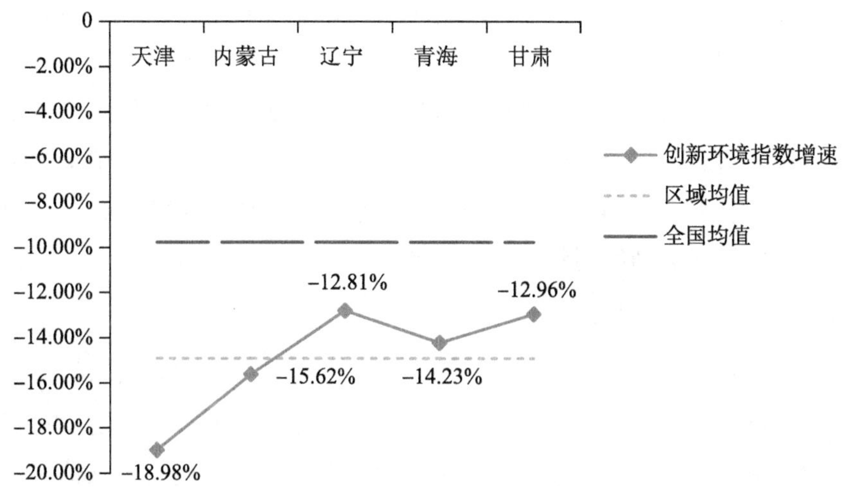

图 4－87　2020 年弱势区域创新环境指数增速

（二）中国文化产业发展弱势区域决定因素

弱势区域文化产业发展落后于全国平均水平，主要影响因素既有先天条件的不足，又有后天环境的不完善，主要体现在文化产业基础设施薄弱、文化产业人力资源匮乏和市场环境不佳。

1. 文化产业基础设施薄弱

我国文化产业发展的弱势区域经济发展水平较落后，这些地区受制于其整体经济发展状况，文化产业起步较晚，文化基础设施建设相对滞后，运营效率较低，公共文化服务缺乏，文化产业经济效益和全国平均水平相比存在明显差距。近几年，在各级政府的高度重视和引导下，虽然各地加强了文化产业基础设施的建设，但是由于缺乏建设发展资金，建设进程缓慢。这就导致当地的文化氛围不浓厚，进一步造成了居民文化生活的单调。居民对文化消费的需求较低，难以形成文化消费的习惯，对于文化市场的发展起到了制约作用。因此，弱势区域文化产业在市场环境和经济影响方面的表现都缺乏活力，与全国平均水平差距较大。

2. 文化产业人力资源匮乏

由于弱势区域文化产业发展水平落后，文化产业从业人员的工资待遇和职业发展前景等与文化产业发达地区差距很大，文化产业人才引进机制和政策环境不健全，导致该区域对文化产业人才的吸引力较弱。文化产业发达地区的从业人员不愿到弱势区域工作，弱势区域优秀的文化产业人才流向了文化产业发达地区，使得弱势区域内人力资源严重不足。一些文化产业领域尤其是新兴文化业态缺少专业人才、领军人才以及具有创新思维的高级管理人才，造成自主创新产品数量不多，具有高品质和高品牌特征的高科技含量文化产品较少，缺乏创新性和核心竞争力。如甘肃等省份虽然拥有历史、自然等独具特色的文化传统和底蕴，但由于缺乏高端人才的打造，没有形成创新的商业模式，只有用创意的方式赋予这些宝贵的文化资源新的文化商业价值，将其推广到更广阔的文化市场，才能有较大的发展前景。可见，人力资源短缺成为制约弱势区域文化产业发展的关键因素。

3. 文化产业市场环境有待优化

文化产业弱势区域由于行业协会作用发挥不充分、文化消费需求不足、知识产权保护力度不够、融资渠道不畅通等因素，文化产业发展的市场环境亟待优化。弱势区域文化产业行业协会发展较慢，没有发挥联合当地文化企业开展信息交流、市场拓展、品牌打造、人才培养、知识产权保护等活动的作用。由于弱势区域人均可支配收入普遍较低，文化消费能力和需求均不足，导致本地的文化消费市场空间较小。弱势区域文化产业管理和从业人员的知识产权保护和开发意识相对薄弱，不懂得很好地保护自身的知识产权，对知识产权的开发、包装、交易甚至用于抵押融资更是无从谈起。此外，全国范围的文化企业融资难问题在弱势区域更为普遍和严峻，导致很多重大的文化产业项目难以建设以及保证后续的正常运营。

（三）中国文化产业发展弱势区域典型省市分析

1. 天津市

（1）文化产业发展现状与优势。

根据《2020年天津市国民经济和社会发展统计公报》，截至2020年末，全市共有艺术表演团体146个，文化馆17个，博物馆70个，公共图书馆28个，街乡镇综合文化站245个。全市影院共计119家，放映场次48.91万场，观影人数770.22万人次，实现票房收入2.89亿元。全年出版图书9 463万册，期刊2 757万册，报纸1.98亿份。圆满完成“2020年天津市名家经典惠民演出季”等活动，共举办演出472场次，精品剧目30台。京剧《秦香莲》等6部作品入选“庆祝中国共产党成立100周年舞台艺术精品创作工程”。圆满完成第五届市民文化艺术节，线上线下参与人数达 2 425.77 万人次。电视剧《换了人间》获第 32 届飞天奖优秀电视剧奖。平津战役纪念馆被评为国家一级博物馆，大沽口炮台遗址博物馆等 3 家博物馆被评为国家二级博物馆。完成第二批基层综合性文化服务中心达标验收，85 个街镇和 2 363 个村居综合性文化服务中心全面达标①。滨海新区、西青区、和平区入选第一批国家文化和旅游消费试点城市。智慧山文化创意产业园入选第二批国家文化产业示范园区创建园区。

在社会影响、市场环境方面，天津发展态势良好，排名相对靠前，与全国平均水平差距较小（见图 4-88）。

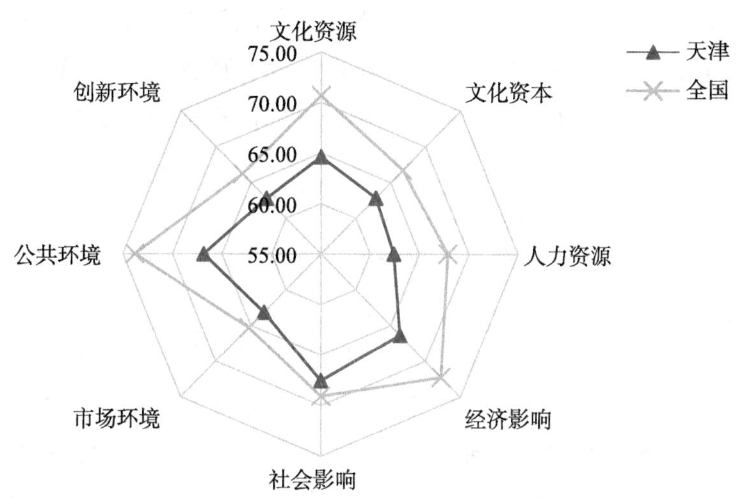

图 4-88　2020 年天津市文化产业二级指标雷达图

社会影响方面，文化和旅游综合实力显著提升。2016—2019 年间，天津市接待中外游客数量年均增长 9.15%，旅游总收入年均增长 11.5%，均高于预定目标。2019 年全市接待游客 2.47 亿人次，旅游总收入 4 317.99 亿元，在全国重点城市中分别列第七位和第六位。2020 年受新冠肺炎疫情影响，文化和旅游业受到巨大影响，下半年国内市场加快恢复，入境市场形势依然严峻。2020 年接待游客 1.41 亿人次，总收入 1 354.46 亿元②。推出全市所有 A 级旅游景区对全国医务工作者实行年内免门票举措。成功举办 2020 中国旅游产业博览会，创新线上线下一体办展模式，吸引 2 000 余家文旅企业参与。举办“鼓楼津声”、“I·游天津”旅游季等系列

① 天津市统计局. 2020 年天津市国民经济和社会发展统计公报.（2021-03-12）. https://stats.tj.gov.cn/nianjian/2021nj/zk/html/gb01.pdf.

② 天津市文化和旅游局. 天津市文化和旅游融合发展“十四五”规划.（2021-06-20）. http://whly.tj.gov.cn/ZWGKYXXGK1640/zcwj09271/WLJZCWJ09274/202108/W020210826517152232735.pdf.

活动，推广52条精品旅游路线，打响“网红天津”城市IP。推出天津通票2.0，全力打造“近代中国看天津”等优质旅游升级版。蓟州区、和平区、中新天津生态城等国家全域旅游示范区加快建设，金街步行街、国家海洋博物馆获评国家4A级旅游景区。全年共接待入境游客17.13万人次，入境旅游外汇收入3.34亿美元；接待国内游客1.41亿人次，国内旅游收入1 331.42亿元[①]。

市场环境方面，文化产业空间布局不断优化。“一带、三区、九组团”的空间规划布局得到持续完善。在保护大运河生态的基础上，加强对大运河天津段文化和旅游资源的规划，充实并整合海河及其两岸文化和旅游产品；都市文化休闲旅游区、滨海休闲度假旅游区、蓟州生态休闲旅游区已成为天津市文化和旅游目的地的三大核心支撑；杨柳青古镇、精武门·中华武林园、佛罗伦萨小镇、小站稻耕文化特色小镇、天山海世界·米立方、天津欢乐谷、独流古镇等一系列重大文旅项目成为各组团的亮点。

(2) 文化产业发展中存在的主要问题。

总体来看，天津在文化资源、文化资本、经济影响、公共环境等方面都远落后于全国平均水平。

文化资源方面，与其他省市相比，天津市在博物馆的数量与建设上仍相对落后，需要进一步丰富现有的博物馆种类，并将其与散布在城市各处的不可移动文化遗产相结合，从而使文物“活起来”。需进一步丰富和扩大博物馆种类及范围，如整合各相关医院的院史馆和医科大学校史馆等资源，建立近代医学博物馆等。

文化资本方面，天津市的文化资本指数降幅达28.16%，资本是企业发展的第一动力，天津市的企业资本环境亟须改善，融资难问题已经成为天津文化产业发展的瓶颈。应进一步改善和提升文化产业的金融服务，鼓励金融资本依法参与文化产业发展，加大金融政策对文化产业的扶持力度。

经济影响方面，仍需继续让文化艺术深入到市民生活中，特别是基层之中。以书画工作者为主力军，以文化场馆、网络媒体为主要载体，打造立体化的书画美育传播平台，鼓励书画工作者深入基层一线，开展形式多样的书画艺术普及活动，让书画之美融入人民群众的日常生活之中。

公共环境方面，天津仍需出台或完善相关配套措施，深入贯彻各项文化企业发展的支持政策，优化文化产业整体发展环境，以降低企业成本、加大招商引资力度为抓手，促进企业转型发展，增强文化产业的市场竞争力。

---

① 天津市统计局. 2020年天津市国民经济和社会发展统计公报. (2021-03-12). https://stats.tj.gov.cn/nianjian/2021nj/zk/html/gb01.pdf.

在以上因素的综合影响下，天津文化产业发展降幅较大，应进一步激发文化产业发展活力，改善营商环境。

2. 内蒙古自治区

（1）文化产业发展现状与优势。

2020年，内蒙古统筹疫情防控和经济社会发展，多措并举支持文化产业抗击新冠肺炎疫情，全区文化产业单位积极应对，大部分行业从三季度开始逐步恢复，资产总计、营业收入降幅逐季收窄，整体发展逐步趋于平稳。全区文化产业法人单位从业人员10.9万人，比2019年增加0.3万人，增长2.8%；资产总计1155.0亿元，比2019年减少61.7亿元，下降5.1%；营业收入236.4亿元，比2019年减少3.1亿元，下降1.3%。

文化制造业受疫情影响较大，文化服务业其次，文化批发零售业恢复较好。2020年，文化制造业从业人员、资产总计、营业收入同比均为负增长，分别比2019年下降9.2%、8.3%和9.5%；文化服务业吸收劳动力较好，从业人员9.2万人，比2019年增长4.6%，占文化产业从业人员的83.9%，资产总计和营业收入较2019年有小幅下降，降幅分别为5.3%和0.3%；文化批发零售业基本恢复正常，从业人员和营业收入均实现正增长，分别比2019年增长3.8%和4.0%，资产总计较2019年略有下降，降幅为0.1%①。

文化产业结构不断调整，三大产业总量占比趋于合理，文化服务业成为文化产业发展的主要力量。2020年，内蒙古文化制造业、文化批发零售业、文化服务业分别实现增加值27.7亿元、57.3亿元、290.5亿元，占文化及相关产业的比重分别为7.4%、15.3%、77.4%。

在经济影响方面，内蒙古发展态势相对良好，和全国平均水平差距较小（见图4-89）。2020年全年累计接待国内外游客12503.1万人次，实现旅游业综合收入2406.4亿元。其中，全年接待国内游客12494.4万人次，实现国内旅游收入2404.1亿元②。2020年，全区共有规模以上文化产业法人单位168个，比2019年减少3个；从业人员1.7万人，与2019年持平；资产总计355.4亿元，比2019年增加34.1亿元，增长10.6%；营业收入96.9亿元，比2019年减少4.1亿元，下降4.1%。全区文化核心领域法人单位经营状况恢复较好，6个行业中有4个行业

① 内蒙古自治区统计局. 2020年内蒙古文化产业发展情况分析.（2021-07-29）. http://tj.nmg.gov.cn/tjdt/fbyjd_11654/202107/t20210729_1794472.html.

② 内蒙古自治区统计局. 内蒙古自治区2020年国民经济和社会发展统计公报.（2021-03-01）. http://tj.nmg.gov.cn/tjyw/tjgb/202105/t20210514_1494765.html.

营业收入实现正增长，核心领域营业收入 161.1 亿元，比 2019 年增长 1.3%；相关领域营业收入 75.3 亿元，比 2019 年下降 6.5%①。

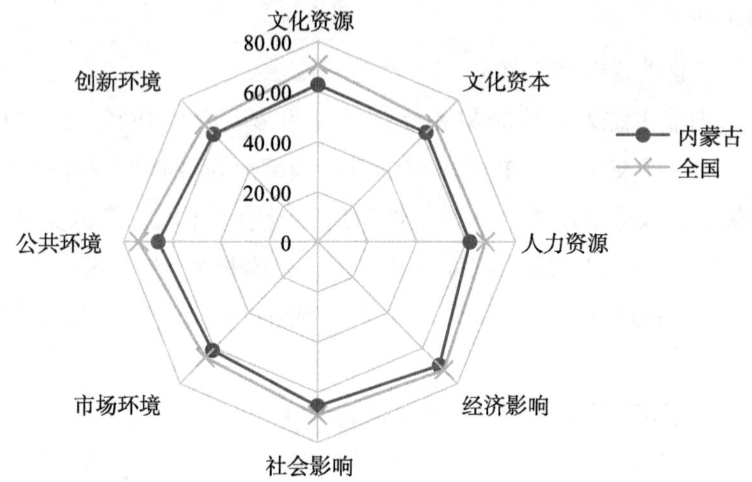

图 4-89　2020 年内蒙古自治区文化产业二级指标雷达图

(2) 文化产业发展中存在的主要问题。

内蒙古在文化资源、文化资本、社会影响、市场环境、公共环境和创新环境等方面仍然存在问题，与全国平均水平存在较大差距。

文化资源方面，内蒙古需进一步将资源优势转化成产业优势，并完成产品化打造。根据《内蒙古自治区 2020 年国民经济和社会发展统计公报》，截至 2020 年末，全区有艺术表演团体 95 个，其中乌兰牧骑 73 个。拥有文化馆 120 座，公共图书馆 117 座，博物馆 178 座。年末全区广播节目综合人口覆盖率为 99.7%，电视节目综合人口覆盖率为 99.7%。年末全区有线电视用户 356.3 万户。全年生产故事影片 5 部，蒙语译制片 100 部。自治区和盟市两级出版各类报纸 23 338 万份，各类期刊 1 129 万册，图书 6 391 万册。年末全区有档案馆 103 座，已开放各类档案 459.3 万卷（件）。

文化资本方面，2020 年内蒙古文化资本指数全国排名第 27 位，与发达地区仍有较大差距，文化资本的投入不足，成为制约内蒙古文化产业的发展的重要因素。主要原因是内蒙古较其他省市来说，经济发展仍然较为落后，融资渠道缺乏创新，文化产业资金较少，资金来源渠道狭窄。

社会影响力方面，内蒙古文化产业相关企业规模较小，难以形成规模集群效

① 内蒙古自治区统计局. 2020 年内蒙古文化产业发展情况分析.（2021-07-29）. http://tj.nmg.gov.cn/tjdt/fbyjd_11654/202107/t20210729_1794472.html.

应，抵御风险能力弱。2020 年，全区规模以上文化产业法人单位仅有 168 个，营业收入占全部文化产业法人单位的 41.0%，可以看出，全区文化企业规模较小、集约化水平较低，企业“小、散、弱”现象依然突出，规模大、效益好、竞争力强的龙头企业依然较少[①]。

市场环境和公共环境方面，需进一步加大规模以上文化企业支持力度，壮大市场主体。坚持开展年度评选自治区文化企业 10 强、重点小微文化企业工作，加大规模以上文化企业支持力度，促进规模以下文化企业发展壮大，形成一批区域性龙头骨干企业。鼓励经营不善的规模以下文化企业以多种形式兼并重组、发展壮大。创新民营文化企业扶持方式方法，改“输血”为“造血”，在各类文创园、文化企业孵化园管理中引入竞争式扶持政策，以竞争促活力，以竞争带发展。

创新环境方面，新冠肺炎疫情期间传统文化消费受到严重打击，内蒙古由于文化产业转型升级较慢，新业态企业较少，实力较弱，需进一步加快引导传统文化产业转型升级，发展基于互联网的新业态文化产业。促进传统文化制造业转型升级，支持特色文化制造业企业做大做强。实施“互联网＋民族文化”行动，培育本土多媒体、动漫、网络游戏企业做大做强，利用互联网、VR 技术将全区民族特色文化搬上互联网，通过网络大力宣传全区特色文创产品和民族旅游产品，实现线上促线下、虚拟助现实的作用。

3. 辽宁省

（1）文化产业发展现状与优势。

“十三五”时期，辽宁省文化和旅游产业发展稳中有进，繁荣向好。全省 4 个城市获评国家文明城市，新增国家级爱国主义教育基地 4 个，1 部舞台剧获全国精神文明“五个一工程”奖，1 部舞台剧获“文华大奖”。全省村文化广场建设实现“一村一广场”，27 万多支群众文化艺术团体活跃在城镇乡村。大连华录集团入选“全国文化企业 30 强”。全省新增国家历史文化名城 1 个，新增全国重点文物保护单位 19 处，新增国家一级博物馆 1 个，12 个县入选国家级革命文物保护利用片区，新增国家级非遗代表性项目 9 项。全省新增 5A 级景区 1 家，3 个县区入选国家全域旅游示范区，30 个村入选全国乡村旅游重点村，沈阳市、盘锦市列入国家级文化和旅游消费试点城市，沈阳市入选国家级旅游业改革创新先行区，大连市被确定为中国（大连）邮轮旅游发展试验区。辽宁与五大洲 40 多个国家或地区开展文化

① 内蒙古自治区统计局. 2020 年内蒙古文化产业发展情况分析.（2021－07－29）. http://tj.nmg.gov.cn/tjdt/fbyjd_11654/202107/t20210729_1794472.html.

交流，辽宁文化和旅游的知名度、美誉度不断提升[①]。

辽宁省在社会影响和公共环境方面，发展态势较好，两个指数的全国排名均比较靠前，与全国平均水平差距较小（见图 4-90）。

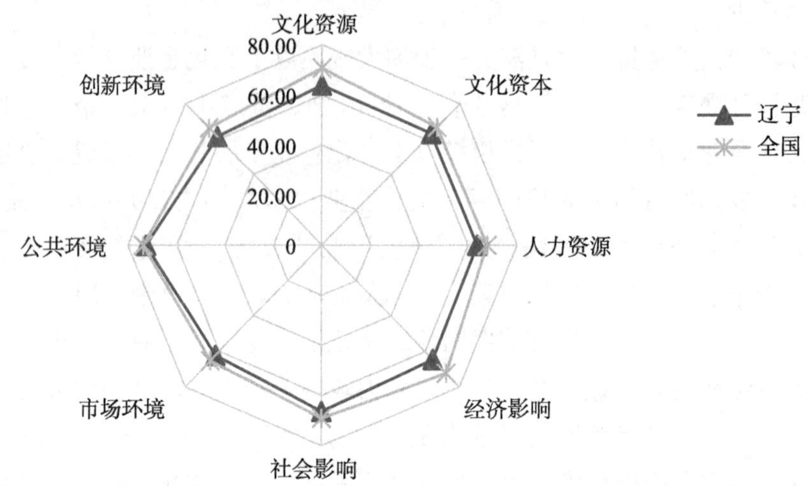

图 4-90　2020 年辽宁省文化产业二级指标雷达图

社会影响方面，辽宁省文化产业基础较好，拥有世界文化遗产地 6 处、联合国教科文组织认定的“人类非物质文化遗产代表作名录”9 项、400 余家 A 级景区、12 个全国红色旅游经典景区[②]。

公共环境方面，围绕“建设世界知名生态休闲旅游目的地”目标，辽宁省持续加强文化和旅游品牌创建，推动文化和旅游业转型升级、提质增效、优化市场。出台《关于进一步加快旅游业发展的实施意见》《辽宁省推进文化产业高质量发展行动规划》《关于推动全省文化产业高质量发展的若干意见》《辽宁省深化文化市场综合行政执法改革的实施意见》等政策措施。力求将优质文化遗产资源转化为旅游品牌优势，形成新的产业胜势。同时联合 14 家省直部门制定《关于推进辽宁省冰雪经济发展的实施方案》。通过专项资金加强产业发展引导，点亮辽宁地标，做优红色旅游、文化旅游精品线路。

（2）文化产业发展中存在的主要问题。

总体来看，辽宁省在文化资源、经济影响、创新环境等方面与全国平均水平有

---

① 辽宁省文化和旅游厅. 辽宁省“十四五”文化和旅游发展规划.（2021-09-28）. https://whly.ln.gov.cn/whly/zfxxgk/fdzdgknr/lzyj/bbmgfxwj/7FD04F0B7C7B420EBF4E233F48FCCBEF/P020210928483822246865.pdf.

② 辽宁省文化和旅游厅. 辽宁壮大文旅品牌 建世界知名生态旅游目的地.（2019-09-06）. https://whly.ln.gov.cn/whly/mtjj/4310D34B7CEC4B8992B4722BA0A04E6A/index.shtml.

较大差距。

文化资源方面，根据《2020 年辽宁省国民经济和社会发展统计公报》，2020 年末有文化馆、艺术馆 124 个，公共图书馆 130 个，博物馆 65 个，档案馆 144 个。年末有线电视用户 575.3 万户，其中数字电视用户 558.4 万户。年末广播人口覆盖率 99.45%，电视人口覆盖率 99.42%。全年出版报纸 66 种（不含校报），出版量 5.1 亿张；期刊 312 种，出版量 0.6 亿份；图书 1.1 万种，出版量 1.5 亿册，与浙江、北京等发达地区相较仍存在总量规模偏小、总体实力偏弱、有效供给不足的问题。

经济影响方面，2020 年辽宁省经济影响指数值仅为 64.51，位列全国第 30，其中 2020 年规模以上文化企业收入仅为 1 045 万元，在全国排名中垫底。市场环境方面，辽宁省仍然需要在发挥文化行业协会作用、培育居民文化消费习惯、畅通融资渠道、促进文化教育等方面持续发力，为文化企业营造良好的发展环境。此外，政府应进一步拓宽惠民消费覆盖范围，引导居民进行文化消费。

创新环境方面，2020 年辽宁省文化产业创新环境指数值为 61.32，在商标品牌数量、知识产权数量、文化与科技金融等融合能力方面都呈较低水平，文化产业发展总体呈现严重的活力不足，企业核心竞争力亟待进一步提升，文化和科技双轮驱动不足，缺乏业态创新和内容创新。辽宁省应进一步加大科研创新投入力度，吸引和培育文化产业科研人才，为文化产业的发展储备力量。

4. 青海省

(1) 文化产业发展现状与优势。

近年来，青海省文化和旅游产业正在朝着“从有到优”的方向发展。文化产业进一步向规模化、集约化、专业化的方向发展。通过举办各类赛事活动、打造主题旅游产品等深化“大美青海”美誉度和影响力，全面推动旅游业向全域宜居宜业宜游及优质旅游迈进，青海旅游业热度持续攀升。2019 年，全省共接待国内外游客 5 080.2 万人次，实现旅游总收入 561.3 亿元。2020 年，举办“大美青海 旅游净地”——青海人游青海等活动，大力推进文旅市场复苏，全年接待国内外游客 3 311.8 万人次，实现旅游总收入 289.9 亿元①。

在经济影响方面，青海发展态势在所有指标中排名最靠前，居全国第 21 位，与全国平均水平差距较小（见图 4－91）。2020 年青海文化及相关产业实现增加值

① 青海文旅产业已成战略支柱产业.（2021－06－30）. http://www.qhnews.com/newscenter/system/2021/06/30/013410555.shtml.

51.34亿元，比上年下降3.6%，占地区生产总值的比重为1.7%，比上年下降0.1个百分点[①]。2020年文化旅游体育与传媒支出增长8.4%，全年接待国内外游客3311.8万人次，比上年下降34.8%。其中，国内游客3311.3万人次，下降34.7%；入境游客0.5万人次，下降92.6%。实现旅游总收入289.92亿元，下降48.4%。其中，国内旅游收入289.79亿元，下降48.2%；旅游外汇收入184.38万美元，下降94.5%[②]。

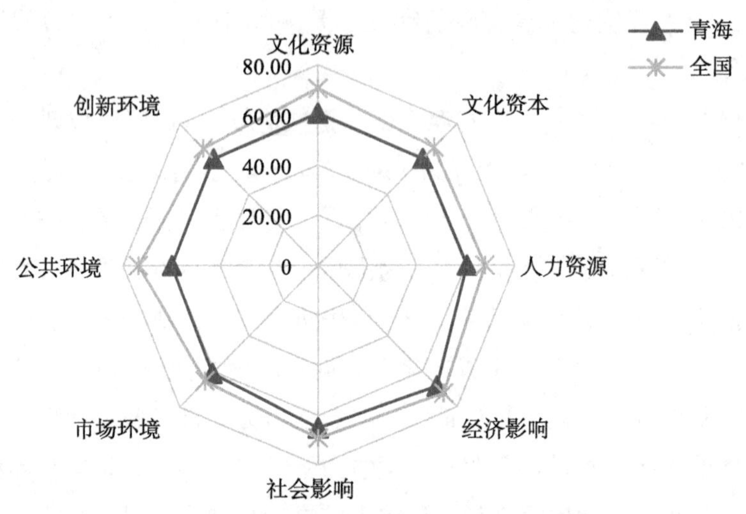

图4-91　2020年青海省文化产业二级指标雷达图

（2）文化产业发展中存在的主要问题。

总体来看，青海省在文化资源、人力资源、社会影响、市场环境等方面都远落后于全国平均水平。

文化资源方面，根据《2020年青海省国民经济和社会发展统计公报》，截至2020年底，青海全省共有艺术表演团体12个，文化馆45个，公共图书馆50个，博物馆24个，档案馆54个。广播综合人口覆盖率99.1%，比上年末提高0.3个百分点；电视综合人口覆盖率99.1%，提高0.3个百分点。全年出版杂志262万册、报纸7899万份、图书2283万册（张），其中少数民族文字图书342万册（张），但与发达地区仍有一定差距。

人力资源方面，青海的企业专业人才和经营管理人才十分匮乏，文化产业人才

① 青海省统计局. 统计快讯第1期：2020年青海省文化及相关产业增加值占GDP比重为1.7%.（2022-01-14）. http://tjj.qinghai.gov.cn/infoAnalysis/tjMessage/202201/t20220114_258621.html.

② 青海省统计局. 青海省2020年国民经济和社会发展统计公报.（2021-03-01）. http://tjj.qinghai.gov.cn/tjData/yearBulletin/202103/t20210304_255430.html.

引进机制不健全，企业自发的专业技能培训规模小、实力薄弱，阻碍着人才的成长和培养。人才的缺乏使得许多具有民族和区域特色的优秀文化资源未能得到充分挖掘和创新，地域特色和品牌市场竞争力较弱。2020 年青海省人力资源指数值仅为 60.51，在全国排名倒数第 2 位。人才问题成为青海文化产业发展的制约因素。

社会影响方面，青海全省积极创新旅游发展战略，变革旅游发展模式，大力推行“旅游＋文化＋新型城镇化”“旅游＋体育”“旅游＋康养”“旅游＋互联网”等旅游与多产业的融合发展模式，建立智慧旅游整合平台，推出展示青海特色的优质旅游产品和服务，提供优质的客运班次、路网运行、公路服务区服务、景区景点服务、气象服务等，更好地满足和提升了游客出行的消费需求、服务需求，进一步激发旅游消费活力。但媒体品牌认可、文化产业发展、营商信用环境等仍有待提高，青海应立足资源的独特性、唯一性等优势，不断丰富旅游产品供给，推出系列新型旅游体验产品，让游客的脚步慢下来；旅游业与文化、农业、体育等产业仍需深度融合，力争让青海旅游从单一景区模式迈向“多点开花”的全域旅游模式。

市场环境方面，2020 年青海省实施文化旅游项目 600 个，累计完成投资 105 亿元。全年接待国内外游客 3 311.82 万人次，实现旅游总收入 289.92 亿元①。青海省文艺精品创作和演出演播成果显著，现代京剧《七个月零四天》等 5 部文艺作品入选“庆祝中国共产党成立 100 周年舞台艺术精品创作工程”，平弦戏《魂系金银滩》、音乐剧《花儿·少年》、藏戏《意卓拉姆》参加全国脱贫攻坚题材舞台艺术优秀剧目展演等活动。但全省文化产业仍然存在总量小、产业化程度低、龙头骨干企业少、创新创意能力弱、与相关产业融合不够、政策体系不完善等问题，市场活力有待进一步激发。

在以上因素的综合影响下，青海文化产业发展缓慢，尤其是 2020 年青海文化产业文化资源、文化资本、公共环境和创新环境指数值分别只有 60.81、60.28、60.00 和 60.27，在全国排名均位列倒数第 1 位。

5. 甘肃省

(1) 文化产业发展现状与优势。

截至 2020 年底，甘肃全省广播节目综合人口覆盖率为 99.31%，比上年末提高 0.74 个百分点；电视节目综合人口覆盖率为 99.41%，提高 0.51 个百分点。全年接待国内游客 2.13 亿人次，比上年下降 43.1%；国内旅游收入 1 454.4 亿元，下降 45.7%。接待入境游客 2.54 万人次，下降 87.2%。其中，接待外国游客 1.45 万人

① 接待游客 3 311.82 万人次！2020 年青海文旅工作交出答卷.（2021-01-27）. https://baijiahao.baidu.com/s?id=1690040851980282500&wfr=spider&for=pc%E3%80%82.

次，下降87.2%；接待港澳台同胞1.09万人次，下降87.1%。国际旅游外汇收入696万美元，下降88.2%。旅游人均花费683元，比上年减少33元①。着眼共享发展，持续提升公共文化服务能力。公共图书馆年流通达907万人次，突破“十三五”规划到2020年0.31次的指标任务；文化馆年服务2 303万人次，突破“十三五”规划到2020年0.55次的指标任务；新改建图书馆30个、文化馆17个，完成贫困地区638个乡镇综合文化站达标建设任务；实施“陇上飞阅”计划，群众可利用手机等移动终端设备享受127TB数字文化资源；全省文化馆馆办文艺团体达到221个，年均开展演出3 000多场次，辅导群众业余文艺团体1万多个，举办各类展览近5 000场②。

在市场环境、创新环境方面，甘肃省文化产业发展水平接近全国平均水平（见图4-92）。

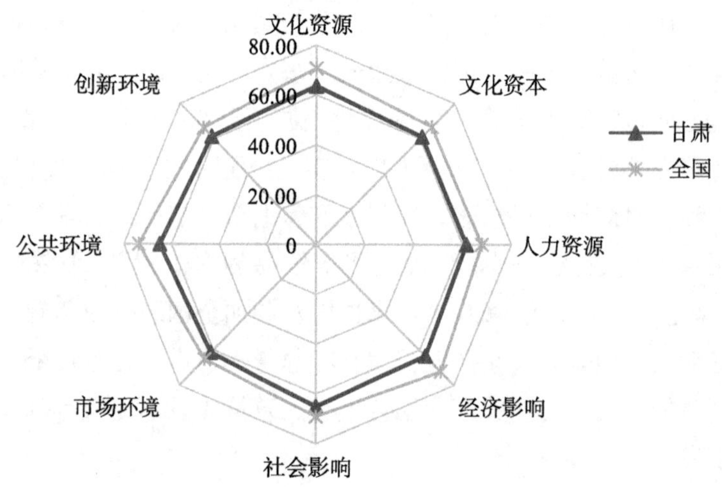

图4-92　2020年甘肃省文化产业二级指标雷达图

市场环境方面，甘肃着眼共享发展，持续提升公共文化服务能力。积极推动文物保护与活化利用。先后制定实施《甘肃省文物安全管理办法》《甘肃省长城保护条例》《甘肃省黄河文化保护传承弘扬规划》等，为文物保护与活化利用保驾护航。同时着力培育新业态，大力发展乡村旅游、康养旅游和智慧旅游，持续放大“一会一节”效应，源源不断吸引国内外游客和投资商“近者悦、远者来”，取得了良好的经济社会效益。“十三五”时期，全省共接待国内外游客13.2亿人次、实现旅游

① 青海省统计局．青海省2020年国民经济和社会发展统计公报．(2021-03-01)．http://tjj.qinghai.gov.cn/tjData/yearBulletin/202103/t20210304_255430.html.

② 甘肃省文化和旅游厅．让“诗与远方”更加温润诱人：甘肃文旅事业产业发展综述．(2022-05-11)．http://wlt.gansu.gov.cn/wlt/c108547/202205/2037719.shtml.

综合收入 8 995.4 亿元，分别较“十二五”时期增长 153.5%和 182.8%，年均分别增长 24.4%和 28.8%。

创新环境方面，早在 2018 年，甘肃省文旅系统就抢抓“数字甘肃”建设的历史机遇，遵循“互联互通、信息共享”的基本思路，按照“一中心、一平台、三体系、三朵云”总体框架，建成了甘肃省文旅大数据中心，全省文旅数据基本实现融合贯通。目前，省级文旅大数据中心日均处理数据 7 亿条，建成客流分析、客源地分析、游客喜好分析等数据分析模型 60 个[①]。在大数据的支撑下，“一部手机游甘肃”综合服务平台也应运而生，有效提升了全省公共旅游服务水平。2020 年，甘肃文旅大数据平台和“一部手机游甘肃”平台获评文化和旅游部信息化发展典型案例。

(2) 文化产业发展中存在的主要问题。

甘肃省在文化资本、人力资源、社会影响、公共环境等方面仍然存在问题，与全国平均水平存在较大差距。

文化资本方面，甘肃省处于发展较为落后的西部地区，很多资源的开发和项目的建设都心有余而力不足。文化产业属于第三产业，省内很多地区仍是以农业为主，文化产业总体开发投入不足，2020 年甘肃文化产业存量企业资本仅为 0.44 亿元，不足全国平均值的 17%，甘肃文化资本方面远落后于全国平均水平。

人力资源方面，2019 年全省文化及相关产业从业人员 13.23 万人，比 2015 年末下降 34.67%[②]，文化产业从业人员流失严重。根据第七次人口普查数据显示，截至 2020 年 11 月 1 日零时，甘肃全省常住人口约 2 501 万人，与 2010 年进行的第六次人口普查数据相比，近 10 年来甘肃省的人口一共减少了 55 万人。这也让甘肃成为西北地区唯一人口减少的省份，甘肃省所面临的人口流失问题已经十分严峻。

社会影响方面，2020 年甘肃全省文化产业仅有两家上市企业，且无企业上榜全国文化企业 30 强以及 20 个提名企业，市场信用水平整体相对较低。甘肃应进一步扩大文化产业影响力，打造更多高品质高品位文化活动和形式，在影响人次、文化氛围、文化包容度和文化形象方面持续发力，力求把“一带一路”文化制高点立稳做实。

公共环境方面，甘肃各级政府还应进一步发挥积极作用，出台更有操作性和针

① 甘肃省文化和旅游厅. 甘肃文旅强省建设的“科技之光”. (2022-05-11). http://wlt.gansu.gov.cn/wlt/c108547/202205/2037744.shtml.

② 甘肃省统计局. 2021 统计年鉴. http://tjj.gansu.gov.cn/tjj/c109464/info_disp.shtml.

对性的政策措施，加大对文化产业的财政投入，加大对文化产品和服务的政府采购力度，努力搭建吸引文化企业投资以及与其他相关行业融合发展的平台，完善文化产业公共服务体系。

在以上因素的综合影响下，甘肃省文化产业发展缓慢，整体指数排名均比较靠后，需进一步挖掘发展潜力。

第五章　中国省市文化产业发展建议

近年来，我国文化产业快速发展，文化产业增加值在国内生产总值中所占比重逐步提高。2020年是“十三五”规划收官之年，文化产业在推动经济发展、优化产业结构中发挥的作用日益增强，朝着发展成为国民经济支柱性产业的目标更进一步。习近平总书记指出，文化产业是一个朝阳产业，应该在“十四五”规划中重视这项产业。纵观近两年我国文化产业整体发展情况，还存在产业结构不完善、人才结构不合理、空间分布不均衡等问题。“十四五”时期要持续坚持以创新、协调、绿色、开放、共享的发展理念为引领，着重针对文化产业发展在产业结构、人才供给、高质量发展等各方面存在的现实问题，有方向有重点地开展相关工作，推动新时期文化产业实现高质量发展。

一、中国省市文化产业发展存在的现实问题

近年来，在国家层面的大力倡导和扶持下，全国各地日益重视文化产业发展，纷纷出台各类文化产业扶持政策，积极推动文化体制改革，取得显著成效。从全国文化产业发展整体情况看，文化产业地区不平衡性有所缓减，文化产业与旅游、科技、金融等产业领域的融合度日益增强，文化产业发展水平和结构日趋合理，发展速度日益加快。但我国文化产业在快速发展的同时，其发展过程中依旧存在一些问题，如文化资源开发利用深度不足、文化产业园区发展水平参差不齐、文化产业人才体系不够健全、文化消费驱动因素较少、文化科技创新有待进一步提升等。

（一）规模和结构方面

1. 企业盈利能力受疫情影响较大

从文化企业收入数据看，2019年，我国规模以上文化及相关产业企业实现营业收入86 624亿元，比上年增长7.0%；而2020年一季度受疫情影响，规上文化企业收入骤降为16 889亿元，环比降低30.9%、同比降低13.9%；2020年上半年规上文化企业收入40 196亿元，同比下降6.2%；直到三季度末才基本恢复到2019年同期水平，2020年前三季度规上文化企业收入66 119亿元，比2019年同期下降0.6%。2020年规上文化企业收入增速明显低于GDP增速，而2014—2019年规上文化企业收入增速均远高于GDP增速，可见文化产业受疫情影响较大。

2. 产业发展水平处于初级阶段

近两年，我国文化产业呈现出较快增长态势，但是从全国文化产业发展水平来看，除发达城市外，绝大多数省市的文化产业还普遍处于粗放式经营的初级阶段，主要表现为文化企业规模普遍较小，产品和服务形态单一、技术含量低、自主创新能力低等问题。值得注意的是，前期文化产业领域盲目、自发地投资建设所引发的产品同质化、地产化、空壳化弊端日益暴露，缺少自身特色和独特优势的项目，如部分影视基地、主题公园及文化产业园区等出现大面积亏损。

3. 产业结构有待优化升级

在快速发展的大趋势下，我国文化产业正发生着质的飞跃，文化产业结构不断优化升级。我国文化产业基本跳出之前一味照搬、模仿他国做法的发展模式，自主创新能力持续提高，开始转向对本土资源和文化特色的挖掘。从产业构成来看，近几年数字文化产业活跃度日渐升高。在这样的变化形势下，也应当看到，在经济高质量发展的要求下，我国文化产业整体结构还有较大的调整优化空间，从产业类型占比来看，多数地方文化产业具有核心项目少，劳动密集型加工或代加工产业项目多，数字类、科技类、创意类新兴产业项目少的特点。

（二）产业政策方面

1. 政策门槛较高，对小微企业扶持力度有待加强

2020年，国家层面一方面进一步深化文化体制改革，另一方面完善金融支持文化产业发展的相关机制，促进在国家层面上形成了具有中国特色的多元化、多门类、多层次的产业国际化格局。在国家政策引领下，各省市也进一步出台政策，助

推地方文化产业发展。但由于各地文化产业扶持政策均设定了扶持门槛，尤其是以企业产值作为最基本的衡量标准，导致需要政府扶持的小微企业被排除在扶持范围之外。从目前我国文化企业的构成来看，小微企业总数达到8 000万家，数量大约占到全国企业总数的70%左右[①]。占据文化企业大多数的小微企业享受不到政府政策红利，成为文化企业发展领域的现实阻碍之一。

2. 政策精准性和覆盖性不足，支持领域有待细分和扩展

从当前文化产业政策类型来看，主要有税收优惠、房租补贴、项目和活动补贴及人才奖励等扶持方式，政策支持覆盖到财政、金融、税收等各领域。但是从各项政策支持方式上看，存在支持方式简单粗放、支持对象针对性不够突出、缺少符合地方发展战略的重点文化产业门类专项支持政策等问题。政策精准性、覆盖性不足，造成很多扶持政策得不到有效落实，扶持资金得不到有效利用，企业难以真正、及时、有效地享受到相关政策红利。

3. 政策实施效力较低

目前，我国各级政府层面均出台了一系列文化产业扶持政策，数量较多，其中不乏一些已经构建起较为完善的文化产业扶持政策体系的省、市。但就政策实施效力来说，即便是这些对文化产业给予很大扶持力度的地方，也普遍存在各项政策实施效力较低、发挥效应有限等问题。造成上述问题的一个主要原因是，各项政策出台以后，配套的政策宣讲和服务工作不到位，各地普遍缺乏常态化、系统化的政策宣讲和服务体系，致使企业层面普遍出现对政策理解不充分、不到位等问题，影响政策实施效力。

（三）产业人才方面

1. 专业人才和高端人才稀缺

人才是文化产业发展的第一资源，人才的储备与培养成为引领文化产业高质量发展的关键。截至2020年底，我国缴纳社保的文化产业从业人员超过2 000万人，文化产业为吸纳就业做出了突出的贡献。但是随着文化产业结构优化升级，对专业人才和高端人才的需求越来越大。就目前我国文化产业人才构成情况来看，主要集中在装备设计、设备制造、文化创意内容制作等领域，动漫游戏、影视、电竞等新兴文化产业人才供不应求，高级经营管理、创意设计、数字科技研发等领域的高端

① 《创业报告2020》：去年新增小微企业数量近1 500万家，今年新增直播企业超9 000家.（2020-07-17）. https://wen_x0002_hui.whb.cn/third/baidu/202007/17/361371.html.

人才缺口仍较大，拥有高技术水平、熟知社会文化需求、能够有效利用资本市场融资等方面的复合型高端人才普遍缺乏。

2. 文化产业人才培养机制不健全

文化产业人才培养机制不够健全是我国文化产业人才供给不足的主要原因。目前我国文化产业人才培养方面主要存在学历教育不完善、学校教师缺乏和人才培育层次单一等问题。由于我国文化产业起步较晚，发展速度较快，高校在未充分研究文化产业人才市场、没有做好师资配备的情况下，盲目开设文化产业专业，导致文化产业人才学校教育基础薄弱。加之学校教育目前还未形成多元化、多层次的培养模式，尤其在整合利用社会资源方面较为欠缺，文化产业人才培养在学校和社会层面均未形成完善的培养机制，对文化创意人才的输出所起到的实质促进作用较小。

3. 文化产业人才评价奖励体系不完善

在政府大力扶持文化产业发展的大环境下，各地政府相继出台相关政策条款，对文化产业人才给予奖励和扶持。但是由于文化产业不同于其他产业，人才的构成具有多样性和复杂性的特点，导致目前全国范围内还未出现完善且具有普遍适用性的人才评价标准。人才评价体系的不完善，进一步造成人才扶持政策难以有效落实，文化产业人才享受不到政策福利等问题。另外，在人才的补贴奖励政策方面，目前各地多以直接奖励符合条件的个人为主要形式，而缺少以项目、成果为导向的文化产业人才专项补贴奖励形式，这与文化产业人才流动性较大的特点不相匹配，不利于文化产业人才的跨区域流动，限制了人才效用的充分发挥。

(四) 创新驱动方面

1. 文化科技创新地域不均衡性明显

在中国省市文化产业发展指数体系中，文化企业的知识产权数量和国家高新技术企业中文化企业数量是创新环境指标的两个重要测度变量。截至2020年底，我国文化类国家高新技术企业数量超过了1.2万家，本年度增加超过2 000家。2020年，我国文化企业获得专利授权超过50万件，同比增长23%。可见，文化产业创新能力实现了快速提升。但从各省市文化企业创新发展情况来看，不同地区、不同省市的创新能力大为不同，整体上呈现出较为明显的地域分化性。

据大数据及指数反映，截至2020年底，浙江、广东、北京的国家高新技术企业中文化企业数量均超过了1 500家，远高于其他省市，这三个省市国家高新文化企业数量之和占到了全国的近50%，63%的国家高新文化企业位于东部地区。文化企业知识产权数量较多的五个省市是浙江、广东、北京、上海、山东，2020 年这五个省市取得的文化企业知识产权数量之和占到全国的 61.1%，而西藏、青海、内蒙古等西部地区省市文化企业知识产权数量明显较少，我国各地区文化产业创新发展的不均衡性非常突出，这与各地区文化产业人才有密切关系。与文化产业发展水平高、速度快的国家进行对比，发现我国现阶段的文化产业科技创新存在着多方面的问题，如文化科技创新基础相对薄弱、文化科技创新制度不够完善、文化创意成果及知识产权保护体系等不够健全、政府对文化科技创新的扶持力度有限等。

2. 文化科技创新基础相对薄弱

文化产业作为我国国民经济的重要组成部分，其经济总量高速增长和产业规模持续扩大实属正常，但大并不等于强。中国经济的高速增长多数依靠技术含量偏低的资金拉动，经济增长中科技贡献率较低，与发达国家水平有较大差距。可以说，科技落后是制约我国经济增长的最大瓶颈。而目前科技发展基础相对薄弱，面临具有国际影响力的重大原创成果少、引领科学潮流的大师级人物和世界级科学家少、基础研究促进经济社会发展的作用小等现状，同时缺乏创新型人才，致使原始创新能力不够强。历史表明，文化的每一次革命性进步，都是重大技术创新和扩散的结果。如无线电技术的运用带来了广播和电视的新生，网络技术的发展引发了文化传播方式的革命。在新技术革命浪潮中，传统文化内容与信息技术、网络技术、数字技术对接，派生出网络游戏、数字视听、三维动画等一系列新兴业态，使文化内容更加吸引人、文化传播更加快捷、文化影响力更加深远。不仅如此，信息技术和网络技术还催生了物联网等新兴产业的发育和发展。科技和产业革命对文化产业发展影响的深度和广度愈发凸显。因此，在数字化、网络化、多媒体化等高新技术迅速发展的今天，如何促进其充分发展和利用，为文化产业带来新的发展是各级政府和文化产业从业人员应思考的问题。

3. 文化科技创新制度不够完善

就科技体制而言，我国现行科技体制还存在着不同程度的弊端，对科技创新造成严重制约，集中体现在管理体制、评价机制和转化机制上。就管理体制而言，目前的科研管理正在引进市场竞争机制，但是从整体上看，科技资源分配的权力还是集中在少数部门、少数人身上；科技评价机制过分追求论文数量和刊物档次；转化机制则没有实现科技与经济的充分融合，由于缺乏科技成果转化的信息渠道、专门机构、专项资金以及专业人员，许多科技成果仅仅停留在纸面上而没有转化为现实生产力。相应地，在文化科技创新方面就会存在先天的限制与缺陷。

此外，文化科技创新中，文化创意成果是十分重要的，然而目前对此的保护措施却不够完善，相对缺失，也挫伤了相当一部分人发掘文化创意的积极性。因此，完善的知识产权保护体系对于鼓励自主研发和创新创意具有十分重要的意义。目前我国在知识产权保护方面无论是在立法还是在行政查处机制管理上都存在问题。由于创意成果本身的特点，权利人通过诉讼途径维护权益的成本相对较高，比如因诉讼程序烦琐，调查取证常常造成延迟，导致同类竞争产品可能占领市场，给权利人的利益造成更大的损害。同时知识产品不同于有形资产，由于缺乏教育和经验，权利人自身避免和防止被侵权的意识和能力也不足。

4. 文化科技创新政府扶持力度较弱

文化产业科技创新制度的落后，制约了科技创新的发展步伐及文化产业的整体发展。国家制定的文化产业相关政策法规没有跟上科学技术创新的前进步伐，这样便导致了文化产业的旧制度无法与科技进步进行融合，而新制度存在的缺陷也使得文化产业科技创新能力无法更进一步地提高。这也使得我国社会市场中的文化企业虽然关于科技创新的能力与水平高，但从事内容生产的文化企业数量较少。再加上我国文化产业发展的优势主要集中在新闻出版、广播与电视、文化产品、文化设备生产等传统型领域，就科技创新而言，互联网与传统文化产业进行整合的结构仍停留在表层，一定程度上陷入了文化产业的原创水平不高，企业生产规模小、市场竞争能力低的困境，阻碍了文化产业竞争力的整体提升。

（五）融合发展方面

1. 文化金融融合有待进一步优化

金融是现代经济的血液，以金融为抓手，推动银企对接，纾解文化企业特别是中小微文化企业的融资困难，是推进文化金融融合的重要命题。在文化金融融合能力指标中，上海、北京、浙江、广东、福建排名前五，其中，上海、北京得分遥遥领先。2019 年末，北京市东城区、浙江省宁波市成功创建国家文化与金融合作示范区；浙江省成立全国首家文旅专营银行——中国农业银行杭州文旅支行，未来 5 年内将为重点文旅项目提供 1 000 亿元意向性信用额度；2020 年，广州市文化金融服务中心设立 2 亿元“文化和旅游产业纾困基金”，有力帮助受疫情影响严重的中小文化和旅游企业解决融资难问题。

在各级各地政府积极推动下，各金融机构结合文化企业特点纷纷加大投资支持力度，创新金融项目，提高文化企业金融服务水平，但还存在一些不足，有待进一步优化发展。疫情发生以来，各地积极推动文旅企业金融支持，通过发放文旅产业贷款等方式加大文化金融支持力度，但从产业贷款数额和文化产业生产 GDP 占比角度看，显现出金融机构对文化产业信贷投入明显滞后于文化产业发展步伐的现象。从融资渠道来看，各地初步构建了集信贷、基金、债券、租赁以及专项资金等为一体的多层次资金供给体系，各金融机构对文化产业发展潜力的认识也进一步增强，并且逐步加大业务开拓力度。但与其他传统产业相比，文化产业相关金融产品和服务尚处于初步发展阶段，各地文化金融产品和服务多以贷款为主，辅以结算业务和现金管理等，专门针对文化产业开发的文化金融产品和服务种类尚且不足。

2. 文化旅游融合发展有待全面深化

突发的新冠肺炎疫情使文化旅游业遭遇巨大损失，为推动文化产业和旅游产业复工复产，2020 年各省市积极推介文旅融合重点项目，进一步推动文旅项目建设发展成为文化旅游融合的重要抓手。例如，湖北省举办多场文旅产业招商引资推介活动，引进一批文旅行业领军企业，与中国旅游集团、中青旅、美团、康辉集团等企业签署了战略合作协议，拟投资开发大型文化和旅游项目；成都市组织全市文化和旅游部门及产业功能区代表赴北京、上海、深圳等 20 余个城市开展招商促进活动，签约近 50 个重大文旅融合项目，总投资近 3 000 亿元。

随着各地对推动文旅融合工作投入力度的加大，文旅融合在取得巨大成效的同时，日益暴露出一些问题。从文化产业资源利用程度来看，各地对自身特色文化资源的挖掘力度还普遍不足，丰富的特色文化资源尚未实现高效、深层次的产业化转化，在深度开发和活化利用方面还比较欠缺。从融合深度上看，各地文化旅游产品的设计和开发存在零打碎敲、东凑西搬的问题，产品结构上仍以观光为主，资源开发仅停留在景区的开发建设和文化的保护上，缺乏文化内涵，缺少文化旅游的娱乐性和游客的参与性，使得产品出现品质较低、品牌效益不明显等问题。从规划发展方面来看，各地文旅融合发展普遍缺乏规划性。一方面，各地文旅发展未能从整个区域、整个景区的整体规划角度谋划，实现差异化发展；另一方面，在方案实施中未能坚持资源的开发利用与保护传承为一体，未能因地制宜，深入挖掘其文化内涵。

（六）文化消费方面

1. 人均文化消费支出和占比持续下滑

构建以国内大循环为主体、国内国际双循环相互促进的新发展格局，势必要求形成强大的国内市场，而扩大内需、促进消费则是重要支点。2016—2017 年我国居民人均文化娱乐消费支出增长较快，但近两年来不升反降。2017 年人均文化娱乐消费支出约为 850 元，但 2018 年、2019 年、2020 年分别只有 827 元、849 元和 569 元。2020 年人均文化娱乐消费支出较上年下降 32.9%。另外，我国居民人均文化娱乐消费支出占总消费支出的比重也在持续下降，由 2015 年的 4.8%一路下滑至 2020 年的 2.7%，与发达国家文化消费 30%的占比差距较大，我国居民文化消费潜力有待深入挖掘。

2. 文化消费新场景亟须打造

2020 年 12 月，文化和旅游部通过评定确定了第一批国家文化和旅游消费示范城市（15 个）、国家文化和旅游消费试点城市（60 个），以此为抓手挖掘文化消费潜力。各地在扩大文化消费、打造文化消费新场景、促进文化消费增长方面也进行了许多有益尝试。苏州市推出“姑苏八点半”系列文化消费活动和夜经济品牌，实施文化消费拉动战略，发展苏州夜经济，成功入选“2020 中国夜间经济二十强城市”。陕西省通过精心策划活动来创新宣传方式，积极助力消费取得实效，推出了端午安康“硒”游记活动，借力网红经济，邀请省内百万流量网络大 V、抖音网红等进行实地体验，运用新媒体、网络视频、图文、微信朋友圈等全方位宣传报道安康市，极大地扩大了安康的知名度、美誉度。但从全国文旅消费新场景建设发展来看，除了一些文化旅游发展基础好和综合实力水平较高的城市陆续打造出一些新产品、新模式、新品牌之外，其他文旅发展水平较低的城市在文旅消费新场景策划、建设和运营方面普遍存在意识不足、动力不足等问题。

3. 文化消费水平亟待提升

消费对生产具有反作用，文化消费作为文化产业链上的重要环节，是引导文化生产、推动文化产业发展的动力之一。提升文化消费水平，是推动文化生产水平增长、促进城市整体经济水平稳步提升的路径之一。就目前各地文旅经济发展情况来看，文化消费隐藏潜力巨大，但还未完全释放，文化消费结构也有待进一步优化升级。以苏州市为例，调查显示，约占样本 83%的苏州市民每月在文化产品和服务上的花费在 0～500 元区间内，在其月收入中占比较低。文化消费支出金额较低，对文旅经济增长的拉动作用没有完全体现出来，消费潜力有待释放。另外占样本60%的消费者每月参加文化消费活动仅有1～2次，文化消费频率也处于较低水平。从消费者参与文化消费项目的构成来看，传统型文化消费活动如购买书籍、看电影、景区游览等较受消费者青睐，而VR体验、文化节等新兴文化消费项目的市场接受度还处于较低水平。从消费者的消费结构来看，有待提升科技含量高、创意水平高及融合度较高的文化消费产品占比，优化文化消费结构，促进文化消费水平整体提升。

（七）空间格局方面

1. 东西差异、南北差异明显

从我国文化产业的区域发展情况来看，2020年我国文化产业主要集中在东部地区。国家统计局数据显示，2020年中国东部地区规模以上文化及相关产业企业营业收入73 943亿元，占比75.1%；西部地区规模以上文化及相关产业企业营业收入9 044亿元，占比9.2%；中部地区规模以上文化及相关产业企业营业收入14 656亿元，占比14.9%；东北地区规模以上文化及相关产业企业营业收入872亿元，占比0.9%。从县级层面来看，文化产业百强县主要分布在东部地区，西部地区几乎没有，此外“南强北弱”特征明显，文化产业地区间不平衡现象仍然突出。特别是在东南沿海地区分布较为密集，广东、浙江、江苏三省囊括了近一半的文化产业百强县，文化产业发展达到较高水平，这与这些地区经济发展水平以及长三角一体化、粤港澳大湾区等国家重大区域发展战略都是密切相关的，这也说明中西部地区还需进一步加强文化产业发展和区域协同。文化产业的发展格局与我国的经济发展格局类似，也存在“东高西低”的区域发展失衡问题。相较于东部地区，西部地区的文化产业不管是在资源、资本、人力、技术以及产业规模方面，还是在市场、价值创造、创新、品牌和品质方面，由于自然条件、观念意识、经济水平、人才积累、技术创新、融资环境和管理体制等因素导致的问题在短期内还很难得到实质性的解决。

2. 片区间未实现错位竞争

随着我国文化产业的进一步发展，目前整个产业已经进入转型升级的关键时期。一方面，前一阶段一些盲目照搬、重复投资建设的文化产业项目因其本身不具备独特竞争优势而日渐衰落，文化产业项目错位发展的需求日渐增加；另一方面，一些大力推动文化产业发展的新晋城市却有步前者后尘的趋势，在文化产业发展过程中出现缺少统筹规划、盲目建设投资、项目内容同质化严重等问题。盲目投资的同质化发展道路，没有从自身实际资源优势出发，不利于发挥各板块比较优势，会导致争夺目标消费群体的恶性竞争，难以实现可持续发展。

3. 城乡产业发展差距明显

经过十多年的发展，我国文化产业发展水平显著提升，但是从行政区划的纵向上来看，文化产业城乡发展差距较大的问题还很突出。目前，绝大多数文化产业增加值是由城市文化产业所贡献，城乡文化产业发展还很不协调。我国长期以来存在的城乡二元结构政策，导致城乡文化产业统筹发展的局面暂未形成，文化产业城乡差距主要表现在文化设施、人才、资源和活动等方面。几乎所有一流的文化设施、人才、资源等均趋向于城市，造成乡镇文化产业在发展理念、规划、规模、层次等方面落后于城市。

(八) 产业园区方面

1. 文化产业园区集聚效应偏弱

园区作为推动文化产业发展的核心载体和平台，其发展在我国各个地区均得到了高度重视，其中尤以东部地区发展水平最高，园区数量多、经济效益较高、运营管理理念较为超前。但就目前各园区集聚效应来看，东部经济较发达地区也普遍存在园区主导产业不强，集群效应不明显的问题，主要表现在：第一，一些园区还没能围绕主导产业构建起完整产业链，上下游企业之间的交流互动合作不够，未能形成良好产业关联效应，产业集群效应发挥不充分；第二，占相当比重的园区盈利模式仍然停留在“吃瓦片”的原始阶段，只能为入驻企业提供简单的物业服务，缺乏对文化科技企业的吸引力，缺少针对园区企业提供的专业化增值服务，园区产业集聚效应没有得到充分发挥。

2. 园区管理服务水平有待提升

经过多年发展，我国各地文化产业园区基本上都搭建起了信息交流、政策咨询、人才培养、文化金融、创业孵化等专业化的服务平台，服务企业的意识也已根植于园区运营管理理念之中，但就目前的管理服务水平来看，由于园区运营管理机构人数普遍较少，且组织架构不太完善，导致一人担任多项职务的现象较为普遍，相关的企业服务不到位，尤其是在政策解读、人才培养、金融对接方面工作深度不足，导致各类专业服务平台的使用效率和服务效益水平较低。除此以外，园区普遍缺少针对园区企业的收费型产品和服务，盈利模式较为单一，且没有建立起与外界资源进行物质、信息等方面交换的沟通联系机制，服务体系还不够完善，整体服务水平有待提高。

3. 园区智慧化建设水平有待提升

随着数字经济的日益发展壮大，线上办公的场景越来越普遍，尤其在文化产业领域，已经成为一种基本工作模式。加之随着新冠肺炎疫情的发生，一方面企业加快了日常办公向线上转移的进程，另一方面，园区作为运营管理机构，也产生了运用网络技术提升园区日常管理服务的需求。从目前园区智慧化管理水平情况来看，文化产业园区的智慧化管理还普遍处于较低水平，与典型文化科技类园区的智慧化建设相比还存在较大差距，主要表现在：一部分园区还没着手智慧园区建设，约50%以上的园区没有建设自己的智慧化运营管理系统；一部分已经建起智慧化运营管理系统的园区在企业数据统计分析、人才管理服务、技术信息交流、金融 APP 服务管理以及宣传运营智能化等方面的水平还较低，智慧化系统赋能园区运营管理的水平还处于初级阶段。

(九) 品牌打造方面

1. 国家级品牌发展质量有待提升

在近乎停滞了两年之后，2020 年文化和旅游部、中宣部、科技部、财政部等国家部委重新启动了国家级文化产业品牌创建工作，包括国家级文化产业示范园区、国家级旅游度假区、国家文化和旅游消费示范城市、国家级文化与金融合作示范区、国家文化产业示范基地、国家文化和科技融合示范基地等多项国家级文化产业品牌。在品牌创建过程中，国家部委从财政资金、人才培养、项目推介等方面给予支持，例如开展国家级文化产业园区服务能力提升计划，开办文化和旅游产业高级经营管理人才研修班等，均取得一定成效。但就国家级品牌的整体发展而言，目前还存在以下原因制约着国家级品牌发展质量的提升。第一，文化产业建设发展过程中资金缺口较大，融资难度大，急需财政金融支持；第二，文化产业专业人才、高端人才欠缺依然是制约国家级品牌发展的关键性因素；第三，文化相关基础设施建设还有待进一步加强，公共配套硬件设施等需进一步建设完善。

2. 品牌体系建设工作不足

品牌体系建设工作关系到文化产业品牌能否在同质化竞争中凸显自身特色，保持自身竞争优势。建立多层次、全产业链品牌体系，构建全方位、多层次、多渠道的互动模式，提升区域内各类品牌综合影响力，是当前文化产业品牌建设的重要工作之一。当前，文化产业品牌体系建设工作存在诸多不足，品牌体系构建还有待全面系统提升。从纵向来看，以国家级品牌为引领，辐射带动省、市、县级品牌的层级品牌体系初步形成，但国家级品牌和省级以下品牌之间的链接、合作渠道还未打通，各级品牌的纵向延伸度还普遍不足；从横向来看，各地对于各级各类品牌的联动发展意识普遍不足，多数地区并未在其区域范围内建立起整合政产学研等不同资源的沟通联络体系，导致各级各类文化产业品牌在横向上缺乏组织性和系统性。

3. 品牌宣传推广工作不足

随着各地文化产业的蓬勃发展，全国涌现出一批具有典型性、示范性的文化企业、项目、园区和品牌，但就各地优质文化产业品牌的辐射力和知名度来看，还存在影响力不大、辐射范围较为局限等问题。究其原因，一个突出的问题是宣传意识和宣传工作缺位。具体来看，在文化产业主体层面，自身宣传推广投入不足，很多企业、园区并未把自身品牌宣传推广工作纳入日常工作体系中，其团队中也缺少相应的品牌宣传人才，对微博、微信、抖音等新媒体平台的利用程度也不充足，品牌形象缺少深入大众的渠道；在政府层面，各地普遍缺乏系统性推广地方文化品牌、文化产业品牌的意识，没有牵头搭建政府、行业、媒体、公众等共同参与的整体营销机制，造成地方代表性品牌、行业品牌难以有效推广，地方品牌形象塑造成效不足。

二、中国省市文化产业的发展建议

针对以上评述的我国文化产业存在的问题，本节将从整体上为今后我国文化产业的发展提供意见和建议。

（一）培育产业主体

1. 聚焦龙头企业加强招引力度

鼓励和支持各地组建“大文化”专项招商队伍，构建涵盖各产业部门、经济板块以及国资企业的专业招商体系。紧密围绕国家发展战略，结合地方产业发展定位，以优化产业结构为目标，重点围绕数字出版、动漫游戏、创意服务、创意设计、文创科创等新兴文化产业，锚定大部头企业，制定龙头企业引培清单。在全国甚至全球范围内开展重点企业定点招商、“敲门招商”，通过实行“一企一策”方式，给予最具竞争力的企业政策优惠，推动头部企业以设立总部企业、研发中心、技术研究院等模式入驻，以头部企业为引擎，逐步丰富产业体系，提升地方产业能级。

2. 培育骨干企业

着重培育本地龙头企业，加强对文化企业实施跨行业、跨地区、跨所有制兼并重组的支持力度，探索性引入战略投资者开展合作制、股份制和混合所有制改造。鼓励和引导各地政府部门建立文化企业上市挂牌后备资源库，鼓励符合条件且具有相应实力的骨干企业上市融资，积极支持本土骨干企业在国内外“主板”“中小板”“创业板”“新三板”等各级各类资本市场挂牌上市，对接多层次资本市场，依靠多种力量做优做强。对于本土中小型文化企业，引导和支持其进一步延伸产业链、服务链和价值链，推动其向“专精特新”方向发展。以地方政府牵头，积极组织本土文化企业参加国内外产业论坛、交流会，主动为本土企业与国内外企业合作交流创设条件，提升本土文化企业在行业内的知名度和影响力。

3. 扶持小微企业

创新招商模式，完善政策机制，着重加强对小微文化企业的支持力度，充分发挥小微企业在地方经济发展中的助推作用和强大力量。针对小微企业规模小、资产少且缺乏融资渠道的实际情况，地方政府要积极支持和引导金融机构创新金融产品和服务，综合运用信用贷款、联保贷款、抵押贷款等多种方式，满足小微企业个性化资金需求，解决小微企业资金供给不足的困难和问题。充分重视小微企业引进和培养专业人才问题，通过加强小微企业宣传力度吸引优秀人才，给予小微企业人才政策支持，夯实小微企业人才支撑。充分发挥龙头企业、骨干企业的辐射作用，促成产业上下游相互协同、大中小企业共生共荣的发展格局，以大企业带动小微企业发展。

（二）完善产业政策

1. 加强文化产业政策顶层设计

以文化强国为引领，在国家层面进一步明确我国文化产业发展的总体思路、空间布局、重点任务和动力保障等工作，加强文化产业相关支持政策的顶层设计，通过直接引导和间接引导等方式，统领全国文化产业政策体系的搭建和完善。在省市层面，要系统梳理本地已出台且适用于文化产业的各类支持政策，充分结合本地区文化产业发展实际，以扶持政策突破创新为导向，以实现社会效益和经济效益双效统一为目标，出台适应本地区文化产业发展的文化产业支持政策指导意见，全面厘清本地文化产业发展模式、动力机制、具体举措和推进机制，加大对文化产业发展多渠道、多层次支持力度，制定出台涵盖财政、税收、土地要素、人才、金融等领域的具有指导性意义的文化产业政策性文件。

2. 创新产业发展短板的政策支持

找准当前文化产业发展存在的投资不足、科技含量不高、高层次人才缺乏等发展短板，以补齐短板、破解文化产业发展结构性矛盾、机制性症结为核心，着力创新产业发展短板的政策支持。在文化产业投融资政策方面，充分发挥资本市场对拓宽文化产业融资渠道、推动文化产业结构升级等方面的作用，通过设立文化产业发展投资基金、优化引导基金平台等方式，吸引和撬动更多社会资本投资文化产业。在文化科技融合政策支持方面，积极协调科技、广电、工信等部门，探索制定“文化＋科技”专项政策，以文化科技产业园区、高校及科研机构众创空间、重点文化科技企业为着手点，推动大数据、云计算等先进技术的落地转化。在文化产业人才政策方面，鼓励各地围绕自身产业发展需要，通过创新人才引进机制、职称评定政策、激励办法等方式，建立强有力的文化产业人才支撑体系。

3. 强化产业体系发展重点的政策支持

围绕文化产业园区、产业发展主体、文化市场体系建设等关系到文化产业体系发展的重点领域，着重加强资金扶持、税收优惠和金融服务等政策支持力度。针对文化产业园区，进一步制定和完善推动文化产业集聚区发展的配套扶持政策，调整现有政策支持重点，创新政策支持方式，推动园区软硬件基础设施建设、公共服务平台建设、公益文化活动举办、品牌宣传推广等均纳入政府专项资金支持重点。针对文化企业，根据企业规模制定分级分类的专项政策支持体系，按步骤、有重点地支持龙头企业、骨干企业、中小微企业、民营小微企业发展壮大。在完善文化产业市场体系建设方面，通过建立产业发展平台、完善知识产权保护机制、提高政府服务效能等途径，为文化产业发展营造公平、高效的市场环境。

（三）引培产业人才

1. 实施文化产业高层次人才引进计划

着力实施文体旅重点人才引进计划，优化人才引进机制，评选发布文化产业领军人才、重点人才，健全领军人才、重点人才动态管理机制，定期发布文化产业领域紧缺人才需求目录列入地方重点人才引进名录，强化文化产业领军人才、青年拔尖人才和骨干人才梯队建设。扩大文化产业技能型、高层次人才项目扶持范围，按年度开展“十大文化产业领军人物”评选活动，对经济和税收贡献大、行业影响力突出、创新创意成果显著的人才给予奖励，以优惠人才政策吸引文化产业紧缺人才。聚焦文化产业发展重点和方向，围绕建设高素质数字创意产业人才队伍，重点关注“双一流”建设高校和科研院所，引进一批数字创意产业人才，政、产、学、研联合，构建引才、育才、用才、留才一体推进机制。

2. 加强文化产业人才教育培养

支持高校、科研机构、文化企业大力引进和培养文化产业高层次、高素质人才，积极引进知名文科综合类、艺术类高等教育资源，以建立分校、合作办学的形式落地，推动建设立足地方经济文化生态的产教融合的文创产业园。对高校（职业学校）开设的文化产业相关专业学科，在招生计划、师资配备等方面予以倾斜，加强学校资源对社会的辐射。依托高校和本土企业，实施高质量产业人才培养扶持项目，开办文化产业高质量人才培训班，支持文化产业园区、龙头文化企业和高等院校、职业院校及科研机构共建文化产业人才培育基地，提升本土文化产业人才输出能力。

3. 完善文化产业人才激励和服务保障

创新文化产业人才激励方式，建立科学的人才评价和选人用人机制，逐步完善文化产业激励分配及考核机制。鼓励和支持有条件的文化企业设立专业人才奖励基金，并以知识产权、无形资产、技术要素入股等方式，加大对文化产业骨干人才的激励力度。加强人才服务保障，依托政府人才政策，支持企业从创业支持、户口、住房、子女入学等方面着手，进一步完善文化产业中、高级人才优惠政策。畅通文化产业人才内部流动渠道，强化人才市场机制，建立人才柔性流动体系，打破身份、档案、人事关系等刚性制约和工作地、工作单位、工作方式限制，畅通文化产业人才在学校、企业、政府部门之间的合理流动渠道，推动文化产业人才资源融合，充分发挥人才效能。

（四）提升创新能力

1. 支持科学技术创新，提升技术创新能力

顺应当前数字产业化和产业数字化的发展趋势，加快 5G、VR/AR、全息成像、裸眼三维图形显示、交互娱乐引擎开发、互动影视等核心技术创新发展，加强大数据、物联网、人工智能等技术在数字创意创作生产领域的应用，重点围绕产业链核心环节和关键配套，加大与各类实验室和研发中心的联合力度，加强与制造企业在技术研发和技术成果转化应用等方面的深度合作。支持建设数字创意产业创新发展试验区，以超前布局 5G、云计算、工业互联网等新一代信息基础设施为抓手，

加快畅通技术要素流动通道，推动创新链和产业链紧密衔接，探索构建以企业为主体、市场为导向的文化科技创新体系。整合龙头文化科技企业，联合产业链上中下游重点企业、高校、科研院所、园区基地、行业协会、公共服务平台、风险投资机构等，组建文化产业技术创新战略联盟，合作开展核心技术研发、技术转移等项目，加强数字技术创新整合能力。

2. 加快产业成果转化

抢抓新一轮科技革命和产业变革机遇，面向科技前沿和原创性、突破性科研成果，找准富于成长性的新增长点，建立健全重大科研成果技术熟化、产业孵化、企业对接、成果落地的全链条衔接机制。强化5G、区块链、物联网、虚拟现实、大数据、云计算、人工智能等高新技术在文化产品生产和项目建设中的运用，围绕重点产业开展技术创新和应用服务示范，加强大数据、物联网、人工智能等技术转化应用，重点聚焦文化旅游、休闲娱乐项目建设，以及演艺、影视、工艺美术等产品的研发制作等细分领域，强化前沿科学技术成果的转化应用，打造创新性、融合性高科技文化产品和服务。推进政企互通、数据共享、安全可信的文化资源数字化进程，构建开放的文化资源数字化平台和科学技术交流合作平台，通过鼓励全民创意、联合创作、合作设计等方式，引导形成多业态联动的创意开发和交流合作模式，提升科技创新成果转化活力。

3. 完善产业创新体系，优化创新环境

支持龙头企业联合高等院校探索产学研用一体化机制，推进科研院所、高校、企业科研力量优化配置和资源共享，强化企业创新主体地位，促进各类创新要素向企业集聚，鼓励企业加大数字创意技术研发和应用投入，深化创新创意引领力和企业辐射带动力。对重点企业开办、重点项目开工、重点技术研究简化审批流程，建立扁平、高效的服务机制，加快培育产业链、供应链、创新链、资本链、人才链、政策链“多链协同”加优质高效政务服务的发展生态，优化产业创新环境。发挥专家学者、企业家、行业领军人物在技术创新和产业创新中的重要作用，持续引进高质量产业人才，鼓励高校广泛开设或建立相关专业学科、人才培养基地，强化产业创新人才支撑力。

（五）推动产业融合

1. 推动文化产业与多产业融合

充分发挥文化产业的渗透作用，提高文化产业跨界融合能力，推动文化产业与多产业融合。引导和支持各地建设文化金融服务站，应用大数据、人工智能等前沿科学技术加强文化企业与金融服务的对接工作，创新中小文化企业信贷、担保基金等产品和服务，推出系列文化金融创新产品，推动文化金融进一步融合。把握文化旅游融合发展的机遇，鼓励各地以创建国家级旅游度假区、文化产业和旅游产业融合发展示范区、区域旅游示范区等国家级和省级品牌为工作抓手，以加快发展智慧旅游、网络旅游、体验旅游等新兴业态为发力点，提高旅游产品多元化发展水平，推动文化旅游深度融合。紧跟数字技术发展趋势，结合本土产业实况和长远发展目标，布局电竞产业、数字会展、数字出版、数字媒体等新兴产业，拓展文化科技融合深度和广度。以农业、制造业、教育等传统产业为根基，通过融入创意设计，应用前沿科技成果，推动传统产业高端化、品牌化、特色化发展，塑造先进传统行业新优势。

2. 完善文化企业融合服务平台

强化政府服务和园区载体服务工作，通过建立综合性的文化企业服务平台体系，在线上打造以官方网站和微信小程序等为核心的一站式服务平台，在线下推动设立“文化企业服务站”。综合线上、线下服务平台，面向广大文化企业提供政策咨询、信息发布、项目合作、融资融智等综合服务，推动文化企业与其他相关企业建立长效合作关系。鼓励依托龙头企业成立文化产业相关行业协会等中介服务组织和产业创新联盟，整合文化产业相关行业资源，以引导产业链接和合作方向，为文化企业提供“一对一”发展咨询、融资可行性分析、创新专利申请等个性化服务，推动文化企业积极对接科技企业、旅游类企业、教育类企业等，加强文化产业跨界合作能力，提升文化产业与其他产业的融合深度，拓展文化产业辐射范围。

（六）激活消费市场

1. 做强夜经济文化消费模式

实施文化消费拉动战略，大力发展夜经济，支持夜间经济文旅地标和文旅经济品牌建设，持续推进国家文化和旅游消费示范（试点）城市、国家级夜间文化和旅游消费集聚区建设，丰富文旅产品和服务，做强文化消费活动和夜经济品牌，塑造夜经济专属 IP，打造沉浸式表演、文创销售、非遗文化体验等夜间文旅消费精品，开展具有影响力的啤酒节、音乐节、海淘特卖会、灯光秀、艺术节、演唱会、跨年晚会、马拉松比赛等品牌文体旅活动，打造城市“夜地标”。

2. 打造文化产业交易平台

充分收集分析各地文化消费大数据，整合各方资源，推进综合性、专业性文化产业交易线上平台建设。在平台实现文化产业交易与文化消费财政补贴精准投放和文化产业交易数据实时采集的基础上，提供本地区文化产业交易信息发布，文化产业交易撮合、结算，以及文化产业交易技术合同登记、展览展示等服务，促进文化产业市场交易规范化，打造一个广渠道、多层次的文化产业交易网络体系。

3. 创新文化消费新场景

支持依托影剧院、博物馆、艺术馆、美术馆、文化馆、文化街区、文化产业园区等已有的文化资源，引入沉浸式体验娱乐空间、新演艺空间等文化消费新场景。建设商业服务与休闲、体验、艺术、文化高度融合的综合性消费空间，营造产品丰富、体验性强的文化消费场景，创新公共文化、传统产业与文旅结合的文化消费新场景，推动网红经济、体验经济等文化消费新业态。引导企业创作生产兼具艺术性、实用性、特色文化内涵的文化精品，以高品质的文化产品引领文化消费时尚潮流。发放城市文化消费卡，开展惠民文化消费季活动，激发居民参与文化消费的热情。

（七）完善空间格局

1. 以缩小差距为目标推动协调发展

针对当前我国文化产业空间分布格局不平衡的问题，以推动区域协调发展为导向，着重促进西部、北部地区文化产业整体提升。重点助力文化产业发展基础较为薄弱的省市推进文化产业园区、众创空间、孵化器等载体的建设工作。着重推动西部、北部省市结合自身实际情况做好本地区文化产业发展规划，确定重点发展的产业领域，加快优势产业转型升级，探索跨区域合作交流，缩小西部、北部地区与中东部文化产业发展差距，提升文化产业统筹协调发展水平。

2. 以龙头企业为牵引强化辐射带动

加强区域开放合作，着重发挥龙头企业的带动作用，推动实现区域产业协作共赢。依托北京、上海、深圳、广州、重庆等区域城市中心的重点文化企业、领军企业，立足区域文化产业优势定位，构建区域战略合作联盟，推动高水平文化企业向周边城市流动，构建以龙头企业为首、中小型企业为中坚力量的区域文化产业发展格局，真正实现由中心城市产业集聚效应、大企业带动效应向区域辐射效应的转变，推动区域文化产业整体发展水平的提升。

3. 以产业平台为中心加强资源链接

围绕“补链、延链、强链”，依托产业基地、会展平台和协会平台等载体，加强资源有效链接，扩大文化产业规模，完善文化产业结构。各地依托产业基地，加强区域特色产业资源整合能力，培育多业态孵化模式，形成多行业承载、多项目聚集的效应，进一步壮大基地规模，发挥集聚效应。借助各类科技创新成果转化交易会、产业交易会等重大展会平台，开展技术交流、产品互鉴、人才对接等活动，强化资源共享。发挥文化产业协会凝聚企业、对接资源、对外交流的作用和优势，推动支撑性项目落地，全面推动文化产业内部资源和外部资源协同共享。

（八）打造产业集群

1. 提高园区产业集聚效应

充分发挥园区的产业集聚效应，重点依托国家级园区和产业基地，锚定重点项目，辐射带动重点基地发展，聚焦重点产业领域，推动产业集聚和集群化发展。充分发挥各级各地政府作用，设立文化产业园区发展远景目标，做好以园区为主体的文化产业联动发展战略，明确重点布局产业，做好产业集聚发展空间布局。

围绕重点产业领域，聚焦重点园区，实施“建链、强链、补链”工程，发挥龙头企业、骨干企业的引领意识和带动作用，鼓励大型企业以产业链延伸和产业集聚为目标，带动产业链上下游中小企业发展，打造产业集聚优势。政府牵头构建政产学研合作组织，与高校及校外科研机构建立人才流动与合作机制，加强园区、企业、高校和政府之间多层次合作，促成人才资源、信息资源、技术资源、政策资源汇集的园区高地。

2. 提高园区公共服务效能

园区加紧转变经营思路，强化园区服务功能，加强园区服务平台建设，支持和引导园区运营管理机构借助各类平台发展创新经济，拓展政策咨询、业务接待、活动筹办、技术支持等服务的深度和广度，开设活动筹办、技术支持、专家咨询等定制升级服务，优化园区运营管理机构的盈利结构，推动运营管理机构服务升级。紧密围绕园区产业定位，针对产业不同细分领域和企业在各发展阶段的不同需求，完善政策服务体系，充分满足园区企业多方面需求，提高园区服务精度。着重针对小微文化企业研究和制定金融、技术等方面的服务方案，重点针对园区人才引培问题，围绕基本生活、居住安全、文化教育和社交休闲等多方面需求加强人才服务，助力解决人才问题。

3. 推进智慧园区建设

园区运营主体尽快适应数字化园区发展趋势，加快园区基础设施和设备的智能化升级步伐，推进物联网、云计算等前沿技术与园区智能化设备对接，将传统的线下服务加速向线上转移，构建集园区设施管理、安全监控等园区物业管理服务，园区内购物、休闲、工作等日常管理服务，入驻企业政策咨询、人才服务、宣传推广等企业配套服务于一体的智慧化园区管理服务平台。进一步依托智慧园区管理服务平台，利用大数据、互联网技术建立园区企业服务数据库，按期公布平台服务数据分析成果，强化对入驻企业的发展趋势、问题困难的分析与研判，及时有效地为入驻企业提供投融资服务，解决企业现金流吃紧、融资困难等问题，帮助企业做优做强。

（九）强化产业品牌

1. 统筹品牌建设工作

组建文化产业发展领导小组，发挥统筹作用，以创新创意理念为指导，以地方文化产业品牌定位为核心，做好文化产业品牌统筹策划设计工作，突出品牌内涵建设，为地方文化产业品牌发展明确发展方向。立足地方特色历史文化品牌，依托本土文化科技类企业，做好品牌内涵挖掘、元素提取和形象设计等系列工作，充分融合互联网、人工智能、数字媒体等技术要素，提升文化科技产业品牌内涵。强化政府层面文化产业和文化科技融合发展意识，加大对文化产业品牌建设的政策扶持力度，采取多样化手段增强企业和大众的品牌意识。着重支持和推动文化科技企业强化自身品牌建设，提升品牌内涵，提高品牌使用率，提升品牌产权保护意识，增强品牌市场竞争力。

2. 重点打造核心品牌

深入实施文化产业品牌发展战略，围绕重点产业发展领域，争创一批国家品牌、提升一批产业品牌、培育一批特色品牌，打造多领域、多层级的文化产业发展品牌格局。持续加强对国家级文化产业示范园区等国家级品牌的扶持力度，擦亮国家级“金字招牌”。充分发挥国家级品牌的示范引领作用，加快推进园区、基地等重点产业项目建设，鼓励有实力企业和载体争创国家级品牌。鼓励企业注册商标，加强企业知识产权保护，做好企业自身知识产权体系建设。着重依托本土头部企业，围绕“建链、强链、补链”推进优势行业领域品牌建设。把握地域文化产业特色和基础，做强具有本土特色的地方品牌。以产业品牌体系化发展为导向，探索建立品牌创优评级交流合作机制，加强对各类产业品牌、特色品牌的创建指导工作，提升品牌创建工作的实效性。

3. 做好品牌宣传推广

紧密围绕各地文化产业品牌和城市品牌形象定位，做好品牌系统宣传推广工作。充分发挥各地产业集聚优势，利用数字媒体宣传体系做好品牌融媒体宣传推广矩阵。常态化举办广告节庆、动漫嘉年华、民间戏曲文化节等文化科技品牌活动，探索通过举办文化科技品牌征集活动、高峰论坛等新形式，增强品牌内涵传播广度和深度。依托线上文化科技融合融媒体平台，及时对外发布产业动向、展示产业成果，提高文化科技品牌传播力。依托本土创意设计企业，鼓励和引导企业发展文创产品创意设计业务板块，构建贴合品牌形象的文创产品体系。依托文化科技融合产业协会，发挥资源整合优势，探索打造立足本土的行业交流品牌活动。

参考文献

［1］北京发放 1.95 亿元文化产业“投贷奖” 564 家企业获资金支持.（2022-05-08）. https://www. chinanews. com. cn/cj/2022/05-07/9748550. shtml.

［2］打造“博物馆之城”！“十四五”期间推进北京 6 处博物馆建设.（2022-03-03）. http://www. bjzx. gov. cn/zxgz/zxyw/202203/t20220304_39697. html.

［3］北京 2020 年动漫游戏产业总产值较上年增长 32%.（2021-01-17）. http://www. xinhuanet. com/fortune/2021-01/17/c_1126992276. htm.

［4］助推精品游戏研发基地建设 北京动漫游戏产业总产值超千亿.（2021-12-02）. https://www. sohu. com/a/505030488_120099902.

［5］评估疫情对文化产业的影响，听听 2 136 家文化企业的声音.（2020-02-10）. https://www. sohu. com/a/371986226_120058682.

［6］《北京文化产业发展白皮书（2021）》发布.（2021-12-10）. https://m. gmw. cn/2021-12/10/content_35372887. htm.

［7］北京市文化和旅游局. 2020 年北京市文化和旅游局工作总结.（2021-01-08）. http://whlyj. beijing. gov. cn/zfxxgkpt/zdgk/ghjh/202101/t20210108_2209844. html.

［8］创意生金，山东文化产业“活”起来.（2021-09-18）. http://w. dzwww. com/p/paK1pPiNC2. html.

［9］2021 年中国电影市场年度报告.（2022-01-01）. https://m. taopiaopiao. com/tickets/dianying/pages/alfheim/content. html?id=2087831&display Type=mvp.

［10］范玉刚. 常态化疫情防控下文化产业发展的思考. 理论视野，2021（6）：73-78.

［11］范周，宋立夫. 新中国文化消费的发展及动因. 中国国情国力，2019

(10)：21-26.

［12］冯宇松，尤力俊，王芹．苏州文化消费现状及发展路径研究．江南论坛，2022（2）：71-74.

［13］甘肃省文化和旅游厅．让“诗与远方”更加温润诱人：甘肃文旅事业产业发展综述．(2022-05-11)．http://wlt.gansu.gov.cn/wlt/c108547/202205/2037719.shtml.

［14］高波，张志鹏．文化资本：经济增长源泉的一种解释．南京大学学报（哲学·人文科学·社会科学版），2004（5）：102-112.

［15］广东省文化和旅游厅．广东省2020年度博物馆事业发展报告．(2021-08-05)．https://www.mct.gov.cn/whzx/qgwhxxlb/gd/202108/t20210825_927328.htm.

［16］国家统计局．2020年全国文化及相关产业增加值占GDP比重为4.43%．(2021-12-29)．http://www.stats.gov.cn/xxgk/sjfb/zxfb2020/202112/t20211229_1825728.html.

［17］国家统计局．2020年全国旅游及相关产业增加值占GDP比重为4.01%．(2021-12-29)．http://www.stats.gov.cn/xxgk/sjfb/zxfb2020/202112/t20211229_1825727.html.

［18］国家统计局社会科技和文化产业统计司，中宣部文化体制改革和发展办公室．中国文化及相关产业统计年鉴2020．北京：中国统计出版社，2020.

［19］国家统计局社会科技和文化产业统计司，中宣部文化体制改革和发展办公室．中国文化及相关产业统计年鉴2021．北京：中国统计出版社，2021.

［20］杭州市文化广电旅游局．2020年度杭州文广旅工作报告．(2021-01-25)．http://www.hangzhou.gov.cn/art/2021/1/25/art_1229063423_3846339.html.

［21］2020年各省区市国民经济和社会发展统计公报汇总．(2021-03-19)．http://district.ce.cn/zg/202102/05/t20210205_36295202.shtml.

［22］辽宁省文化和旅游厅．辽宁省“十四五”文化和旅游发展规划．(2021-09-28)．https://whly.ln.gov.cn/whly/zfxxgk/fdzdgknr/lzyj/bbmgfxwj/7FD04F0B7C7B420EBF4E233F48FCCBEF/P020210928483822246865.pdf.

［23］文博会在深圳开幕 广东文化产业军团秀出文化软实力．(2021-09-23)．https://news.southcn.com/node_54a44f01a2/cfc1a33ef5.shtml.

［24］一图读懂｜广东文化产业有多牛？．(2021-09-23)．https://new.qq.com/rain/a/20210923A038Z700.

［25］广东文化产业增加值约占全国总量1/7．(2021-09-23)．https://www.sohu.com/a/491465307_161795.

[26] 内蒙古自治区统计局. 2020年内蒙古文化产业发展情况分析. (2021-07-29). http://tj.nmg.gov.cn/tjdt/fbyjd_11654/202107/t20210729_1794472.html.

[27] 倪健. 文化产业科技创新能力提升研究. 商场现代化, 2016 (15): 246-248.

[28] 青海文旅产业已成战略支柱产业. (2021-06-30). http://www.qhnews.com/newscenter/system/2021/06/30/013410555.shtml.

[29] 接待游客3 311.82万人次! 2020年青海文旅工作交出答卷. (2021-01-27). https://baijiahao.baidu.com/s?id=1690040851980282500&wfr=spider&for=pc%E3%80%82.

[30] 权威发布|山东"十三五"文化旅游融合发展迈出新步伐, 文化事业、文化产业和旅游业呈现繁荣向好态势. (2020-12-08). https://baijiahao.baidu.com/s?id=1685496720800020883&wfr=spider&for=pc.

[31] 天津市文化和旅游局. 天津市文化和旅游融合发展"十四五"规划. (2021-06-20). http://whly.tj.gov.cn/ZWGKYXXGK1640/zcwj09271/WLJZC-WJ09274/202108/W020210826517152232735.pdf.

[32] 《创业报告2020》: 去年新增小微企业数量近1 500万家, 今年新增直播企业超9 000家. (2020-07-17). https://wenhui.whb.cn/third/baidu/202007/17/361371.html.

[33] 总产出20 404.48亿元, 在线新经济强势发展, 上海文创产业2020年成绩单来了. (2021-03-31). https://wenhui.whb.cn/third/baidu/202103/31/398247.html.

[34] 习近平: 在教育文化卫生体育领域专家代表座谈会上的讲话. (2020-09-22). http://www.xinhuanet.com/politics/leaders/2020-09/22/c_1126527570.htm.

[35] 2020年政府工作报告. (2020-05-22). http://www.gov.cn/guowuyuan/2020zfgzbg.htm.

[36] 2021年政府工作报告. (2021-03-15). http://www.gov.cn/zhuanti/2021lhzfgzbg/index.htm.

[37] 2020年北京市规模以上文化产业收入同比增长13.9%. (2021-12-20). http://www.bj.xinhuanet.com/2021-12/10/c_1128149165.htm.

[38] 中共中央关于党的百年奋斗重大成就和历史经验的决议. (2021-11-16). http://www.gov.cn/zhengce/2021-11/16/content_5651269.htm.

[39] 甘肃省文化和旅游厅. 甘肃文旅强省建设的"科技之光". (2022-05-11). http://wlt.gansu.gov.cn/wlt/c108547/202205/2037744.shtml.

[40] 岭南出品"破圈"吸粉, 广东文化产业多项数据领军全国. (2022-01-23).

https://baijiahao.baidu.com/s?id=1722732865890846058&wfr=spider&for=pc.

［41］曾俊文. 精神文化消费统计指标体系的探讨. 上海统计，2002 (4)：42-43.

［42］2021 年浙江省政府工作报告.（2021-02-01）. https://www.zj.gov.cn/art/2021/2/1/art_1229493828_59083401.html.

［43］浙江省文化和旅游厅. 浙江省文化和旅游厅 2020 年工作总结和 2021 年工作思路.（2021-02-03）. http://ct.zj.gov.cn/art/2021/2/3/art_1229678764_4984208.html.

［44］浙江省加快打造新时代文化高地综述：文化之光 闪耀浙江.（2021-08-31）. https://zj.zjol.com.cn/news.html?id=1720616.

［45］浙江省文化和旅游产业快速增长 双双迈入万亿产业.（2021-02-03）. https://zj.ifeng.com/c/83WvfSfDMBt.

［46］"文化金融蓝皮书"《中国文化金融发展报告 2021》发布.（2021-11-02）. http://www.chycci.gov.cn/news.aspx?id=63637.

［47］山东济南：探寻文化产业高质量发展的"时代密码".（2022-05-11）. http://www.xinhuanet.com/culture/20220511/ca978fecf4b94dda9898ce8057d216fa/c.html.

［48］2021 年网络视听发展报告.（2022-01-21）. http://www.wenming.cn/zg/wmzk/202201/t20220121_6285551.shtml.

［49］《2019 年上海文化产业发展报告》发布.（2020-04-23）. http://bgimg.ce.cn/culture/gd/202004/23/t20200423_34764201.shtml.

［50］周贵义. 金融支持小微企业的现状和建议. 银行家，2018 (10)：120-121.

图书在版编目（CIP）数据

中国省市文化产业发展指数报告. 2021/彭翊，曾繁文主编. --北京：中国人民大学出版社，2023.4
（中国人民大学研究报告系列）
ISBN 978-7-300-31396-2

Ⅰ.①中… Ⅱ.①彭… ②曾… Ⅲ.①区域文化-文化产业-产业发展-指数-研究报告-中国-2021 Ⅳ.①G124

中国国家版本馆 CIP 数据核字（2023）第 013496 号

中国人民大学研究报告系列
中国省市文化产业发展指数报告 2021
主编 彭 翊 曾繁文
Zhongguo Shengshi Wenhua Chanye Fazhan Zhishu Baogao 2021

出版发行	中国人民大学出版社			
社　　址	北京中关村大街 31 号		**邮政编码**	100080
电　　话	010－62511242（总编室）			010－62511770（质管部）
	010－82501766（邮购部）			010－62514148（门市部）
	010－62515195（发行公司）			010－62515275（盗版举报）
网　　址	http://www.crup.com.cn			
经　　销	新华书店			
印　　刷	固安县铭成印刷有限公司			
规　　格	185 mm×260 mm 16 开本		**版　　次**	2023 年 4 月第 1 版
印　　张	15 插页 1		**印　　次**	2023 年 4 月第 1 次印刷
字　　数	272 000		**定　　价**	49.00 元